管理制胜

农业产业化龙头企业负责人培训教材

（修订版）

王洛忠　主　编

知识产权出版社
全国百佳图书出版单位

图书在版编目（CIP）数据

管理制胜/王洛忠主编. —北京：知识产权出版社，2014.8
农业产业化龙头企业负责人培训教材（修订版）
ISBN 978-7-5130-2791-5

Ⅰ.①管… Ⅱ.①王… Ⅲ.①农业企业管理—职业培训—教材
Ⅳ.①F306

中国版本图书馆 CIP 数据核字（2014）第 130796 号

内容提要

本教材是受农业部农村合作经济经营管理总站委托，专门为农业产业化龙头企业负责人培训而编写的。教材内容不仅包括农业产业化政策演变、农业产业化经营的组织模式、农业产业化利益联结机制等基本知识，而且包括龙头企业财务管理、资本运营、纳税筹划、科技创新、农产品质量安全等企业负责人应知应会的技能，还涉及产业集群集聚、农产品流通体系、龙头企业国际化发展战略等前沿问题，融政策信息、理论知识和实用技能为一体。本教材体例新颖、内容全面、表述流畅、编排规范。

本教材可作为农业产业化龙头企业负责人的培训教材，也可以供农业产业化主管部门人员、农业经济与管理领域教学科研人员在工作中参阅。

责任编辑：贺小霞　　**责任校对**：董志英
责任出版：刘译文　　**封面设计**：刘　伟

农业产业化龙头企业负责人培训教材（修订版）

管理制胜

GUANLI ZHISHENG

王洛忠　主编

出版发行：知识产权出版社有限责任公司　　**网　　址**：http：//www.ipph.cn
社　　址：北京市海淀区马甸南村1号　　**邮　　编**：100088
责编电话：010-82000860 转 8129　　**责编邮箱**：HeXiaoXia@cnipr.com
发行电话：010-82000860 转 8101/8102　　**发行传真**：010-82000893/82005070/82000270
印　　刷：北京科信印刷有限公司　　**经　　销**：各大网上书店、新华书店及相关专业书店
开　　本：720mm×1000mm　1/16　　**印　　张**：15
版　　次：2014年8月第1版　　**印　　次**：2014年8月第1次印刷
字　　数：260千字　　**定　　价**：48.00元

ISBN 978-7-5130-2791-5

课题组顾问

孙中华（农业部农村经济体制与经营管理司司长）
黄连贵（农业部农村合作经济经营管理总站副站长）
张　涛（农业部农村合作经济经营管理总站副处长）
唐任伍（北京师范大学政府管理学院院长）
胡必亮（北京师范大学经济与资源管理研究院院长）

课题组成员

负责人： 王洛忠（北京师范大学政府管理学院教授）
成　员： 杨冠琼　李永瑞　于海波　汪　波　果　佳
孙祥栋　申津羽　范　凯

编写组成员

王洛忠　孙祥栋　申津羽　范　凯　丁　洺
徐　平　葛明磊　武文泰　刘希雅　沈文伟

前　言

在中国全面深化改革的社会转型期，“三农”问题始终是备受学术界和实务界关注的重要改革议题。中共中央在1982年至1986年连续五年发布以农业、农村和农民为主题的“一号文件”，对农村改革和农业发展做出具体部署；2004年至2014年，中央又连续11年发布以“三农”为主题的“一号文件”，强调了“三农”问题在中国社会主义现代化时期“重中之重”的地位。

为解决“三农”问题，中国政府从本国具体国情出发，批判性地吸收和借鉴美国、日本、法国等发达国家和地区现代农业经营的经验，创造性地走出了一条具有中国特色的农业产业化发展道路。所谓农业产业化，是以国内外市场为导向，以提高经济效益为中心，对当地农业的支柱产业和主导产品，实行区域化布局、专业化生产、一体化经营、社会化服务、企业化管理，把产供销、贸工农、经科教紧密结合起来，形成一条龙的经营体制。从20世纪80年代末期开始，中国政府开始鼓励和倡导农业产业化经营，允许各种贸工农、产加销一体化组织的发展；20世纪90年代中后期，国家正式确认了农业产业化经营这种新的经营形式，并把培育龙头企业作为发展农业产业化经营的关键，要求各地和各部门加大支持力度；进入21世纪以来，在“扶持产业化就是扶持农业，扶持龙头企业就是扶持农民”的思想指导下，政府进一步强调加大对产业化龙头企业的扶持力度，出台了大量具体的政策措施，涵盖财政、税收、金融等各个方面，推动了资金、技术、土地、原料等生产要素向龙头企业的快速集中，极大地促进了龙头企业的发展。

近年来，农业部、国家发改委、财政部、商务部、中国人民银行、国家税务总局、中国证监会、全国供销合作总社八部门组成的全国农业产业化联席会议，制定出台了《农业产业化国家重点龙头企业认定和运行监测管理办法》

（以下简称《办法》），进一步规范农业产业化国家重点龙头企业的认定和运行监测工作，加强对农业产业化国家重点龙头企业的服务与扶持，培育壮大龙头企业，增强辐射带动能力。根据《办法》规定，经过企业申报、各地推荐、专家评审、部门审核、媒体公示等环节，联席会议共同认定农业产业化国家重点龙头企业，并将国家重点龙头企业认定作为推进农业现代化、促进“三化”协同发展的重要途径。截至目前，八部门联席会议已认定了五批农业产业化国家重点龙头企业，企业总数已达 1200 多家；再加上各省、市认定的地方龙头企业，龙头企业总量超过 12 万家。

近几年，随着政策环境的优化和扶持力度的加大，农业产业化龙头企业获得了快速发展，有力地推动了农业生产经营方式转变，加快了农业科技进步和现代农业发展，促进了新型农业社会化服务体系建设，带动了农业增效和农民增收，成为发展农业产业化、建设现代农业的重要依靠力量。但是，制约农业产业化龙头企业进一步做大做强的重要因素之一，便是高级经营管理人才的匮乏。针对这一问题，农业部提出了“建设一支适应农业生产、加工、销售一体化的人才队伍，行业和地区分布趋于合理，知识和专业结构更加优化，整体素质明显提升”的经营管理人才队伍总体建设目标。到 2015 年，国家和省级重点龙头企业经营管理人员普遍掌握农业产业化政策，国家和省级重点龙头企业全部建立基地服务机构；到 2020 年，80% 的地市级以上重点龙头企业经营管理人员熟悉农业产业化政策，80% 的地市级以上重点龙头企业建立基地服务机构，形成以国家、省级和地市级龙头企业经营管理人才为支撑的服务农户和生产基地的社会化服务体系。

为实现上述目标和任务，农业产业化联席会议八部门每年都组织国家重点龙头企业负责人围绕“三农”政策、国内外经济形势、投融资、国际贸易、质量安全等重大问题，开展专题培训，增强龙头企业社会责任意识，提高龙头企业人才队伍素质。为配合上述专题培训的开展，培养更多熟悉现代经营和管理知识、掌握服务农户技能、具有开拓创新精神和社会责任感的高素质经营管理人才，需要理论界和实务界精诚合作，共同编写一套高质量的培训教材。农业部农村经济体制与经营管理司、农村合作经济经营管理总站的几位领导敏锐地抓住了这一需求，通过农业产业化项目资金资助立项的方式，支持北京师范大学政府管理学院课题组开发和编写农业产业化龙头企业负责人培训教材。课题组成员立即拟定写作大纲，进行任务分工，很快撰写完成了约 20 万字的初稿。在广泛征求各省市农业产业化主管部门领导、相关龙头企业负责人和学术界同仁意见的基础上，课题组根据形势的发展和各地的需求，增加了“农业标准化生产与农产品质量安全”、“农业产业化龙头企业与产业集群集聚”、“农业产业化龙头企业与农业科技创新”和“农业产业化龙头企业‘走出去’发展战略”等相关章节。经过反复多次修改，课题组决定将书稿交由知识产权出版社正式出版，并命名为《管理制胜》。

在教材付梓印刷之际，课题组全体成员衷心感谢农业部农村合作经济经营管理总站各位领导的厚爱和信任，感谢知识产权出版社工作人员的辛勤工作和精心编排，感谢理论界和实务界的朋友们为本书的修改、定稿和出版提出了宝贵意见和建议。

由于时间紧，任务重，再加上编写人员水平有限，书中难免有疏漏讹误之处，敬请各位领导、学者、企业家等有识之士批评指正。

课题组全体成员

2014 年 3 月

目　录

第一章　我国农业产业化政策概述

农业产业化经营是农业和农村经济结构战略性调整的重要带动力量，对于转变农业发展方式、增加农民收入、发展现代农业、提高农村经济综合竞争力等具有重大意义。本章将在梳理我国“三农”政策演变历程与发展取向的基础上，详细介绍我国农业产业化政策的具体内容和运行机制。

第一节　我国“三农”政策演变历程与发展取向

“三农”问题在中国改革开放初期曾是“重中之重”，中共中央在 1982 年至 1986 年连续五年发布以农业、农村和农民为主题的“一号文件”，对农村改革和农业发展作出具体部署。2004 年至 2014 年，中央又连续 11 年发布以“三农”（农业、农村、农民）为主题的“一号文件”，强调了“三农”问题在中国的社会主义现代化时期“重中之重”的地位。30 多年来，我国“三农”政策的取向始终是围绕着促进农业发展、增加农民收入、改善农村落后面貌来展开的。我国“三农”政策的演变历程根据具体政策内容和侧重点的不同，大致可以分为三个阶段。

一、1978 年至 20 世纪 80 年代：实行家庭联产承包责任制，采取合同定购新政策

从 1978 年这个标志性年份开始，到 20 世纪 80 年代的大部分时期可以看作“三农”政策的第一个阶段。这个阶段的主要改革内容是实行家庭承包制，选择包干到户这种承包形式，根本改变了农业基本经营制度。与此同时，国家通过提高农产品收购价格以及改国家统购制为合同定购制等一系列农产品收购制度，从价格上提供了对农业生产的有效激励。由于这一步改革取得了良好的

激励效果，农业生产迅速得到恢复，不仅农民温饱问题得到即刻解决，而且为非农产业和城市居民提供农产品的保障能力也大大增强。由于劳动积极性和微观效率的提高，农业劳动力的使用大大减少，涌现出的农业剩余劳动力，相继从单纯的粮食种植，转移到种植业多种经营、农林牧副渔业全面发展，乃至乡镇企业的迅速壮大。因此，这一步改革是通过改善激励机制和解放生产要素，在农村内部挖掘效率潜力的过程[1]。

然而，家庭承包制提高生产效率的潜力是一次性的，基本上于包干到户在全国普遍实行，几乎覆盖全部生产队和农户的20世纪80年代中期而告结束。1985年以后，农业生产增长率减缓，但还有若干其他因素，使得增加农民收入和提高生产效率的改革效应，在80年代后期继续得以保持。其中最值得指出的是，在农产品收购制度改革后的价格信号引导下，从粮食乃至种植业中剩余出来大规模劳动力，依次向更加广阔的生产领域转移，农村经济内部效率改进的机会获得更全面的开发，农村劳动力得到更充分的利用，从而使农民收入增长以及城乡收入差距缩小的过程得以继续维持到1988年。

二、20世纪80年代末至90年代：促进农村劳动力跨地域流动

20世纪80年代末到整个90年代，可以看作是农村改革的第二个阶段。虽然国家为前一阶段农村改革付出了一定的代价，但总体来看，那个时期的农村改革主要还是着眼于改进农业中的激励机制和农村经济的配置效率，并没有触及城乡关系的另一极，即城市居民的既得利益。而当改革重点进入以国有企业为对象的城市经济领域，在很大程度上则不可避免地要利用农村改革的成果，即农产品的充足供给和农村经济的稳定，与此同时却尽可能不损害既定城乡关系格局中的城市利益。因此，在城市改革方兴未艾的同时，农村第一步改革的效应似乎有所减弱，进一步的农业增产、农民增收和农村发展受到了制约。例如，1985年对粮食统购制度进行改革，在大幅降低了此前农民获得的超购加价水平的同时，也没有能够真正放开粮食市场，因而对生产者来说价格信号是消极的。此外，这一时期还表现出了农业生产投入品价格上涨快于农产品价格上涨的剪刀差扩大以及政府对农业投入减少等情形。在整个20世纪90

---

[1] 蔡昉："中国'三农'政策的60年经验与教训"，《广东社会科学》，2009年第6期，第151－152页。

年代，国家对农业的投入占财政总支出的比例表现为徘徊和下降的趋势。

但是，通过改革获得制度变革收益的过程，本身具有自发性和不可逆性。在国家支持“三农”的政策以及从直接投入上调整城乡关系的努力没有达到令人满意程度的同时，日益获得制度性束缚的中国农民，继续寻找着发挥生产潜能、增加家庭收入的各种经济机会，促使传统城乡关系格局照样以惊人的速度得到改变。而推动这个变化的主要动力，是农村劳动力大规模转移和跨地区流动，从而促进城乡劳动力市场的一体化，在越来越大范围内实现了资源重新配置。分析表明，1978～1998年的改革期间，在GDP高达9%以上的年均增长中，劳动力数量扩大的贡献份额为24%，人力资本贡献率为24%，劳动力从农业向非农产业转移的贡献率则为21%[1]。虽然地方政府，特别是劳动力流入地的城市政府，常常担心农村劳动力流入会导致由地方财政补贴形成的社会福利流失，担心外来劳动力会冲击当地就业，因而随着就业形势的变化而调整对待外来劳动力的态度，形成政策上的摇摆，但城市经济增长对劳动力的需求终究表现出劳动力流动的积极效果，所以大多数情况下，城市政府对外来劳动力的进入至少是持容忍态度。此外，全面统筹城乡和区域平衡发展的倾向，使得中央政府在大部分年份，都把农村劳动力流动看作是积极现象，并在把握平衡中逐步放宽劳动力流动政策，为农村劳动力进城打工和居住创造了越来越好的政策环境。在整个20世纪90年代，中央政府和地方政府出台和试验了各种各样的改革措施，作出有利于劳动力流动的政策努力。这种促进农村劳动力跨地域流动的政策调整，是在若干主体之间互动或博弈的结果。这种互动发生在劳动力流出地政府与流入地政府之间、地方政府与中央政府之间、流动劳动力与城市本地劳动力之间以及两类劳动者与政府之间。总体来说，这个政策调整过程也是把改革寓于经济发展之中，并遵循了“帕累托改进”原则。一方面，农民工虽然在工资和福利方面受到一定歧视，但随着劳动力流动规模扩大，农户从打工中获得的收入总额不断扩大。另一方面，农民工的参与也填补了城市大量的岗位缺口，对地方经济和社会发展从而对中国经济的整体发展作出了重要贡献，城市居民、地方政府和中央政府无疑获益颇丰。在这个改革阶段，资源流动的不对等和公共服务不平等现象仍然得以保持，在某些方面甚至有所扩大。

---

[1] 蔡昉：“中国‘三农’政策的60年经验与教训”，《广东社会科学》，2009年第6期，第152页。

三、2002年至今：全面调整城乡关系，实施社会主义新农村建设

进入21世纪，特别是2002年中国共产党十六大召开以来，伴随着深入贯彻落实“以人为本”的科学发展观和构建社会主义和谐社会的实践，中国进入一个调整城乡关系的全面改革阶段。进一步的改革和政策调整，特别是实施社会主义新农村建设的实践，极大地促进了农村经济的全面发展。党中央、国务院高度重视“三农”问题，采取了以“少取、多予、放活”为原则的一系列政策措施提高农民收入。例如，在粮食价格上采取保护措施防止“谷贱伤农”，开始实行对种粮农民直接补贴政策。特别是税费改革中免除农业税等政策，具有很高的“含金量”，真正使农民得到了实惠。更重要的是，政府和社会各界对农村劳动力流动的关注越来越正面，不利于劳动力流动的制度性障碍纷纷被废除。这种政策倾向表明，政府已经认识到，解决“三农”问题的核心是二元经济转型。

这个阶段农村改革的内容十分丰富，并且不断得到扩展。这个以解决长期困扰中国“三农”问题的改革，最初是以实行“城市支持农村，工业反哺农业”政策提出的。继而以“建设社会主义新农村”的具体形式推进实施。在提出“生产发展、生活宽裕、乡风文明、村容整洁、管理民主”的社会主义新农村建设目标之后，农村改革的内涵进一步集中到基础设施建设向农村倾斜，公共财政向农村倾斜以及统筹城乡就业和社会保障等重要领域。迄今为止，这一轮城乡关系调整已经在短短的时间里，实现了一系列具有里程碑意义的重大改革，如为农民工进城居住和工作创造良好政策环境，取消实行长达2600多年的农业税，实行农村免费义务教育、农村最低生活保障制度和新型农村合作医疗制度等。国家财力大幅度增强，是能够实行这种对农业、农村、农民“多予少取”政策，彻底改变城乡关系格局的重要物质保障。以现价计算，国家财政收入从1978年的1132亿元、2000年的113万亿元和2006年的319万亿元，增加到2007年的511万亿元。

“十二五”时期农业农村工作的指导思想是：全面贯彻党的十七大和十七届三中、四中、五中全会精神，以邓小平理论和“三个代表”重要思想为指导，深入贯彻落实科学发展观，牢固树立“重中之重”战略思想，按照在工业化、城镇化深入发展中同步推进农业现代化的要求，在经济结构战略性调整中着力夯实农业农村发展基础，在收入分配格局调整中着力促进农民增收，在

保障和改善民生中着力强化农村基础设施和公共服务，不断加大强农惠农政策力度，深入推进农村改革创新，加快转变农业发展方式，加快推进社会主义新农村建设，加快形成城乡经济社会发展一体化新格局，为促进经济长期平稳较快发展和社会和谐稳定提供有力支撑。

现在对农业的支持保护体系已经初步形成，范围越来越广，标准越来越高，项目越来越多，方式越来越活。在今后一个时期，随着国家财力的不断增长，按照“十二五”时期农业农村工作的指导思想要求，将进一步健全农业投入的保障制度、价格支持政策，健全农业金融服务体系，强化农村公共服务，为农业发展和农民增收提供更好的制度保证。

首先，通过市场机制实施“工业反哺农业、城市支持农村”的“三农”政策。随着反哺农业条件具备，着眼于城乡关系调整的新农村建设政策取得了显著成效。由于发展阶段的变化，与此前的“三农”政策相比，建设新农村的方针更加侧重从根本上调整城市和农村之间、非农产业和农业之间的关系格局，在农产品价格激励、产权制度、生产要素市场方面实现经济和社会建设资源从城市和非农产业向农村和农业的流动，形成并完善根本解决“三农”问题的长效机制。

其次，建设统筹城乡的经济社会管理体制。当前紧迫的任务是通过户籍制度改革推进农村劳动力转移，缩小城乡收入差距，进一步改善城乡关系。由于认识到劳动力流动已经成为经济增长可持续性的重要保障，各级政府和社会各界对农村劳动力流动的关注越来越正面，不利于劳动力流动的制度性障碍纷纷被废除。其结果是农民外出务工规模大幅度增长，农民工的就业保障得到改善。随着农村剩余劳动力的减少，二元经济结构特征逐渐得以消除，劳动力市场一体化程度大幅度提高。而这种变化，为进一步改善城乡关系创造了新条件，提出了新要求。

最后，政策向提高农村公共服务领域以及社会发展方面倾斜。与具有扩大趋势的城乡收入差距相比，城乡之间在公共服务和社会保障方面的差距更为巨大。近年来，政策越来越集中于加快农村经济发展，为农民提供能够与城市相匹配的社会服务，如教育、医疗等，改善农民的物质和文化生活，在农村建立起基本社会保障体系。这显著地缩小了农村与城市的人文发展差距，不仅有利于新农村建设目标的实现，也具有降低城市户口“含金量”的效果。医疗卫生设施及条件、教育条件等资源的获得，与人的居住地密切相关，要改变人们为获得这类资源而追逐户籍改变的现状，唯一途径就是不断提高农村的供给能力，提高农村中这类资源的可获得性，缩小乃至逐步消除与城市的差距。

小资料

历年中央“一号文件”的主要内容

1. 1982年1月1日，中共中央发出第一个关于“三农”问题的“一号文件”，对迅速推开的农村改革进行了总结。文件明确指出包产到户、包干到户或大包干“都是社会主义生产责任制”，同时还说明它“不同于合作化以前的小私有的个体经济，而是社会主义农业经济的组成部分”。

2. 1983年1月，第二个中央“一号文件”《当前农村经济政策的若干问题》正式颁布。从理论上说明了家庭联产承包责任制“是在党的领导下中国农民的伟大创造，是马克思主义农业合作化理论在我国实践中的新发展”。

3. 1984年1月1日，中共中央发出《关于一九八四年农村工作的通知》，即第三个“一号文件”。文件强调要继续稳定和完善联产承包责任制，规定土地承包期一般应在15年以上，生产周期长的和开发性的项目，承包期应当更长一些。

4. 1985年1月，中共中央、国务院发出《关于进一步活跃农村经济的十项政策》，即第四个“一号文件”。取消了30年来农副产品统购派购的制度，对粮、棉等少数重要产品采取国家计划合同收购的新政策。

5. 1986年1月1日，中共中央、国务院下发了《关于一九八六年农村工作的部署》，即第五个“一号文件”。文件肯定了农村改革的方针政策是正确的，必须继续贯彻执行。

6. 2004年1月，针对近年来全国农民人均纯收入连续增长缓慢的情况，中央下发《中共中央国务院关于促进农民增加收入若干政策的意见》，成为改革开放以来中央的第六个“一号文件”。

7. 2005年1月30日，《中共中央国务院关于进一步加强农村工作提高农业综合生产能力若干政策的意见》，即第七个“一号文件”。文件要求，坚持“多予少取放活”的方针，稳定、完善和强化各项支农政策。当前和今后一个时期，要把加强农业基础设施建设，加快农业科技进步，提高农业综合生产能力，作为一项重大而紧迫的战略任务，切实抓紧抓好。

8. 2006 年 2 月，中共中央、国务院下发《中共中央国务院关于推进社会主义新农村建设的若干意见》，即第八个“一号文件”。这份 2006 年中央“一号文件”显示，中共十六届五中全会提出的社会主义新农村建设的重大历史任务将迈出有力的一步。

9. 2007 年 1 月 29 日，《中共中央国务院关于积极发展现代农业扎实推进社会主义新农村建设的若干意见》下发，即改革开放以来中央第九个“一号文件”。文件要求，发展现代农业是社会主义新农村建设的首要任务，要用现代物质条件装备农业，用现代科学技术改造农业，用现代产业体系提升农业，用现代经营形式推进农业，用现代发展理念引领农业，用培养新型农民发展农业，提高农业水利化、机械化和信息化水平，提高土地产出率、资源利用率和农业劳动生产率，提高农业素质、效益和竞争力。

10. 2008 年 1 月 30 日，《中共中央国务院关于切实加强农业基础建设进一步促进农业发展农民增收的若干意见》（以下简称《意见》）下发，即改革开放以来中央第十个“一号文件”。《意见》共分 8 部分，约 15 000 字。包括：加快构建强化农业基础的长效机制；切实保障主要农产品基本供给；突出抓好农业基础设施建设；着力强化农业科技和服务体系基本支撑；逐步提高农村基本公共服务水平；稳定完善农村基本经营制度和深化农村改革；扎实推进农村基层组织建设；加强和改善党对“三农”工作的领导。

11. 2009 年 2 月 1 日，《中共中央国务院关于 2009 年促进农业稳定发展农民持续增收的若干意见》（以下简称《意见》）下发，对做好 2009 年农业农村工作具有特殊重要的意义。扩大国内需求，最大潜力在农村；实现经济平稳较快发展，基础支撑在农业；保障和改善民生，重点难点在农民。2009 年农业农村工作的总体要求是：全面贯彻党的十七大、十七届三中全会和中央经济工作会议精神，高举中国特色社会主义伟大旗帜，以邓小平理论和“三个代表”重要思想为指导，深入贯彻落实科学发展观，把保持农业农村经济平稳较快发展作为首要任务，围绕稳粮、增收、强基础、重民生，进一步强化惠农政策，增强科技支撑，加大投入力度，优化产业结构，推进改革创新，千方百计保证国家粮食安全和主要农产品有效供给，千方百计促进农民收入持续增长，为经济社会又好又快发展继续提供有力保障。《意见》共分 5 部分，约 11 000 字。包括：加大对农业的支持保护力度；稳定发展农业生产；强化现代农业物质支撑和服务体系；稳定完善农村基本经营制度；推进城乡经济社会发展一体化。

12. 2010年1月31日发布的《中共中央国务院印发关于加大统筹城乡发展力度进一步夯实农业农村发展基础的若干意见》，在保持政策连续性、稳定性的基础上，进一步完善、强化近年来“三农”工作的好政策，提出了一系列新的重大原则和措施：对“三农”投入首次强调“总量持续增加、比例稳步提高”。把林业、牧业和抗旱、节水机械设备首次纳入补贴范围。首次提出要在3年内消除基础金融服务空白乡镇；拓展了农业发展银行支农领域，政策性资金将有更大的“三农”舞台。大幅度提高家电下乡产品的最高限价，补贴对象扩大到国有农林场区职工。增加产粮大县奖励补助资金，提高产粮大县人均财力水平。

13. 2011年1月29日发布的《中共中央国务院关于加快水利改革发展的决定》，是新中国成立62年来中央文件首次对水利工作进行全面部署，进一步明确了新形势下水利的战略地位以及水利改革发展的指导思想、基本原则、目标任务、工作重点和政策举措。文件提出，力争通过5年到10年的努力，从根本上扭转水利建设明显滞后的局面。

14. 2012年2月1日中共中央、国务院发布的《关于加快推进农业科技创新持续增强农产品供给保障能力的若干意见》指出，实现农业持续稳定发展、长期确保农产品有效供给，根本出路在科技。农业科技是确保国家粮食安全的基础支撑，是突破资源环境约束的必然选择，是加快现代农业建设的决定力量。必须紧紧抓住世界科技革命方兴未艾的历史机遇，坚持科教兴农战略，把农业科技摆上更加突出的位置，下决心突破体制机制障碍，大幅度增加农业科技投入，推动农业科技跨越发展，为农业增产、农民增收、农村繁荣注入强劲动力。

15. 2013年1月31日发布的《中共中央国务院关于加快发展现代农业，进一步增强农村发展活力的若干意见》，强调把解决好“三农”问题作为重中之重，把城乡发展一体化作为解决“三农”问题的根本途径；统筹协调，促进工业化、信息化、城镇化、农业现代化同步发展，强化现代农业基础支撑，推进新农村建设。

16. 2014年1月19日，中共中央、国务院印发的《关于全面深化农村改革加快推进农业现代化的若干意见》指出，进一步解放思想，稳中求进，改革创新，坚决破除体制机制弊端，坚持农业基础地位不动摇，加快推进农业现代化。这是21世纪以来指导“三农”工作的第11份中央一号文件。

第二节　我国农业产业化政策的发展演变与未来趋势

一、农业产业化政策发展历程与具体类别

1. 农业产业化政策发展历程

农业产业化作为一种新的农业生产经营组织方式，与其相关的政策经历了由提倡和鼓励到大力支持的转变，大体可分为以下三个阶段。

（1）提倡和鼓励阶段：20 世纪 80 年代末期到 90 年代中期

在这一阶段，尽管政府发现了农业产业化经营对农业发展的重要作用，但是对它的态度主要是鼓励和提倡，允许各种贸工农、产加销一体化组织的发展，并没有把这种组织方式创新提高到作为我国农业现代化一个主要途径的高度来认识，因此实际的支持政策并不多，主要在《中共中央国务院关于当前农业和农村经济发展的若干政策措施》《中共中央国务院关于做好 1995 年农业和农村工作的意见》《中共中央国务院关于“九五”时期和今年农村工作的主要任务和政策措施》中明确了相关政策。

（2）正式确认阶段：20 世纪 90 年代后期

1995 年国家正式确认了农业产业化经营这种新的经营形式，并把培育龙头企业作为发展农业产业化经营的关键，要求各地和各部门加大支持力度。围绕培育农业产业化龙头企业，先后出台了《中共中央国务院关于 1998 年农业和农村工作的意见》《中共中央关于农业和农村工作若干重大问题的决定》《中共中央国务院关于做好 1999 年农业和农村工作的意见》《中共中央国务院关于做好 2000 年农业和农村工作的意见》《中共中央关于制定国民经济和社会发展第十个五年计划的建议》《中共中央国务院关于做好 2001 年农业和农村工作的意见》。

（3）扶持措施大规模出台阶段：2000 年之后

进入 21 世纪以来，农业产业化经营的发展面临诸多困难，如资金紧张、技术创新能力低下、产品销售难度加大等，仅靠农业产业化经营组织和农民无法在短期内迅速克服这些困难。在“扶持产业化就是扶持农业，扶持龙头企业就是扶持农民”的思想指导下，政府进一步强调加大对产业化龙头企业的扶持力度，出台了大量具体的政策措施，涵盖财政、税收、金融等各个方面，

推动了资金、技术、土地、原料资源等生产要素向龙头企业的快速集中，极大地促进了龙头企业的发展。

2. 农业产业化政策的具体类别

（1）财税政策

近几年来，为贯彻落实中央精神，有关部门结合实际制定了一系列较为具体的财税政策措施以促进农业产业化经营发展，这些财税政策的目标主要是针对农业产业化龙头企业的，以“多予”和“少取”为手段，政策措施主要包括：财政支持龙头企业带动农户建设生产基地；暂免征收重点龙头企业初级农产品加工所得税；减轻农业产业化龙头企业的增值税负担。

（2）投资政策

农业产业化龙头企业在发展过程中普遍遇到了投资成本高、融资渠道窄、筹资难度大等问题，投资需求瓶颈成为龙头企业发展面临的一大障碍。因此，中央有关政策的主要目标就确定为降低龙头企业特别是农产品加工企业的投资成本，促进投资模式多元化和筹资渠道多样化，以及加大财政对企业投资的补助。相关措施主要包括：对部分进口农产品加工设备免征进口关税和进口环节增值税；鼓励多种投资模式的农业产业化经营；鼓励重点龙头企业多渠道筹集资金；建立支持农业产业化经营发展的投资资金。

（3）金融政策

从20世纪90年代以来，几乎每年中央关于农业和农村工作的文件都对金融机构创新金融服务手段和加大信贷支持力度以扶持农业产业化经营提出要求。相关的金融政策主要有三个出发点：一是满足重点龙头企业的资金需求；二是降低重点龙头企业的融资成本；三是对农业产业化重点领域加大支持力度。主要内容包括以下两点：一是国有商业银行要把扶持农业产业化经营作为信贷支农的重点，在资金安排上给予倾斜；二是加大对农产品出口的金融支持力度。国有商业银行对农产品出口所需流动资金贷款按信贷原则优先安排，重点支持。

（4）科技政策

农业发展进入新阶段以来，市场对农产品的品质和质量提出了更高的要求。为了鼓励和支持龙头企业进行科技开发和创新，中央主要是在技术开发费用扣除、技术改造国产设备投资所得税抵免、技术创新资助等方面制定了相关政策。政策的主要内容有以下六点：一是企业研究开发新产品、新技术、新工艺所发生的各项费用，不受比例限制，计入管理费用；二是龙头企业技术开发费用在所得税前扣除；三是企业为开发新技术、研制新产品所购置的试制用关键设备、测试仪器，单台价值在10万元以下的，可一次或分次摊入管理费用，其中达到固定资产标准的应单独管理，不再提取折旧；四是购买国产设备抵免企业所得税；五是允许龙头企业申请使用国家有关农业科技的研发、引进和推广等资金；六是鼓励龙头企业建立农业科技研发中心，发展农业科技创新风险投资。

（5）贸易政策

增强龙头企业的带动能力，关键是要提升企业产品的竞争力，扩大企业产品的市场占有率。扩大出口成为龙头企业一个主要的经济增长点。关于支持龙头企业扩大出口的政策主要有三点：一是鼓励龙头企业发挥比较优势参与国际竞争，提高产品竞争能力。对开拓国外市场、扩大农产品出口的重点龙头企业，予以积极支持。二是简化行政审批手续，放宽审批条件，支持重点龙头企业扩大出口。适当降低重点龙头企业成立进出口公司的资格，并适当放宽其经营范围。鼓励中外合资农产品流通企业利用其销售网络，推动我国农产品进入国外的销售网点和分拨中心。三是出口退税。这是我国增强企业竞争力、扩大出口的一条主要政策。尽管它不是专门为农业产业化龙头企业设计的，但出口产品的龙头企业可以实在地享受到这一优惠政策。

二、农业产业化的成效与问题

农业产业化从20世纪90年代初兴起以来，已经从局部探索转入全面推进，形成了规模扩大、领域延伸的新格局，在加快农业科技进步、提高农产品质量安全水平、优化农业结构、推进现代农业建设、促进农民增收、建设社会主义新农村等方面已经取得了明显的成效。但同时受我国市场经济体制不完善、政策法律等制度不健全、以工补农力度偏弱等因素的影响，我国农业仍然带有明显的传统农业特征，农业产业化经营还面临着利益联结机制不完善、合同履约率不高、龙头企业带动力不强等问题。

1. 农业产业化经营取得的成效

（1）促进农业结构调整

一是促进了农业生产结构调整。农业产业化经营通过市场牵动龙头，龙头引导基地，基地带动农户，合理确定农产品生产基地主导产业和布局，促进了农业生产结构的调整。龙头企业还根据市场需要进行产品加工，按照加工要求建设标准化、优质化、规模化基地，提升了农产品质量安全水平。在农业产业化经营的推动下，我国农业标准化生产有了长足进步，农产品品种得以改进，良种得以使用，农产品质量得到明显提高，从而调整了农产品的品种和品质结构，促进农业结构向安全、优质的方向转变。

二是促进了主导产业和优势产业带发展。农业产业化与优势产业结合，培育和壮大了区域主导产业。在龙头企业的标准化、优质化、规模化基地建设的带动下，我国区域主导产业和优势产业带逐步形成，发展平稳。

（2）促进了农产品贸易发展

农业产业化经营造就了一批有竞争力的市场主体，它们创出一大批有较强竞争力的名牌农产品，提高了我国农业国际竞争力。此外，加入世界贸易组织之后，在应对国际贸易纠纷，提高我国农业企业应对能力方面，龙头企业也发挥了非常重要的作用。总的来说，相当一批龙头企业已经在主动地根据国际市场变化全方位参与国际竞争。

（3）带动农民增加收入

发展农业产业化经营，能解决农产品难卖问题，使初级农产品卖个好价钱；通过多次加工增值，提高农业的附加值和综合效益，给农民直接带来实惠。而且，我国龙头企业大多数是劳动密集型行业，具有较强的吸纳劳动力的能力，可以进一步带动农户增收。从各地情况看，农业产业化经营促进农民增收主要是通过以下途径。

一是提高农业效益。以农副产品加工销售为主的龙头企业将农业产前、产中、产后各环节衔接起来，整合为一个完整的产业体系，初级农产品的综合利用率和加工转化率得到提高，农业产业链得以延伸，使工业手段、农业资源、农村劳动力等各种要素更好地结合，使农业发展成为高盈利性的现代产业。二是实行保护价收购，即龙头企业与农户签订订单，实行农产品最低收购价，降低了农户市场风险。三是拓宽农民就业渠道。通过延长产业链，不仅使一部分农民直接进入龙头企业务工，还有许多农民参与到运输、营销环节的经营活动，增加了收入。四是密切利益联结方式。一些地方开展了新型利益联结机制试点，引导农民以土地承包经营权、资金、技术、劳动力等生产要素入股，采取合作制、股份合作制等形式，与龙头企业结成利益共享、风险共担的利益共同体，促进家庭承包经营与产业化经营有机结合。

（4）促进了农村经济发展

我国农村经济发展水平低与农村生产力水平低有直接关系，而导致农村生产力水平低的主要原因就是现代农业建设滞后和没有可以向外延伸的产业链结构。农业产业化经营通过构造强有力的纵向一体化的市场结构和塑造新型的横向结构，促进现代农业发展，催生新的产业领域和新的经济形式，形成新的经济增长点，从而促进了农村经济发展。

2. 农业产业化经营存在的问题

（1）利益联结机制不够紧密

按利益联结方式来划分，我国目前的产业化组织利益联结主要以合同式为主。合作式的利益联结机制尚未成为产业化经营组织利益联结机制的主导。至于股份合作方式即按股分红的利益联结机制，目前还是少量的。利益联结机制不紧密主要从以下三个方面直接影响农业产业化经营的进程：一是影响产业化组织的健康发展；二是影响农业结构调整和农产品市场开拓；三是影响利益分配结构，降低了农业比较收益，直接阻碍农民生产积极性的提高。

（2）订单农业内容不规范

龙头企业与农户的合同契约行为不规范，约束力不强主要表现在：一方面，由于农户缺乏签订合同的意识，对合同内容不甚了解或不去了解，就被动地与企业签了合同，使合同缺乏公平性和有效的制约机制。企业跟农民签单时，只承诺收购，不承诺价格。另一方面，合同本身不规范，甚至是口头协议。即使签订了书面契约，一旦违约，受损方也很难挽回损失。这样，农户和企业之间缺乏诚信，导致违约事件频频发生。

（3）龙头企业带动力不够强

我国龙头企业整体实力不强，农产品加工业水平较低，使其带动农户增收和区域经济发展的能力不强，从而难以很好地发挥“龙头”的导向作用和带动作用。具体表现在三个方面：一是龙头企业规模小；二是我国龙头企业普遍缺乏新产品研发能力，产品更新慢，产后加工能力弱，附加值不高；三是我国龙头企业知名品牌少，营销方式落后。

（4）生产基地建设滞后

农产品生产基地建设关系到企业的原料来源和标准化质量控制。但总体来看，生产基地建设还是我国农业产业化经营的一个薄弱环节，很多地方都存在生产基地分散，规模化、标准化程度低，基础设施不配套，农作物新品种、农业新技术推广跟不上等问题，影响了龙头企业规模的扩大和产品质量的提高。一些企业也存在着重视加工产能扩张，忽视基地建设，甚至不建基地，与其他企业恶性争夺原料的情况。

三、农业产业化的发展趋势和思路

1. 农业产业化发展趋势

我国农业产业化总的发展趋势是：逐步从量的扩张向质的提高转变，由点状发展向优势产业和优势产业带集聚，由劳动密集型为主向劳动密集型、技术密集型和资本密集型并重发展，由初级加工为主向精深加工延伸，由单一组织模式向多元化组织类型演进。

一是农产品加工水平不断提高，龙头企业集群逐步形成。随着国家对农业产业化经营扶持力度的加大，龙头企业发展能力将快速提升，农产品精深加工比重将明显增加，产业链条不断拓展，产品附加值将明显提高。在已具备一定基础的产业领域内将率先出现一批竞争力强和市场占有率高的龙头企业集群，形成大中小型龙头企业共同发展格局。

二是产业化经营带动能力有大提升，农产品原料基地建设快速发展。随着《农民专业合作社法》的出台，农民专业合作组织和中介服务组织迅速发展，产业化利益联结机制和经营机制进一步完善，使农民进入市场的组织化程度不断提高。在龙头企业的带动下，农业生产的标准化、优质化程度进一步提高，形成一大批优质专用农产品生产基地，满足龙头企业加工需要，带动农户提高标准化生产水平，将有更多的农户参与到农业产业化经营体系中来，有力地促进农业增效、农民增收。

三是不同行业产业化发展不均衡的局面将继续存在，外资在龙头企业中的比例将呈扩大趋势。由于不同的农产品自身特性及加工条件、要求不同，农户、龙头企业在产业化组织模式和利益联结机制选择方面也有不同。畜牧业、园艺等领域产业化经营水平将继续快速发展，龙头企业和农户、基地联结更加紧密。随着我国对外开放程度的加深，外资进入我国农产品生产和加工业的比例将进一步扩大。

2. 农业产业化发展思路

当前和今后一个时期，要深入贯彻落实中央的要求和部署，紧紧围绕发展现代农业，坚持为农民服务的方向，以科技为先导，以深加工为龙头，以市场需求为坐标，创新体制机制，培育壮大龙头企业，完善带动农户的组织机制和利益联结方式，推进农业产业化经营又好又快发展。

（1）进一步培育壮大龙头企业

首先要培育龙头企业。积极鼓励专业合作社、中介服务组织、农村经纪人领办和创办农产品加工企业；引导工商企业投资农业，带动农户发展农产品生产、加工和销售；支持龙头企业跨区域经营；鼓励有条件的龙头企业采取兼并、收购、资产重组等形式，整合资源要素，打造一批带动行业发展的大型企业集团。

其次要加强科技创新。鼓励龙头企业自建研发机构，或与高等院校、科研院所建立长期的协作关系，开发具有自主知识产权的新品种、新技术、新工艺和新设备；支持龙头企业利用国际先进技术，加快设备更新和技术改造。

最后要强化质量安全。龙头企业要严格执行国家制定的农产品质量标准，建立健全标准化生产体系，加强农业投入品管理，强化质量检验检测，实施全过程质量控制。鼓励和支持龙头企业开展无公害农产品、绿色食品、有机农产品等相关认证。

（2）进一步探索创新产业化运行机制

首先要加快发展农民合作社。贯彻实施《农民专业合作社法》，坚持民办、民管、民受益，围绕农业生产和服务，积极培育农民合作社。在生产经营、利益分配、民主管理等方面，建立健全规章制度，促进合作社规范发展。鼓励合作社开展跨区域合作与经营，壮大自身实力，增强服务功能。积极推广“龙头企业 + 合作社 + 农户”等产业化组织形式。

其次要完善利益联结机制。通过规范合同内容、明确责任程序、开展诚信教育等方式，提高订单履约率，探索实行订单可追溯管理。通过开展定向投入、定向服务、定向收购等方式，为农户提供种养技术、市场信息、生产资料和产品销售等多种服务。帮助农民探索以资金、技术、劳动力等生产要素入股，实行合作制、股份合作制等形式，与龙头企业结成利益共同体。

最后要提高风险防范能力。引导龙头企业加强市场分析预测，建立市场预警机制，密切跟踪国内外市场供求变化、价格走势和行业发展情况，研究国家产业政策和贸易规则，科学评估风险损失，并鼓励龙头企业设立风险资金。

（3）进一步强化金融服务

首先要完善融资手段。农业银行等国有商业银行应把支持产业化发展作为信贷支农的重点，优先满足龙头企业的资金需求。对资信和发展前景好、农产品收购季节集中、短期资金需求量大的龙头企业，要进行公开授信，适当放宽担保抵押条件，简化贷款手续。加快建立专门针对中小企业发展的县级小额贷款银行，鼓励龙头企业参与组建村镇银行、贷款公司、小额贷款银行。支持具备条件的龙头企业发行企业债券，优先推荐上市。

其次要发展农业信用担保。政府要安排财政资金，作为资本金注入担保机构。对农业信用担保机构风险损失，可以按照实际担保额给予补助。银行要支持农业信用担保机构，共同承担担保风险。

最后要推行农业保险。进一步扩大政策性农业保险范围，增加保险品种，提高保费补助比例。支持龙头企业、合作社组织基地农户参加农业保险。将龙头企业作为出口信用保险的支持重点，给予保费补助。

（4）进一步提高政府服务水平

首先要完善扶持政策。增加农业产业化专项资金，支持龙头企业开展技术研发、节能减排和基地建设，提高资金使用效益。稳定国家重点龙头企业的税收优惠政策，统一农产品加工增值税进销项税率。保证龙头企业在养殖小区、设施农业等方面的用地，对其用煤、用电、用水给予优惠。

其次要提高指导水平。制定和完善发展规划，引导龙头企业依托资源优势，科学合理布局生产、加工基地，防止盲目重复建设。加强统计调查，分行业掌握省级以上重点龙头企业运行情况。加大宣传力度，总结和推广农业产业化发展的先进典型和经验。

最后要加强监督管理。强化对重点龙头企业的动态监测，健全和完善有进有出的淘汰机制。加强龙头企业培训，全面提高企业经营素质。建立龙头企业社会责任报告制度，提高龙头企业履行社会责任意识。

第三节　我国农业产业化运行机制建设

农业产业化经营是我国农村改革发展中，继家庭承包制之后农村经营体制机制的重大创新，是农村经济运行中重要的组织系统。建立合理的运行机制是农业产业化经营健康发展的重要保障。从组织结构、作用机理等角度分析，农业产业化运行机制大体包括产业化组织模式、利益联结机制、风险防范机制和政策保障机制等内容。

一、完善和创新农业产业化运行机制的意义

完善和创新农业产业化运行机制，既是促进农业产业化健康发展的客观要求，也符合国际农业产业化发展的一般规律，更是创新和完善农村经营体制机制，加快现代农业建设的迫切需要。

1. 完善农业产业化运行机制是农村基本经营制度建设的重要内容

发展和完善统一经营，成为当前完善农村基本经营制度的迫切要求和关键环节。农业产业化经营的发展，通过“公司＋农户”等组织模式，充分发挥龙头企业等产业化经营组织在开拓市场、引导生产、应用新装备新技术等方面的优势，在产前、产中、产后全过程实行统一管理、统一供种、统一农资、统一技术、统一销售，有的还为农户提供资金、担保、保险等配套服务，解决了分散农户规模小、技术水平偏低，与千变万化的大市场难以对接的问题，逐渐成为新型农业社会化服务体系的骨干力量，为健全双层经营体制的统一经营层次找到了一条有效途径，以龙头企业、专业合作社、批发市场为主体的农业产业化组织已经成为农村双层经营体制统一经营层次的重要组成部分。

完善农业产业化运行机制，是充分发挥各类产业化组织的带动作用，促进统一经营层次的形成和发展的重要条件。通过进一步丰富产业化组织模式，从根本上解决农户在进入市场和采用新技术、新品种方面所存在的难题，提高家庭经营的集约化水平，实现家庭经营方式的转变；通过发展合作、股份合作等紧密型产业化利益联结机制，使农民分享到产后环节的增值收益，促进农民增收。从这个意义上说，完善农业产业化运行机制，是丰富农村统一经营层次，充分发挥双层经营体制优越性的迫切要求，成为当前和今后一个时期完善农村基本经营制度的重要内容。

2. 完善农业产业化运行机制是加快现代农业建设的迫切需要

现代农业是我国农业的发展方向。建设现代农业要求用现代发展理念引领农业，用现代物质条件装备农业，用现代科学技术改造农业，用现代产业体系提升农业。如何在小规模农户经营基础上，把这些现代要素导入农业，成为发展现代农业的关键。农业产业化经营通过建设规模化、集约化、标准化生产基地，将农户生产作为“第一车间”，以现代工业方式组织农业生产，以现代经营思路谋划农业发展，更新农业的发展理念；通过应用先进的生产、加工设施装备，采用现代化的生产流水线，提高农业物质装备条件；通过引进和推广新

品种、新技术、新工艺，发展精深加工，延长产业链条，提升农产品的科技含量和附加值；通过建立标准化基地，发展农产品加工，完善农业服务业，将农业的产前、产中、产后有机统一起来，促进一二三产业紧密联系，形成完整的现代产业体系。这些作用的发挥取决于农业产业化自身是否具有科学合理的运行机制，将各类产业化组织与农户紧密联系起来，为各类现代农业生产要素有效导入农业提供制度保障和组织基础。

当前，我国正处在加快改造传统农业、走中国特色农业现代化道路的关键时刻，这就迫切要求进一步完善农业产业化运行机制，充分发挥农业产业化的作用，推动传统农业改造，加快现代农业建设。

3. 完善农业产业化运行机制是农业产业化健康发展的客观要求

近年来，农业产业化快速发展，产业化组织数量不断增加，覆盖范围不断扩大。到2012年年底，全国各类农业产业化组织超过30万个，参与产业化经营的农户达到1.18亿户，超过全国总农户的40%，产业化经营涵盖了绝大多数的农产品生产领域。当前，农业产业化发展已进入了创新提升阶段，产业化运行机制的完善，是农业产业化健康发展的保证。农业产业化的健康发展，既要求产业化组织实力的增强、组织化程度的提高、利益分配机制的健全，也要求政策的有效扶持、风险保障的建立、市场环境的优化，这些都是完善农业产业化运行机制的重要内容。

当前，产品质量安全问题和风险保障缺乏成为制约农业产业化健康发展的突出瓶颈，对完善农业产业化运行机制、提高质量安全水平和增强风险防范能力，提出了新的更高要求。

4. 完善农业产业化运行机制符合国际农业产业化发展的一般规律

农业产业化经营在国外又称为农业一体化经营，是发达国家农业现代化过程中出现的生产组织形式。由于国情不同，各国的农业产业化发展模式不尽相同，但其发展规律是基本一致的。一是农业产业化具有规模化、集约化、组织化的特征。二是各国都积极实施农业产业化扶持政策，特别是对农业企业和合作社给予优惠性扶持和低税收政策。三是农民合作社在协调产业化各主体关系方面发挥了重要作用。四是西方发达国家农户经营规模一般较大，发展能力比较强，许多农场主都自办农产品加工企业，农场主既是农产品的生产者又是农产品的加工者，可同时获得加工、销售环节的利润。世界发达国家的经验告诉我们，推进农业产业化经营，既要根据本国国情和资源禀赋，发展相应的生产组织模式，形成合理的利益分配机制，也需要政府加强扶持，健全政策支撑和风险保障机制。

二、我国农业产业化运行机制的构成与发展

农业产业化运行机制大体包括产业化组织模式、利益联结机制、风险防范机制和政策保障机制等内容。我国农业产业化经营快速推进，其运行机制不断发展，主要表现在组织模式日益丰富、利益联结机制渐趋完善、风险防范机制初显端倪、政策保障体系逐步建立四个方面。

1. 组织模式日益丰富

农业产业化组织模式是农业产业化运行机制发挥功能的重要载体。经过多年的实践，各地在“公司+农户”、“专业市场+农户”等基本组织模式基础上，逐步探索、发展出了“公司+基地+农户”、“公司+中介组织+农户”、“农民专业合作社+公司+农户”、“多方合作”等多种新型的产业化组织模式。此外，一些地方还出现了“行业协会+龙头企业+中介组织+农户”、“龙头企业+农场+农户”等组织模式。

“公司+农户”模式是使农户和企业由原来的简单买断关系转变为稳定的产品购销关系。这种模式早期是农产品出口企业为了稳定原料供应，保障产品加工需要，主动与农业生产大户联合，以口头或书面协议的形式，形成产品购销关系，是农业产业化经营中最早出现的一种雏形，也是最基本的组织模式。

“专业市场+农户”模式是由原来的以提供交易场所的简单服务，向涵盖分级、包装、运输、储藏、信息等综合服务转变。最初的专业批发市场是在农村集贸市场的基础上发展而来的，主要为买卖双方提供农产品交易场所。随着分工分业发展，在一些地方出现了为农户和批发市场服务的经纪人，逐步形成了“专业批发市场+经纪人+农户”的组织模式。

“公司+基地+农户”模式是在“公司+农户”基础上演化而来的，由原来的订单购销关系，向自建规模化、标准化、集约化基地方向发展，把农户纳入到原料生产基地。随着市场对农产品品质和质量安全要求的不断提高，一些龙头企业为了提高产品的质量，尽快扩大市场份额，采取直接租赁农户承包的土地、与集体经济组织合作建基地等方式，建设高标准的、规模化、集约化原料生产基地，为基地农户统一管理、统一供种、统一农资、统一技术、统一销售。

“公司+中介组织+农户”模式是近年来在“公司+农户”的基础上发展而来的一种模式。随着农业生产市场化、专业化、社会化进程加快，农民专业合作经济组织、专业技术协会应运而生，成为连接龙头企业与农户的桥梁和纽带。这种组织模式与“公司+农户”的最大不同，就是公司与中介服务组织签订购销合同，中介组织再与农户签订种养合同，或者公司、中介组织、农户三方共同签订协议。中介组织按照龙头企业要求组织、协调和监督农户进行生产，并为农户提供多种生产经营服务，降低了企业和农户之间的交易成本。

“农民专业合作社+公司+农户”模式中，一些专业合作社开始由原来侧重单一的技术、储运、购销等方面的服务，向产前、产中、产后等环节延伸，兴办农产品加工企业，农民既是合作社社员，又是企业股东，合作社成为组织农户发展生产、开拓市场的一个重要带动主体。

“多方合作”模式是最近刚刚兴起的复合型的产业化组织模式，其特点是由产业链条的各类生产经营主体和社会化服务组织，通过签订合作协议组织起来，发挥各自优势，形成工作合力，为农户、企业提供信贷、保险等服务，促进企业与农户更加紧密联系，推动产业健康发展。

2. 利益联结机制渐趋完善

企业、农户是独立的市场主体，要在产业化经营组织中实现企业增效、农民增收的目标，必须要通过一定的利益联结方式，将龙头企业和农户统一于产业化经营体系中，形成“利益共享、风险共担”的利益共同体，这是农业产业化运行机制的灵魂与生命力所在。这种利益联结方式随着产业化的发展不断丰富，龙头企业与农户的关系也逐步紧密，由最初的市场自由买卖关系发展到目前的合同制、合作制和股份合作制，利益分配由原来一次性的价格结算向价格联动、二次返利、股份分红等转变，利益联结机制逐步完善。

合同制是最初实行的、目前普遍存在的一种利益联结方式。主要有两种类型：一是购销型合同制，只在销售环节确立买卖双方较为稳定的购销价格，企业通过收购合同与农户交易，相互之间的经济联系在一定生产周期内保持稳定，维系企业与农户契约关系的核心是合同保护价格。这是产业化经营初期主要的利益联结方式。有的还采取价格联动的方式，稳定农民收益。二是购销服务型合同制，合同在确定购销价格的基础上，还约定了龙头企业为农户提供无偿或低偿的生产经营服务。

合作制是农户以资金、劳动和技术等生产要素自愿入股成立合作社，既参与生产经营，又参与民主管理；合作社代表农户与企业签订合同，按企业要求组织农民进行生产；企业或合作社为农户提供服务的一种利益联结方式。农民提供产品，享受合作社与龙头企业签订的合同收购价。企业按合同约定返还合作社一定比例的收益，合作社再按社员贡献大小进行二次分配。

股份合作制是对股份制的改造，也是对合作制的发展，它是在合作制基础上引入股份制，是股份制与合作制的联合体。农户以劳动、资金和技术等生产要素联合组成合作社，再由合作社向龙头企业参股，农户与龙头企业形成一种新型的产权关系，入股农户成为企业股东，按劳分配和按股分红相结合，农户与企业共同分享加工、流通环节利润。

3. 风险防范机制初显端倪

风险防范机制是农业产业化运行机制的重要组成部分。目前，一些龙头企业通过建立市场预警机制，参与农业保险，设立风险基金，运用期货手段等方式，在加强风险防范方面进行了积极的探索。

（1）建立市场预警机制。针对国内外农产品市场波动加剧、市场风险加大的形势，国家行业主管部门开始建立农产品市场预警监测系统。不少龙头企业也根据自身发展需要成立了市场研究部门，重点加强市场分析预测，密切跟踪国内外市场供求变化、价格走势和行业发展趋势，深入研究产业政策和贸易规则，建立市场预警机制，加强风险损失评估，抵御市场风险的能力不断增强。

（2）参与农业保险。随着农业保险品种不断增加、区域不断扩大，越来越多的农业产业化生产基地纳入保险范围。一些龙头企业组织基地农户参加农业保险，有的龙头企业还给农户保费补助，降低了企业和农户生产经营风险。

（3）设立风险基金。有些龙头企业分别从自身销售收入和农户产品交售额中提取一定比例的资金，专门设立风险基金，用于弥补农户、企业因自然与市场风险遭受的经济损失，增强灾后恢复生产能力，保障产业链条的稳定发展。

（4）参与期货交易。期货市场具有发现价格、套期保值和规避风险的功能。一些龙头企业积极利用期货市场，将订单与期货结合起来，不仅为企业赢得了利润，也保障了农民利益。

4. 政策保障体系逐步建立

近年来，国家各级各有关部门逐步加大农业产业化支持力度，制定出台了财政、税收、金融、投资、贸易等一系列扶持措施，不断提高监管和服务水平，初步构建了农业产业化政策保障体系。

（1）政策支持。一是财政政策。从2002年开始，中央和省两级财政都设立了农业产业化专项资金，一些市县也设立了专项资金。二是税收政策。近年来，国家出台了免征国家重点龙头企业农产品初加工所得税、提高农产品初加工增值税进项抵扣率、免征部分农产品加工设备进口关税和进口环节增值税以及农产品出口退税等政策。三是金融政策。为满足龙头企业资金需求，农业银行、农业发展银行逐步加大了金融扶持力度，在龙头企业收购资金、固定资产投资、技术改造等方面给予信贷支持。进出口信用担保公司还为出口企业提供信用担保。

（2）监管约束。一是完善工作体系加强工作指导。为加强对农业产业化工作的指导，充分发挥有关职能部门的作用，2000年，成立了由农业部牵头，国家发改委、财政部、商务部、人行总行、税务总局、证监会、供销总社等部门组成的全国农业产业化联席会议，省、市、县也都成立了农业产业化工作协调机构，工作体系逐步健全，形成了推进农业产业化发展的合力。二是健全统计监测体系实施动态管理。为加强对国家重点龙头企业的指导和监督，2001年6月，联席会议八部门发布了《农业产业化国家重点龙头企业认定和运行监测管理暂行办法》，对国家重点龙头企业实行动态管理，建立两年一次的监测评价制度，对监测不合格企业取消其国家重点龙头企业资格。到2007年3月，已经开展了三次监测，共取消了76家国家重点龙头企业资格。各省、区、市也都建立了动态监测制度。为了全面掌握农业产业化发展情况，建立了统计调查体系，从1997年开始，每年都开展全面的统计工作。三是建立培训制度。为提高龙头企业的经营能力，从2002年开始，对国家重点龙头企业就加强农产品质量安全、完善利益联结机制、强化企业社会责任等方面，开展了专题培训。各省、区、市也开展了省级龙头企业的培训工作。

三、完善和创新农业产业化运行机制的对策建议

完善农业产业化运行机制，要按照党的十七届三中全会提出的发展农业产业化经营的要求，深入贯彻落实科学发展观，以市场需求为坐标，创新体制机

制，培育壮大龙头企业，加快建设功能完善、运转有序、保障有力、和谐高效的农业产业化运行机制，推进农业产业化又好又快发展。

1. 总结推广农业产业化新型组织模式

认真总结各地探索农业产业化组织模式的好经验、好做法，大力推广“龙头企业+中介组织+农户”、“合作社+龙头企业+农户”等新型组织模式，着力提高农业组织化程度。培育壮大龙头企业，发展龙头企业集群，形成大、中、小型龙头企业共同发展格局。鼓励和支持龙头企业与科研院所合作，开展技术创新，提高自主创新能力和核心竞争力。支持龙头企业建立规模化、集约化生产基地，推行标准化生产，实行全程质量控制。建设新型物流方式，拓宽农产品销售渠道。支持龙头企业、科技人员和农村能人以及各类服务组织创办、领办各类中介组织，培育扶持专业大户和经纪人队伍，构建以合作经济组织为基础、龙头企业为骨干的新型农业社会化服务体系。

2. 完善利益联结与分享机制

大力发展订单农业，规范合同内容，明确权利责任，逐步实行合同可追溯管理，引导龙头企业与农户形成相对稳定的购销关系。通过开展定向投入、定向服务、定向收购等方式，为农户提供技术、信息、农资和购销等多种服务。引导农民以资金、技术、劳动力等生产要素入股，实行多种形式的联合与合作，与龙头企业结成利益共享、风险共担的利益共同体。分产业、分产品研究不同利益联结方式的基本规律、运行规则和约束条件，分析产生发展的内在因素，总结推广不同产业和产品的利益联结模式，进一步创新完善联结机制。在推动利益联结机制的工作中，遵循自主自愿、平等互利、风险共担的原则，充分考虑农业产业特点、市场发育状况、企业经营能力和农民的认识程度等因素。

3. 建立健全风险防范机制

推进农业政策性保险，扩大品种和范围，将龙头企业原料生产基地作为支持重点，引导组织农户参加农业保险。加强风险损失评估，为保险公司定损赔付、产业影响评价、灾后恢复重建，提供基本数据和科学判断。健全国内农产品市场调控机制，完善粮油产品最低收购价政策，设立农产品市场稳定基金，避免价格大起大落，稳定农产品市场。鼓励和引导龙头企业设立风险基金，保障产业体系健康稳定发展。扩大农产品出口信用保险规模和范围，重点支持出口型龙头企业，提高出口信用保费补贴标准，减少国际市场和政策环境变化给龙头企业造成的风险损失。

4. 完善政策保障机制

加大财政支持力度，中央和各级财政要大幅增加农业产业化专项资金，支持龙头企业开展基地建设、技术和设备改造、节能减排。逐步完善农产品加工业发展税收支持政策，全面落实农产品初加工所得税减免政策，统一农产品深加工增值税进销项税率。强化和完善金融支持政策，满足龙头企业收购资金、固定资产投资、技术改造等方面的贷款需求；扩大龙头企业有效担保物范围，推广存货质押、应收账款质押、仓单质押、动产浮动质押等多种抵押质押方式，积极探索建立担保基金、担保公司等形式，对龙头企业融资给予担保。保证龙头企业在养殖小区、设施农业等方面的用地需求，对龙头企业用煤、用电、用水给予优惠。

5. 建立重点龙头企业监督约束机制

完善省级以上重点龙头企业监测办法，掌握分行业龙头企业经济运行情况，及时了解企业生产加工、带动农户、产品销售等情况，为龙头企业发展和制定支持政策提供依据。加大国家重点龙头企业监测力度，坚决取消不合格企业，将那些发展潜力大、带动农户增收效果好、产品质量安全水平高、社会责任意识强的企业充实到国家重点龙头企业队伍。建立龙头企业社会责任报告制度，定期公布龙头企业产品质量安全、利益联结机制、带动农户增收、参与新农村建设等方面的情况，切实提高龙头企业社会责任意识。依托龙头企业，吸纳专业合作社和专业大户发展行业协会，完善自律机制，规范行业竞争，增强服务功能，充分发挥其在参与国家相关政策制定、执行国家宏观调控政策、产业政策方面的作用，切实维护企业和农户权益。

第四节　我国农业产业化人才培养

农业增长方式由粗放型向集约型转变的核心是知识和技术的集约，而没有高素质的农业从业人员，先进的农业生产技术和管理方法就不可能得到推广应用。要实现农业产业化与现代化，必须拥有一批高素质的农业劳动者。

目前，我国农业从业人员的素质偏低，2009 年统计显示，科技在农业增长中的贡献率只有39%，每年2000多项能应用的科技成果推广不到1/3[1]，其根本原因是农民接受新技术的能力差，大部分劳动力不能掌握现代科学技术，仍然沿用传统的生产方式和方法从事生产，加上农业技术推广人员不足，致使许多先进的科学技术和方法难以推广。另外，新中国成立以来我国培养的104万名农业科技人才，目前只有50万名左右尚留在农业战线，平均每一万名农业人口中科技人员仅6.6人。由此可见，目前我国农业劳动者素质极为低下，农业技术推广人员严重不足，这极大制约了我国农业产业化和现代化的实现。总体而言，农业产业化对人才的需求非常广泛，归纳起来主要包括以下三大类：一是经营管理人才，二是科研技术人才，三是生产加工人才。

一、经营管理人才

经营管理人才是农业人才队伍的重要组成部分。农业产业化所需的经营管理人才，是指具有现代经营与管理知识，市场意识强，有开拓精神，懂经营、会管理的农业产业经营者与管理者。农业产业化强调产加销、贸工农一体化经营，而目前我国农业生产以家庭为单位分散生产和经营，不利于农产品的销售，影响生产效益。因此，经营管理人才应做好产后服务，开拓市场，促进销售，从而带动农业生产。大力培养经营管理人才，尤其是加强农业产业化龙头企业经营管理人才队伍建设，对于提升龙头企业整体素质、创新和完善农业产业化经营体制机制、进一步发挥龙头企业在建设现代农业中的引领作用具有重大意义。

农业产业化龙头企业经营管理人才队伍建设，要树立和落实科学的人才观，按照发展现代农业的要求，坚持市场导向，以培养基地服务机构经理人员为基础，以培养高层经营管理人员为重点，创新体制机制，完善人才管理制度，加大培训力度，着力建设一支精通市场营销、熟悉政策、社会责任感强、掌握服务农户技能的高素质的龙头企业经营管理人才队伍，为推动农业产业化又好又快发展提供人才保障。

农业产业化龙头企业经营管理人才队伍建设的总体目标，是要建设一支适应农业生产、加工、销售一体化的人才队伍，行业和地区分布趋于合理，

---

[1] 孙业超，陈丛兰："浅论农业产业化的人才需求及服务培训"，《科技创业月刊》，2009年第9期，第105页。

知识和专业结构更加优化，整体素质明显提升。到 2015 年，国家和省级重点龙头企业经营管理人员普遍掌握农业产业化政策，国家和省级重点龙头企业全部建立基地服务机构；到 2020 年，80% 的地市级以上重点龙头企业经营管理人员熟悉农业产业化政策，80% 的地市级以上重点龙头企业建立基地服务机构，形成以国家、省级和地市级龙头企业经营管理人才为支撑的服务农户和生产基地的社会化服务体系。为实现上述目标和任务，需重点抓好以下工作：

1. 明确龙头企业经营管理人才队伍建设的重点

龙头企业经营管理人才队伍在抓好高级经营管理人才队伍建设的同时，突出抓好基地服务机构经营管理人才队伍建设。基地服务机构经营管理人才不仅需要具备中层经营管理人才所具有的知识结构、素质结构和工作技能等经营管理技能，熟悉农业生产特点、农艺特性以及生产加工技术规范，并且还应具备与农户进行交流、沟通的能力。

2. 强化龙头企业经营管理人才培训

分层次分类别对龙头企业经营管理人才进行培训。充分利用网络教育、远程教育和专题讲座等方式，分期分批对国家、省级和地市级龙头企业经营管理人员进行适用性培训。按照不同岗位要求，合理设置培训内容，编制培训教材，增强培训的针对性。对董事会成员，重点培训宏观政策、战略决策、资本运作、社会责任等内容；对龙头企业高层经营管理人员，重点培训企业管理、质量安全、市场开拓、危机管理等内容；对龙头企业中层管理人员，重点培训财务管理、标准化生产、人力资源管理、国际贸易知识等内容。采取“走出去、请进来”的方式，组织龙头企业经营管理人员赴境外考察和培训，提高企业国际化管理水平。

3. 加强对龙头企业经营管理人才的监督管理

完善龙头企业监测管理办法，把建立和完善服务农户、生产基地的组织机构，配备专门管理人员作为考核重点龙头企业的一项重要内容。督促龙头企业经营管理人员切实履行职责，根据本企业和行业特点，完善与农户的利益联结机制，多种形式为农户服务，带动农户增收、参与新农村建设。

4. 大力宣传龙头企业经营管理人才队伍建设的重要意义

认真总结龙头企业经营管理人才在带动农民创业就业，为农户提供生产技术、农资供应、资金担保、市场信息服务等方面的做法和经验，通过报纸、电视、网络等媒体进行广泛宣传。开展优秀经营管理人才评选表彰活动，树立龙头企业经营管理人才的典型。在行业内倡导企业家精神，形成尊重、爱护龙头企业经营管理人才的氛围，为龙头企业经营管理人才的成长营造良好的外部环境。

二、科研技术人才

农业产业化所需的科研技术人才，指的是能研究、引进、开发和推广优质、高效的农业生产新技术，能直接服务于农业生产的产前、产中环节的技术指导与推广者。我国农业生产基本上以家庭为生产经营单位，规模较小，缺乏对新技术的研究、引进、开发和应用能力，而农业产业化注重区域化布局、专业化生产，需要农业技术推广部门在产前、产中环节提供有效的服务[1]。为了全面实施科教兴农和科技带动战略，以加快农业产业化进程，必须充分调动广大农业科技人员的积极性，建立稳定的农业科技人才体系。这需要开展以下六个方面的工作：

1. 优化队伍组合，从提高自身素质上稳定农业科技人员队伍

为了稳定农业科技人员的队伍，应从实际出发制定从事农业科技推广和普及人员的标准和条件，从学历、专业、职称、从事专业时间等方面做出明确规定。将不具备条件和达不到标准的人调离或辞退。通过对农业科技队伍的清理，使其成为一支素质好、质量优、干农爱农、精干稳定的队伍。

2. 制定优惠政策，从政策上稳定农业科技队伍

为了稳定、发展和壮大农业科技人员的队伍，在农业产业化的过程中建立科技人才体系，必须制定以下几方面的政策：一是根据从事农业科技推广和普及人员艰苦困难的工作条件，制定应该享受的待遇及标准，增强农业科技人员的优越感，克服农业科技人员的自卑感。二是制定实现农业生产发展目标与农业科技人员奖励相挂钩的政策，充分调动科技人员的积极性，稳定科技人员的思想。三是制定农业科技人员向基层流动的鼓励政策，如晋升职称、提供住房补贴、医疗及交通补助等，稳定科技队伍。四是制定增加农业投入及农业事业经费政策，增加试验、推广费用，并对农业研究成果进行奖励，显著成果重奖。增加农口事业编制，坚定农业科技人员的信心。

---

[1] 袁娟：“浅析农业产业化的人才问题”，《安徽农业科学》，2007 年第 16 期，第 4962 页。

3. 抓好“重农”宣传，从思想上稳定农业科技队伍

农业是国民经济的基础，发展农业生产没有一个稳定的农业科技队伍是不行的。要加大这方面的宣传力度。只有搞好农业的科研、开发和推广，有条件的地方用高新技术改造传统农业，农业才能够面向国内和国际市场有一个大发展，才能不断满足人民日益增长的物质和文化的需要，政治才能稳定，社会才能安定。因此，要大张旗鼓地宣传搞农业工作光荣，责任重大。在全社会形成人人重视农业、支持农业、热爱农业、尊重农业科技人员的风尚和氛围。这也有利于提高农业科技工作者的觉悟、水平与工作能力，对建立和稳定科技人才体系大有裨益。

4. 提高待遇，从后勤保障上稳定农业科技队伍

要使农业科技人员的工资、奖金及各项补贴收入不低于金融系统或社会上等水平。解决农业科技推广人员的各项补助、办公条件、交通工具等亟待解决的问题，使农业科技人员在职时待遇优厚受到羡慕，退休后福利待遇更好，以激励在职人员。这就能够在全社会造成爱农氛围，形成良好的社会风尚，有利于农业科技队伍的稳定与发展❶。

5. 重视教育和培训，从机制上稳定农业科技队伍

目前，农业科技队伍面临着人员年龄结构及知识结构老化的问题。要想把农业产业化推向一个新水平，我们必须建立和完善农业科技人员继续教育和定期进修制度，不断进行知识更新。要建立优胜劣汰机制，通过学习和培训，使能者上，庸者下。要放活大批科技人员，调动和激励他们走上生产第一线从事科技推广工作，促进成果的转化，实现科技与生产的结合。当务之急是要建立一支业务精、肯奉献的农技推广队伍，使各种新技术、新方法、新成果能尽快落到实处。要设立青年科技基金和人才基金，为青年科技人才脱颖而出创造良好的条件。

6. 理顺关系，从管理上稳定农业科技队伍

要解决和理顺好市县农口部门间的关系和乡站的隶属关系，从而加强宏观调控能力。要切实搞好以人事、分配、保险等项制度为主要内容的科研机构内部改革，推行科研、开发、推广、经营一体化，为搞活科研机构、放活科研人

---

❶ 李笑华：“建立农业科技人才 加快农业产业化进程”，《哈尔滨市委党校学报》，2000 年第 5 期，第 12 页。

员、推动科技与经济的结合创造良好条件。要采取有力措施杜绝农业科技人员的流失和非专业人员涌入造成的顶岗、占编现象。强化农业部门间的业务领导，避免只抓中心、抓经营、轻推广、轻农业科技成果转化的不良倾向发生，进而从管理上稳定农业科技队伍。

三、生产加工人才

农业产业化所需的生产加工人才，包括两大部分：第一部分是掌握现代农业生产技术与操作技能，能运用新型农业机械从事农业生产，具有创新意识和创新能力的农业生产者。实现农业产业化，需要不断提高农业劳动生产率，提高资源在农业生产中的利用效率，以生产出更多更好的、适应市场需求的农产品来满足社会需要。它有赖于农业生产新技术和新型农机具在农业生产中的应用，而这些应用离不开新型农业生产者。第二部分是能不断开发和应用农产品贮藏、保鲜、加工与包装的新技术、新工艺、新方法的农产品加工者❶。实施农业产业化，要使农业产业由目前的低效益、弱质产业向高效益产业转变，需要不断延长农业产业链，增加农产品附加值，以适应市场需求。这就需要进一步对农业初级产品进行保鲜、贮藏、加工和包装，而这些都需要由大量的专门人才去完成。要大量培养农业产业化所需的生产加工人才，需要从以下两方面着手：

1. 加强农业职业教育，培养实用型人才

挑选具有丰富实践经验的农民生产技术骨干，组成专家小组，对岗位所需能力（包括技能、知识和态度）进行认真分析，经过充分讨论和集思广益，概括出从事该岗位工作所需要的全部能力，进而形成“岗位能力图表”，从而成为与农业生产实际情况完全吻合的岗位能力“标准”；然后将每一能力分解为若干个工作任务，并明确完成此任务所需要掌握的知识点和基本操作程序，形成完成此任务的培训标准和考核标准，即岗位技能规范❷。事实上，岗位能力开发，源于基层生产技术人员，成于集体智慧，融培训标准和考核标准于一体，使能力范围与岗位工作相吻合，能力要求与行业实际相关联，知识学习与行业发展相一致，有很强的针对性和实用性。

---

❶ 袁娟：“浅析农业产业化的人才问题”，《安徽农业科学》，2007 年第 16 期，第 4962 页。

❷ 唐超：“浅谈加快农业产业化人才的培养”，《上海农业科技》，2009 年第 6 期，第 9 页。

2. 对现有农业院校的专业进行调整

由于长期以来对农业的不重视，各农业院校现阶段涉农专业仅占农业院校全部专业的10%左右，极大地浪费了农业教育资源。现在，在中央大力发展农业的契机下，农业院校已迎来发展的曙光。农业是一个区域性很强的产业，不同地域、不同气候条件，耕作栽培制度、种植模式不一样，农业生产的发展方式也不一样，而农业院校尤其是地方农业院校应该侧重于为一定区域的农业生产服务，因此必须有自己的特色；其次农业科技的应用性很强，脱离了生产实际，农业教育和科研就成了无源之水，这从客观上要求农业院校准确定位，以自身的特色和优势适应区域经济和社会发展的需要，为农业产业化作出贡献。

第二章　我国农业产业化经营的组织模式

农业产业化经营的实质就是用管理现代工业的理念与办法来组织现代农业的生产和经营，推进农业纵向一体化。农业产业化经营是推动传统农业向现代农业转变，推进农业结构调整和农业产业链延伸，促进农业增效与农民增收的必然选择。

农业产业化经营组织模式是指在农业产业化组织系统内，各参与主体之间相互联结和影响所构成的一种一体化组织形态，是一个开放的复杂结构系统。这里的多元参与主体就是农业产业化组织，即企业、合作组织、农户（农场主）等，他们在农业产业化组织经营模式中存在着某种共同的利益，担任着不同的角色[1]。新制度经济学认为，有效的组织模式是重要的社会资源（诺思和托马斯，1973）。目前，西欧、北美和日本等国农业经营效率和经济效益之所以很高，从一定意义上说，是采用了高效率和规范的产业、企业组织模式以及现代企业制度。我国农业生产力水平较低，农业产业化经营还处于起步开始阶段。由于各地自然条件、农业发展水平差异较大，农业生产的经营方式和产业结构各不相同，这就决定了农业产业化经营组织模式的多种多样。

第一节　农业产业化经营组织模式的类型

目前，我国农业产业化发展正逐步由数量扩张向质量提升转变，由松散型利益联结向紧密型利益联结转变，由单个龙头企业带动向龙头企业集群带动转变。截至2010年年底，各类农业产业化组织模式中，通过合同、合作、股份合作三种较为紧密的利益联结方式带动农户的产业化组织数占总数的97.8%，

[1] 哀秀华："试论我国农业产业化经营的组织模式"，《农业经济》，1999年第7期，第24－25页。

参与农业产业化经营的农民市场意识、合作意识、经营能力都有明显提高。全国各类农业产业化组织总数达到25.49万个，其中，龙头企业9.92万家，比2009年增加9492家，增长10.59%；中介组织14.11万个，比2009年增加20 854个，增长17.39%，其中与龙头企业实现有效对接的专业合作经济组织达到4.35万个，比上年增长9.30%；专业市场1.46万个，交易额超过5 000万元的达到5 263个，比上年增长9.99%。见图2－1所示。

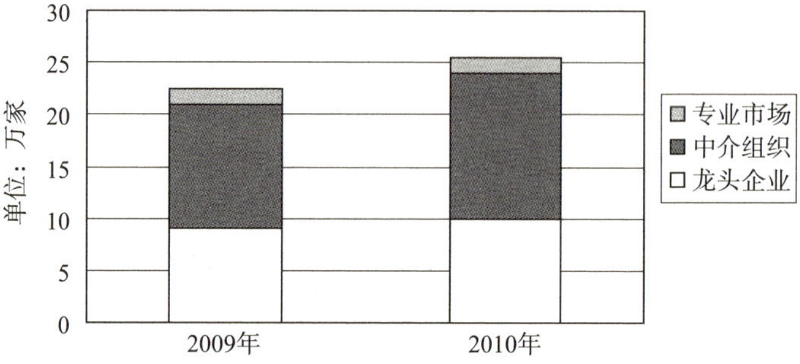

图2－1　龙头企业、中介组织和专业市场的数量

一、主要经营模式的内涵及内在演化关系

按照农业产业化经营龙头带动作用的性质可将农业产业化模式划分为龙头企业带动型、市场带动型、中介组织带动型、合作经济组织带动型、主导产业带动型、综合开发集团带动型。然而，在这仅以龙头企业带动型、中介组织联动型和合作社一体化三种农业产业化模式为主要研究对象，重点探讨三种模式的内涵和内在演化关系。

（一）龙头企业带动型模式

龙头企业带动型模式指以龙头企业为主体，围绕一项或多项产品，形成“公司＋农户”、“公司＋基地＋农户”、“公司＋专业市场＋农户”等农产品产、加、销一体化的经营组织形式（见图2－2）。在现实生活中，这种模式也有多种表现形式，常见的形式有合同制或契约型，即“订单农业”。在这种模式下，农户与企业建立利益相对稳定的购销关系。通过规范化的购销合同，农户和公司形成了一定的利润共享和风险分担机制。因此，双方都获得了一种较为稳定的收益率（赵树丛、顾江，2003）[1]。无论具体形式如何，龙头企业带

[1] 赵树丛、顾江：“农业产业化过程中组织形式的演变”，《现代经济探讨》，2003年第1期。

动型模式要求企业成为带动农业产业化发展的策动力，龙头企业在整个产业链条中处于优势和支配地位。

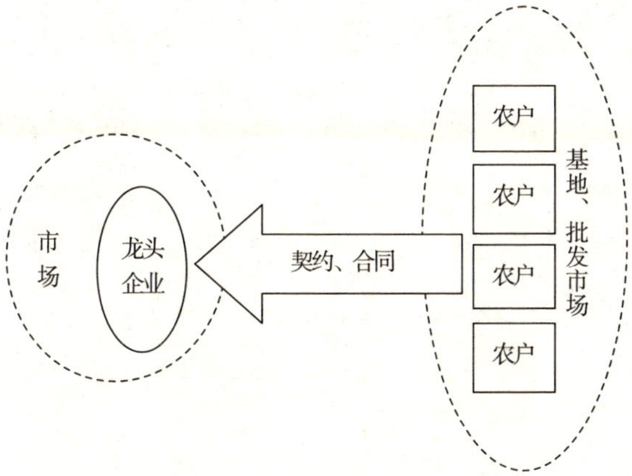

图 2-2 龙头企业带动型模式示意图

（二）中介组织联动型模式

中介组织联动型模式是以各种中介组织（包括各类农村专业合作组织、供销社、技术协会、销售协会以及农民合作社）为纽带，组织产前、产中、产后全方位服务，使众多分散的小规模生产经营者联合起来形成统一的较大规模的经营群体，实现规模效益（见图 2-3）。这种模式是对龙头企业带动型模式的改进，在发达和欠发达地区都较为普遍。

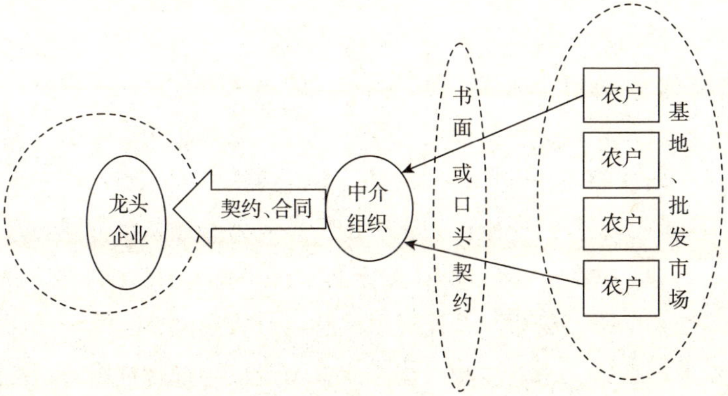

图 2-3 中介组织联动型模式示意图

（三）合作社一体化模式

合作社一体化模式是指由农民成立合作社，在合作社发展壮大后成立企业实体来销售、加工合作社内部成员（和外部成员）生产的农产品，从而实现农业生产的产、加、销和贸、工、农一体化经营（见图2－4)。这种模式对合作社的投资能力要求很高，目前主要存在于东部和沿海地区。

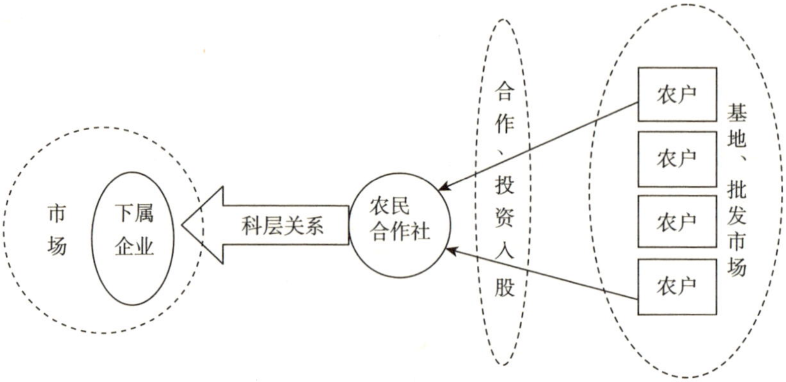

图2－4　合作社一体化模式示意图

二、农业产业化组织经营模式的具体分类

目前，我国农业产业化经营组织模式主要有七种：公司（企业）＋农户；专业市场＋农户；公司＋基地＋农户；公司＋中介组织＋农户；农民专业合作社＋公司＋农户；“多方合作”等多种新型的产业化经营组织模式。

（一）“公司（企业）＋农户”模式

这种模式是使农户和企业由原来的简单买断关系转变为稳定的产品购销关系。早期是农产品出口企业为了稳定原料供应，保障产品加工需要，主动与农业生产大户联合，以口头或书面协议的形式，形成产品购销关系，是农业产业化经营中最早出现的一种雏形，也是最基本的组织模式。其特点是使加工企业和农户由市场收购、关系比较松散，逐步发展成为通过购销合同的方式联系起来，保障了企业的原料供应，也在一定程度上缓解了农民的农产品“卖难”问题。就其成功的案例分析，其连接形式和运行机制大体有两个方面：一是建立契约式松散型产销关系，以相对优惠的收购价格和综合性服务，保障农民的基本利益；二是建立以股份合作制为主要形式的紧密型利益连接关系，形成“利益均沾、风险共担”的运行机制。

成功案例：苏州苏太肉类公司开展以苏太猪为核心的产业化实施，他们建立了苏太猪生产基地，实行公司加基地（农户）的方式。公司对生产基地

（农户）以保护价签订合同，对养殖、收购、屠宰加工、销售等全过程实施全面质量监控。既确保了优质苏太猪来源，又带动了农村养猪业的发展和养猪水平的提高。全省已建立“苏太”猪扩繁场30个，推广“苏太”猪16万多头，生产“苏太”杂优猪达420万头，增加农民收益2.1亿元。

（二）“专业市场+农户”模式

这种模式是由原来的以提供交易场所的简单服务，向涵盖分级、包装、运输、储藏、信息等综合服务转变。最初的专业批发市场是在农村集贸市场的基础上发展而来的，主要为买卖双方提供农产品交易场所。随着分工分业发展，在一些地方出现了为农户和批发市场服务的经纪人，逐步形成了“专业市场+经纪人+农户”的组织模式。近年来各专业批发市场在提供交易场地的同时，不断完善服务功能，提供市场信息、储藏、运输、加工等方面的服务，产地与市场的联系越来越紧密，距离越来越近，既降低了农户的交易成本，又推动了农业生产的标准化。

成功案例：20世纪90年代初，山东鄌郚形成笤帚批发市场，就是这样的市场，各地客商云集该市场大量采购笤帚，产品远销海外20多个国家和国内大部分省市，带动当地近百里农户发展笤帚加工。批发市场与农户关系相对松散，随着产品的丰富、交易量增加，一批有经营头脑的农村能人开始专门从事笤帚的购销，逐步发展成为经纪人，为农户和市场提供相应的服务。郑州毛庄蔬菜批发市场建有加工车间和生产基地，拥有储藏冷库、监测中心和物流中心，发布市场信息，提供生产技术服务，拥有120多位经纪人，辐射范围不断扩大，由本地逐步向华北、东北、西北延伸。

（三）“公司+基地+农户”模式

这种模式是在“公司+农户”基础上演化而来的，由原来的订单购销关系，向自建规模化、标准化、集约化基地方向发展，把农户纳入到原料生产基地。随着市场对农产品品质和质量安全要求的不断提高，原有的“公司+农户”模式主要弊端也逐步暴露出来，龙头企业难以对农户生产的品种、投入品的质量进行控制，导致产品品质不高、药残超标等问题突出，不能满足龙头企业对农产品原料品种、品质的要求。一些龙头企业为了提高产品的质量，尽快扩大市场份额，采取直接租赁农户承包土地、与集体经济组织合作建基地等方式，建设高标准的、规模化、集约化原料生产基地，为基地农户统一管理、统一供种、统一农资、统一技术、统一销售。山东潍坊美城食品公司以加工鸡肉产品为主，自建了一批养鸡基地小区，签订合同承包给农户，按照统一标准、技术、饲料等进行规范养殖。河南雏鹰畜禽发展有限公司投资建设标准化种猪养殖小区，与农户签订加盟合同，“统一供种、统一饲料、统一管理技术、统一防疫、统一组织销售”，生产过程通过完善的监控系统实施全过程实时监控，有效提高了产品的质量，保障了企业的发展壮大，使企业成为国内种猪行业的龙头。

成功案例：野力集团是全国500家大型民营企业之一。在进入农业领域之前，集团已发展到相当规模。集团下辖20家企业，资产逾4亿元，常年生产包括葡萄酒在内的20余个饮料品种。采用“公司（企业）+基地+农户”的形式，进行葡萄的种植、加工和销售的一体化经营。进入农业领域是野力公司所做出的一项战略性选择。这样做一方面使野力集团在葡萄酒行业的激烈竞争中站稳脚跟，使自己的生产线向纵向延伸，给公司广阔的发展空间，提高了企业的盈利能力。于1997年11月采取“反租倒包”的形式，同农民建立了一种新型的合作关系，保证了野力集团稳定的、高质量的原料来源。在产业化经营过程中，野力公司将农民稳定增收同公司长远发展紧紧联系起来。一方面，抓农产品优质化生产，从法国引进优质葡萄品种赤霞珠，在万亩基地上进行大面积种植，农业生产符合市场需要；另一方面，以企业实力带动农产品的深加工，实现农产品增值的目标。

（四）“公司+中介组织+农户”模式

这种模式是近年来在“公司+农户”的基础上发展而来的。最初的中介服务组织主要是基层集体经济组织、农技推广部门和供销社等部门，利用其体制和信息方面的优势，在联系企业和农户中发挥积极作用。随着农业生产市场化、专业化、社会化进程加快，农民专业合作经济组织、专业技术协会应运而生，成为连接龙头企业与农户的桥梁和纽带。这种组织模式与“公司+农户”的最大不同，就是公司与中介服务组织签订购销合同，中介服务组织再与农户签订种养合同，或者公司、中介服务组织、农户三方共同签订协议。中介组织按照龙头企业要求组织、协调和监督农户进行生产，并为农户提供多种生产经营服务，降低了企业和农户之间的交易成本。

成功案例：江苏海门京海肉鸡集团创办了京海肉鸡专业生产合作社，吸纳107个养鸡专业户参加合作社，形成了“公司+合作社+农户”的组织模式。合作社按企业的需求组织社员落实生产计划，统一采购供应鸡苗、饲料、药物、设备，统一开展培训和技术指导，统一组织运输、交售商品鸡。合作社集体经营部分所产生的利润，在提取 10% 公积金、25% 风险基金、15% 奖励基金后，根据社员当年购销实绩按比例进行二次分配，这一组织模式受到了养殖户的欢迎。

（五）“农民专业合作社 + 公司 + 农户”模式

早期的农民专业合作社仅是联系企业与农户的一个环节。随着专业合作社业务不断拓展，规模不断扩大，经济实力不断增强，涌现出大量的农资供应型合作社、农产品销售合作社、农工商一体型合作社和畜牧养殖、水产养殖、肉禽加工、交通运输、农机服务、矿产资源开发等专业性合作社。公司和农户双方以资金、技术、土地和劳动入股，利润按股分红。按照自愿参加、民主管理、资本报酬适度、主要盈余返还社员、加强对社员教育等原则建立起来的合作经济组织形式。从公司和农户在农产品的生产、加工和销售各个环节的关系看，是横向一体化的联合，是松散型的。合作社一般是在不改变家庭经营制的基础上，农户自愿入股形成的农户的财产产权不变，合作的财产属合作社成员集体所有，合作经营，成员按一人一票或一股一票的原则参与合作社管理。

合作社经营组织，是农民创办的，与农民是真正的利益共同体。对外（市场）合作社是营利性经济实体，对内（农户）是非营利性服务组织，合作社盈利是在合作社成员间进行分配。合作社与农户间的利益是一致的，农产品价格高，农户利益就大，合作社返还给农户的利润也大；农产品价格低，农户利益小，合作社返给农户的利润就小。由于合作社对内服务、对外盈利的特征，使农户与合作社的利益一致。农业产业风险由农户个体抵御转变为由合作社集体力量共同抵御。由于农业合作社不仅符合农民的意愿，而且由于其特有的地缘、血缘关系和直接的利益关系，更容易被农民所接纳，加上因其在运行机制的民主性、灵活性和服务性，因而具有强大的生命力。

成功案例：山东宁阳县葛石大枣专业合作社根据自身发展的需要，投资 85 万元兴建了大枣加工企业，带领农户发展产后加工，分享产后环节的增值收益。又如甘肃省加大扶持力度，大力发展农民合作经济组织。到 2004 年年底全省各类农民合作经济组织已发展到 2607 个，产品行业协会 247 个，带动会员 45 万户。仅定西市农民合作组织就发展到 193 个，会员达 2.6 万人。2004 年这个市共有 55 万亩的马铃薯、中药材和蔬菜，是通过农民合作组织销往龙头企业的，这些农产品不仅卖了好价钱，而且没有出现一张“白条”和买卖纠纷。

（六）“多方合作”模式

这是最近刚刚兴起的复合型的产业化组织模式，其特点是由产业链条的各类生产经营主体和社会化服务组织，通过签订合作协议组织起来，发挥各自优势，形成工作合力，为农户、企业提供信贷、保险等服务，促进企业与农户更加紧密联系，推动产业健康发展。四川资阳在这方面进行了有益探索。他们将金融机构、担保公司、饲料企业、种畜场、龙头企业、协会农户联合起来，开展多方合作。农发行根据担保公司提供的担保额度向饲料企业和种猪场提供流动资金贷款，饲料企业向农户低价配送或赊销优质无公害饲料，种猪场向农民低价配送或赊销优质杂交仔猪，龙头企业以高于市场价收购农民优质生猪，受种猪场和饲料加工企业委托代扣农民赊销仔猪款和饲料款，协会组织农户实行规模化、标准化生产和参加生猪保险，农户按合同订单向龙头企业交售优质生猪，形成了养殖业的“六方合作”模式，加快了当地生猪产业的发展。

第二节　农业产业化经营组织模式的选择

农业产业化组织模式多种多样，我国地域广袤、农村范围广、人口多，很难有一种能够普遍适用的形式。不同发展水平的地区提倡不同的产业化组织模式。农业产业化作为一种经营方式，其组织模式取决于农业生产力发展水平。不同的农业生产力发展水平，应该选择不同的产业化组织模式。

一、遵循的原则

（一）公平原则

目前，针对我国贫富差距越来越悬殊的现状，很多学者开始怀疑我们一贯的“效率优先、兼顾公平”的社会发展原则，提出了应该首先考虑公平的问题。针对农业产业经营模式的选择问题，特别是农业产业化关系到一直是弱势群体的广大农民的利益，因而，更应该首先考虑公平问题。所以，产业化经营模式的选择要公平地对待农民和龙头企业，让它们享有平等的权利，既要重视龙头企业的利益，更要重视农民的利益，使农民通过产业化经营得到实惠，损害任何一方利益建立的内部利益分配机制都不会长久，甚至会导致产业化经营的失败。

（二）利益原则

满足各种人的利益是任何组织存在的目标之一，对经济组织而言，则是以满足利用它的成员或客户的利益而维系的。农业产业化经营并非定格为最终环节的利润的形成上，其实质在于减少生产者的风险，以让利于农户为出发点，而绝不能以最后环节效益的获得而损害生产者之利益。发达农业国成功的产业化实践表明，只有保证初级生产者得其所得，产业化才具活力。因此，要维护产业化内部各经营主体的利益，尤其要有利于农民增收，有利于龙头企业壮大以及产业优势的发挥，实现总体利益最大化。

（三）自愿原则

一方面，要尊重农民的意愿，在土地使用权入股、投资龙头企业、加入各类农民合作组织等方面，都要尊重农民的意愿，要通过典型示范，引导农民认识水平的提高和经营行为的改变，而不能简单粗暴地以行政命令强迫农民做他们不愿意做的事情。另一方面，对从事农业产业化经营的产业组织，也不可以进行政府摊派或强制，应让企业或者中介组织按其自身发展需要选择适合它们的发展模式。

（四）因地制宜原则

农业产业化的任何一种组织模式都是植根于当时、当地及所处的发展环境下，经过一定时期的发展逐渐形成的，是对实践的总结和创新，而不是人们的主观臆想。符合当地农业产业化发展需要的组织模式，都有利于推动农村市场经济的发展和完善、繁荣地方经济，有利于充分调动各方面的生产积极性和创造性，增加农民收入。因此，要从当地的实际情况出发，因地制宜，循序渐进，不能搞一刀切，不能一哄而起。

（五）动态发展原则

任何一种模式都不是一成不变的，随着经济、社会的发展，农业产业化经营也会随之而演进。这是因为经济的不断发展，周围的自然、经济、社会环境也在不断发生变化，决策模式的相对稳定必须服从合理的动态变化。因此，农业产业化作为一项长期的、艰巨的系统工程，需要不断的探索和实践，其实现途径、组织形式、运行机制也需在实践中不断修正、补充和完善。

（六）政府引导原则

在我国已经建立社会主义市场经济体系的今天，政府的作用应该主要体现在宏观调控方面。在农业产业化经营中，政府要充分发挥引导、协调功能，在效率优先兼顾公平的原则下，保护弱势主体，规范强势主体的行为，促进参与农业产业化经营的各方强化法制意识，严格履行合同、契约规定的权利和义务，避免垄断和违约的出现。

二、重点考虑因素

（一）当地农业资源、农业生产的特点以及农村生产力发展

我国是一个地域辽阔的国家，在选择农业产业化经营组织模式时，不能拘泥一种模式，应根据因时、因地制宜，根据经济发展水平和环境，由经营主体通过市场机制的作用选择某一农业产业化经营的组织模式。

1. 农业资源

农业资源是农业自然资源和农业经济资源的总称。农业自然资源含农业生产可以利用的自然环境要素，如土地资源、水资源、气候资源和生物资源等。农业经济资源是指直接或间接对农业生产发挥作用的社会经济因素和社会生产成果，如农业人口和劳动力的数量和质量、农业技术装备、交通运输、通信、文教和卫生等农业基础设施等。

2. 农业生产

农业生产具有地域性，表现在空间的分布上具有明显的地域差异，不同的地域，生产的结构品种和数量都不同。主要由于生产的对象是动植物，需要热量、光照、水、地形、土壤等自然条件。不同的生物，生长发育要求的自然条件不同。因此，世界各地的自然条件、经济技术条件和国家政策差别很大，形成明显的地域性。

农业生产的季节性和周期性，表现为生产在时间分配上的特殊规律，即生产的一切活动都要按季节顺序进行，并有一定的变化周期。主要由于动植物的生长发育有一定的规律，并且受自然因素的影响。自然因素随季节而变化，并有一定的周期。农业生产的一切活动都与季节有关，必须按季节顺序安排，季节性和周期性明显。从而经营模式的选择必须因地制宜，同时抢季节、不违农时。

3. 农村生产力

生产力就是人们征服自然、改造自然以获得物质生活资料的能力，是人们改造自然的物质力量，它表示的是生产中人对自然界的关系。构成生产力的基

本要素是：以生产工具为主的劳动资料，引入生产过程的劳动对象，具有一定生产经验与劳动技能的劳动者。

农村生产力的发展关系农村社会全面建设，关系农民增收、农村进步、农业发展，关系新农村建设的顺利开展。生产力决定生产关系，生产关系要适应生产力的发展。现阶段，农村生产力发展不仅要求农村生产模式、组织关系相适应等，而且成为农村发展、农业增收、农民致富的关键，是我国解决“三农”问题、建设社会主义新农村的关键。

（二）农业产业一体化是一个由低级向高级发展的动态过程

农业产业化（Agriculture Industrialization）是以市场为导向，以经济效益为中心，以主导产业、产品为重点，优化组合各种生产要素，实行区域化布局、专业化生产、规模化建设、系列化加工、社会化服务、企业化管理，形成种养加、产供销、贸工农、农工商、农科教一体化经营体系，使农业走上自我发展、自我积累、自我约束、自我调节的良性发展轨道的现代化经营方式和产业组织形式。它的实质上是指对传统农业进行技术改造，推动农业科技进步的过程。这种经营模式从整体上推进传统农业向现代农业的转变，是加速农业现代化的有效途径。

不同的农业产业化发展阶段应采取相应不同的产业化组织模式，同时要由初级向高级不断推进。在选择更高一级的农业产业化组织模式时，除了根据当地农业生产特点和生产力发展水平外，还应根据当地农村市场经济体制的完备程度，在吸取成功经验的基础上不断创造新的发展模式。应考虑农业产业化的以下因素：

1. 市场化

市场是农业产业化的起点和归宿。农业产业化的经营必须以国内外市场为导向，改变传统的小农经济自给自足、自我服务的封闭式状态，其资源配置、生产要素组合、生产资料和产品购销等靠市场机制进行配置和实现。

2. 区域化

农业产业化的农副产品生产，要在一定区域范围内相对集中连片，形成比较稳定的区域化的生产基地，以防生产布局过于分散造成管理不便和生产不稳定。

3. 专业化

生产、加工、销售、服务专业化。农业产业化经营要求提高劳动生产率、土地生产率、资源利用率和农产品商品率等，这些只有通过专业化才能实现。特别是作为农业产业化经营基础的农副产品生产，要求把小而分散的农户组织起来，进行区域化布局，专业化生产，在保持家庭承包责任制稳定的基础上，扩大农户外部规模，解决农户经营规模狭小与现代农业要求的适度规模之间的矛盾。

4. 规模化

生产经营规模化是农业产业化的必要条件，其生产基地和加工企业只有达到相当的规模，才能达到产业化的标准。农业产业化只有具备一定的规模，才能增强辐射力、带动力和竞争力，提高规模效益。

5. 一体化

产加销一条龙、贸工农一体化经营，把农业的产前、产中、产后环节有机地结合起来，形成“龙”型产业链，使各环节参与主体真正形成风险共担、处益均沾、同兴衰、共命运的利益共同体。这是农业产业化的实质所在。

6. 集约化

农业产业化的生产经营活动要符合“三高”要求，即科技含量高、资源综合利用率高、效益高。

7. 社会化

服务体系社会化。农业产业化经营，要求建立社会化的服务体系，对一体化的各组成部分提供产前、产中、产后的信息、技术、资金、物资、经营、管理等的全程服务，促进各生产经营要素直接、紧密、有效的结合和运行。

8. 企业化

生产经营管理企业化。不仅农业产业的龙头企业应是规范的企业化运作，而且其农副产品生产基地为了适应龙头企业的工商业运行的计划性、规范性和标准化的要求，应由传统农业向规模化的设施农业、工厂化农业发展，要求加强企业化经营与管理。

三、不同区域选择模式

按经济的发展程度划分区域，从我国经济分为发达和欠发达两块区域，除了发达地区就是欠发达地区，没有非常精确的定义。因此，主要有三种观点：①所谓经济欠发达地区主要是指人均国民生产总值、人均财政收入、农民人均纯收入三项主要经济指标低于平均水平的地区，经济发达地区主要是指人均国民生产总值、人均财政收入、农民人均纯收入三项主要经济指标高于平均水平的地区。②这一地区地域广阔、资源丰富然而经济发展却远不及东部沿海省区，所以有时也将其称为经济欠发达地区，东部沿海各省叫发达地区。③把低于全国经济发展平均水平的地区称为经济欠发达地区，高于全国经济发展平均水平的地区称为经济发达地区。其中，经济欠发达和发达地区的选择模式是不同的。

（一）经济欠发达地区

经济欠发达地区适宜"合作组织 + 农户"模式。我国农业虽然经历了20多年的改革开放的大力发展，但是目前中西部特别是西部大部分地区农业生产力水平仍然比较低，传统农业占很大比重，农地规模小，农业生产链条短，农户经济力量薄弱，农民素质较低。在这些地区，"公司 + 农户"模式的农业产业化经营更容易因农户与公司双方的经济、社会地位不对等、信息获取能力不对等、谈判能力不对等，从而导致双方的谈判能力和责权利的不对等，损害农户利益。

（二）经济发达地区

经济发达地区农业产业化经营组织模式的选择：在我国东部沿海等经济较为发达地区，农业生产的专业化程度较高，专业市场发育较好，一些地区已经形成了高密集型的专业商品市场，农户在文化素质、生产技术、市场意识、生产经营规模及生产经营条件等方面都优于欠发达地区农户，集体农场、规模生产的不断发展，使部分农户演变成大户，他们具有较强的经济实力、市场意识及谈判能力，可以与公司进行市场较量，因而在这些地区，"公司 + 大户 + 农户"或"公司 + 协会 + 农户"模式也就是前述分类中的龙头带动型的拓展形式是较为合适的模式。

四、处理好三方面的关系

（一）正确处理土地规模经营与家庭承包经营的关系

土地规模经营是农业产业化经营的特点和重要标志。土地规模经营是指农业生产经营的集中化，目的是扩大生产规模，提高规模效益。家庭承包经营是土地规模经营的基础，二者的有机结合是我国目前农业生产经营的普遍形式。在家庭承包经营的基础上，至于土地规模经营采取哪种形式，必须根据农业发展的需要，尊重农户的意愿和选择。

（二）正确处理发展农业与发展其他产业的关系

农村的二、三产业是在农业发展的基础上形成和发展起来的。优化农业产业结构，并非以二、三产业取代农业。农村二、三产业的发展不能以削弱、牺牲农业的发展为代价。农业的基础地位是不能动摇的。这就要求，农村的其他各业要立足于农业的发展，加大扶农、补农的力度；通过推进农业结构调整、保护和提高农业综合生产能力、健全农产品质量检测体系、增强农业的市场竞争力，振兴农业。只有这样，才能发展和繁荣农村的其他各业。

（三）正确处理政府宏观调控与企业和农户自主经营的关系

在农业产业化经营中，政府和企业、农户是不同的主体。企业和农户是农业产业化工经营主体，政府作为国家行为的代表者，农业产业化经营的宏观调控主体，推进农业产业化经营，二者的作用相辅相成，缺一不可。企业和农户自主经营必须以政府宏观调控为前提；政府调控必须以企业和农户自主经营为基础。企业和农户自主经营的正当利益和合法权益，通过政府宏观调控的举措予以保证和维护。政府宏观调控的最终目的，通过企业和农户自主经营的实践活动予以实现。在推进农业产业化经营的过程中，只有使二者的作用充分体现并有机结合，才能保证农业产业化经营的健康发展。

第三节　完善农业产业化经营组织模式的保障

在中国农村市场经济不成熟的条件下，农业产业化模式的自发演进必然要花费更多的时间和资源，因此，有必要引导农业产业组织演进，给农业企业选择、调整组织形式和农业产业组织自发演进创造条件，促进农业产业化过程中的组织创新，从而促进农业产业化模式合理发展（孙天琦、魏建，2000）[1]。而创新我国农业产业化经营机制的基本思路是："以市场为导向，以企业为龙头，以农户为基础，以合作社为平台，通过体制机制的创新，使农户经营、合作经营、公司经营三大制度优势得以充分发挥和有机整合，形成农户、合作社、企业共赢'三位一体'的农业产业化经营机制"。具体而言，需要从以下几方面进行完善。

---

[1] 孙天琦，魏建："农业产业化过程中'市场、准企业（准市场）和企业'的比较研究——从农业产业组织演进视角的分析"，《中国农村观察》，2000 年第 2 期。

一、建立健全土地承包经营权流转市场

土地是最基本的农业资源，农村土地的所有权归集体，承包经营权归农户。但长期以来，土地承包经营权没有资本化，农户无法以其作为抵押物取得贷款，或作为资本进行产权交易。同时，村级集体经济组织虽拥有土地所有权，但农户的承包经营权受法律保护，在土地流转、成片开发上受到制约。鉴于此，中央“一号文件”提出要建立健全土地承包经营权流转市场，在不改变土地集体所有的性质、不改变土地的用途、不损害农民的权益的基础上，坚持依法、自愿、有偿原则，规范土地承包经营权流转。具体办法是逐步取消村级行政建制，把现行村组行政划分转化为以土地的自然禀赋和承包者经济利益为纽带的股份合作公司。一片相连的土地，不再因土地权属而分割，分合的形式由共同的利益和共同的目标自发决定。

二、建立和完善利益联结机制

建立稳定的利益联结机制是农业产业化经营发展的核心。一是要大力发展订单农业，农户与企业之间签订规范的、具有法律效力的产销合同，由企业提供销路，农户按订单发展生产，有条件的企业可通过最低保护价与农户签订购销合同。二是鼓励和提倡向“龙头企业 +中介组织+ 农户”方向发展。在自愿互利的前提下，农业龙头企业可以吸收农户以土地、资金等入股形成股份制、股份合作制等形式，逐步形成紧密的利益共同体。本教材第三章将对这一问题详细论述。

三、完善农产品市场体系

良好的市场环境和完善的市场体系是农业产业经营发展的客观需要。一是要建立农产品批发市场，加快资金、劳务、技术等生产要素市场体系建设。二是要统一规划，加强立项管理。逐步在全国形成布局合理、产销结合、公平竞争、统一开放的农产品市场体系。重点培育农村产地向农产品批发市场发展。三是要逐步建立农产品市场准入制度，促进无公害绿色农产品发展。重点以果菜等鲜活农产品批发市场为窗口，建立市场准入制度，从加强管理着手，配置检测设备，规范检测手段，对不符合要求的不予进场交易。四是要加强市场开拓。加大农产品贩销大户、经纪人队伍培育，以市场为依托，通过组建农产品

贩销户行业协会的途径，提高农产品经营户的组织化程度。以市场为中介，通过举办农产品展销会，牵头与大中城市市场建立业务关系等多种途径，扩大当地农产品对外宣传，提高市场知名度，使更多的农产品走向国内外市场。

四、提高政府对农业的支持力度

农业生产组织形式从家庭制走向公司制，需要方方面面的大力配合，需要政府根据实际情况在政策上给予农业产业化经营扶持，促使这种农业产业化经营健康、稳定、持续地发展，从而有效促进农业生产力的进步。

（一）扶强做大农业龙头企业

农业产业化经营的龙头企业，它肩负着开拓市场、科技创新、带动农户和促进区域经济发展的重任，其经济实力的强弱和带动能力的大小，决定着农业产业化经营的程度、规模和成效，只有依靠龙头带动，农户的积极性才会提高。政府要为龙头企业的发展创造有利的环境，扶持龙头企业就是支持农业，扶持农民。一是打破所有制界限，只要与农民有比较稳定合理的利益联结，建立生产基地，才能够带动农户，使农民真正得到实惠，要一视同仁地给予扶持。要根据龙头企业带动农户及建立基地情况进行扶持，逐步把目前由政府和部门建的示范基地转变成在政府规划引导下由龙头企业作为运作主体实施的农产品基地。二是把扶持农业龙头企业与欠发达地区经济发展相结合。制订不同的扶持标准，充分考虑不同地区、不同产业、不同发展阶段的特点和实际，实行分类指导、重点扶持。三是提高农业龙头企业参与国际竞争能力。应对我国加入 WTO，引导同类农业龙头企业通过商会、协会等途径组建行业协会，实行行业自律，提高参与国际国内市场竞争的组织化程度。加快农业龙头企业股份制改造，按照现代企业制度的要求，建立产权明晰、权责明确、政企分开、管理科学的现代企业运行机制和管理机制。四是对骨干农业龙头企业实行动态管理，优胜劣汰，每年根据考核评价指标，对建立基地面积大、带动农户能力强、产品科技含量高、出口创汇能力强的农业龙头企业给予奖励。

（二）建立完善农业社会化服务体系

建立和完善诸如信息服务体系、科技推广服务体系、农产品质量和标准检测体系、销售服务体系、物资供给服务体系等。政府要增大资金投入，金融机构要创新贷款形式，加大对农产品种植、加工的资金支持力度。通过政策引导、资金支持、环境治理等多种方式促进市场发育，推动农业产业化条件的不断成熟和完善。要调整完善财政扶持政策。要积极推动各级财政逐步增大农业产业化专项扶持资金规模，重点在龙头企业的贷款贴息、出口补贴以及农村中介组织专项补贴等方面争取有所突破。要抓好农业项目招商引资，大力吸引外资进入农业产业化组织，尽快提高农业整体实力。同时，要激励农村中的优秀人士跳出传统的种养农业，形成城乡资源的“大对流”、“大融通”，改变传统的农业生产和小农意识，用商品经济和现代科技打开通向农业现代化的大门。

第三章　我国农业产业化利益联结机制的完善

农业产业化利益联结机制是指产前、产中、产后各环节主体之间通过合同、合作、股份合作等形式，形成的“风险共担、利益共享、合作共赢”的利益分配关系，主要是农业产业化经营中龙头企业和农户的利益关系。构建科学合理的利益联结机制，对提升农业产业化经营水平和壮大农村经济、增加农民收入，都具有十分重要的现实意义。

第一节　建立完善农业产业化利益联结机制的意义

农业产业化经营利益联结机制是农业产业化经营的核心。是否与农户建立利益联结机制，是龙头企业与一般工商企业的本质区别，是农业产业化经营能否发挥支农惠农作用的关键，也是农民能否积极参与，农业产业化能否持续健康发展的根本保证。

农业产业化经营必须充分考虑各经营主体之间的利益关系，这是因为：

一、合理的利益联结机制是形成一体化经营的前提条件

从根本意义上讲，利益驱动是市场的一般规律，产业化经营中的多元化参与主体都是以利益最大化为目的，只有存在共同的利益，并使总体和个体利益最大化，农业产业化的不同经济组织之间的连接才有可能。农业产业化是一种经营方式的变化，它将众多的小农户和其他经营主体通过利益联结机制形成规模经营，打破了原有利益主体相互分隔、相互独立的关系，而变成一种松散或紧密的一体化关系，使之实现经济及组织结构上的一体化。在追求各自利益最大化的过程中，倘若各主体之间利益分配不均衡，就会影响产业化的持续健康

发展[1]。

二、合理的利益联结机制是推动产业化发展的动力源泉

合理的利益分配能够调动各方积极性，促进农业产业化及其组织的不断发展扩大，形成一种新的农业产业结构和农村经济结构，使农业的规模效益不断提高，农业对市场风险的抵御力不断增强，农户的收入不断增加，农村经济不断壮大。

三、合理的利益联结机制是增加农民收入的重要保障

市场经济条件下，由于价格调控机制不完善、市场信息滞后、生产周期较长等诸多因素的影响，单靠农业内部的结构调整来实现农民普遍增收的难度越来越大。农业产业化经营通过延长产业链条，可以使农民分享农产品产后加工、流通的增值利润，从而增加农民的收入。因此，在加强结构调整、培育特色产品、形成专业化、区域化的生产基地的同时，应特别注重依托资源优势和产品优势，延伸产业链条，通过农业产品精加工、深加工增加附加值，或通过农副产品流通环节增加附加值，使传统农业从单一的种养为主向种养加一条龙、产供销一体化迈进。利益联结机制的建立，使经营主体的利益紧密结合在一起，基于利益的考量，经营主体的最佳选择就是加强合作，这种合作有利于保障市场竞争中相对处于弱势的农户的利益，使农户获得更多更稳定的利益[2]。

四、合理的利益联结机制是联结农业与其他关联产业的有效机制

农业产业化经营通过把农业生产、加工、销售相关联的产业链结为完整的产业链条，进行多层次加工，规模经营，扩展农产品转化增值，提高农业比较利益。同时，农业产业化作为市场经济体制下的经营活动，各个产业链环节也只有依靠合理的利益机制才能联结成为完整的产业链条。在产业链中，哪个环节或经营主体因利益分配不均出问题，都会影响整个产业链的发展。

因此，在推行农业产业化发展的过程中，必须选择合理的利益联结机制，

---

[1] 王锋："农业产业化利益联结机制的现实选择"，《产业与科技论坛》，2007 年第 2 期，第 29－30 页。

[2] 徐全忠："农业产业化经营利益联结机制研究"，《经济论坛》，2008 年第 10 期，第 121－123 页。

建立各个参与主体之间“风险共担、利益共享、合作共赢”的利益共同体，从而减少农业产业化发展中的交易成本，促进农业产业化健康发展。

第二节　农业产业化利益联结机制的现状

近年来，我国各级政府和相关部门根据产业化发展的新要求，高度重视和强化利益联结机制建设，利益联结的理念不断发展，利益联结的价值观不断形成，联结的方式不断创新，内容不断丰富，机制不断完善。各地把农业产业化利益联结机制作为农业产业化经营的灵魂和核心，采取有效措施进行了大胆探索，在“公司+农户”基本模式的基础上，不断创新和丰富，发展出了“公司+基地+农户”、“公司+中介组织+农户”、“专业市场+农户”、“合作社+农户”等多种形式，合同、合作、股份等利益联结机制渐趋完善，龙头企业与农户的利益联结关系日益紧密，农业产业化经营推动现代农业建设，促进农民增收的作用显著增强。

一、农业产业化利益联结机制的主要形式

从历史演变和发展趋势看，各地在推行农业产业化过程中建立的利益联结机制主要有以下三种类型[1]：

1. 市场交易型

亦称为“市场主导型”联结机制，具体表现为“公司+市场+农户”模式。在这种模式下，企业与农户之间的关系相当松散，没有成文的合同契约，没有任何经济约束，龙头企业与农户之间的经济利益完全靠市场交换联系起来，相互之间的经济利益分配也主要是依靠市场机制，直接通过市场进行交易，产品自由买卖，价格随行就市，公司根据市场行情收购农民的农副产品，然后进行加工、销售，从相互之间的等价交换中得到各自的利益。

2. 合同契约型

在这种利益联结方式下，龙头企业与农户作为各自独立的经营者和利益主体在自愿、平等、互利的前提下，签订契约合同，以明确双方的经济关系。根

---

[1] 王锋：“农业产业化利益联结机制的现实选择”，《产业与科技论坛》，2007年第2期，第29－30页。

据龙头企业与农户的联结方式，又表现出三种模式：

（1）订单农业模式，即“公司＋农户”模式。在这种利益联结模式下，由于龙头企业和农户之间并没有形成稳定的共同体，双方签订的合同大都是短期行为，加上企业、农户的合同法制观念淡薄，企业、农户违约现象时有发生。在签订协议过程中，农户一般处于被动地位，缺乏平等谈判地位，大多只能在龙头企业印制好的文本上签字同意。因此，在风险承担、违约责任等方面缺乏应有的公平性和有效的制约机制。

（2）龙头企业带动模式，即“公司＋基地＋农户”或者“公司＋园区＋农户”模式。前者是龙头企业按照专业化、规模化、标准化的要求，直接投资基建基地，雇请周边农民从事管理和生产，农民以劳务形式获取利益。在这种利益联结模式下，由于农户的弱小地位以及组织化程度低，对市场信息掌握不充分，与处于相对垄断地位的各种加工、流通等公司打交道时，经常处于被动地位；而企业却常常以自己的主导地位进行强买强卖，与民争利，甚至侵害农民利益。后者一般以农业高新技术企业、示范园区和农业科研推广为龙头，采用向社会公开招标的方式吸引农户自愿入园。农民入园后，实质上成为具有承包性质的产业工人。由于在标书及合同中，农户的权益得到保证，农户与龙头企业之间的利益联结更加紧密。

（3）合作制模式，即“公司＋协会＋农户”模式。随着农业产业化经营的发展，龙头企业就很难直接与单个农户对接，它与农户之间迫切需要中间协调组织代表农户和自己对话，协调企农利益关系，于是从事同一农业生产项目的若干农户按照一定的章程联合起来，组建多种形式的农民互助合作组织。在这些协会组织的带动下，实行农产品生产、加工、营销一体化经营。这样，不仅有利于降低交易费用，减少交易中的无谓损失，而且农户能依托自己的组织真正成为市场主体，组织起来的农户谈判能力增强，农户的利益能得到保障和提高。在这种利益联结模式下，公司、中介组织和农户之间的经济利益通过组织章程及合同连接起来，公司与协会的关系是委托代理关系，协会和农户的关系则为组合关系。

3. *产权关系型*

即“股份合作制”利益联结模式。在这种模式下，农户以土地使用权及其附属设施、劳动和资金，企业以生产性资产入股，将资本联合与劳动联合结合起来，组建股份合作社，形成新的市场主体；企业也可将农户的土地使用权采取反租倒包的形式。这样就形成以资产为纽带的更加紧密的利益关系，实行按股分红，使农户既能通过生产过程获得劳动受益，同时也能通过股份获取资本收益。

在上述三种利益联结机制中，市场交易型属于松散型利益联结机制；合同契约型属于半紧密型利益联结机制；股份合作制属于紧密型利益联结机制❶。

1. 松散型利益联结机制

在松散型利益联结机制（市场交易型）中，企业与农户是纯粹通过市场价格竞争发生交易的。这种利益关系使企业和农户都可以凭自己的意愿自由决定交易对象，并选出价高的对象，获取最大的市场利益，但这种利益联结方式至少有以下两点不足之处：

第一，交易成本增加，抗风险能力弱。农户仍然以分散的个体生产经营为主，广大农户既是生产者，又是经营者，除了进行农业生产之外，还要进行农产品销售和农业生产资料购买活动。在经营方面，为了寻找交易对象往往要付出很多的时间、很多的精力和很大的费用，同时在市场波动和自然条件急剧变化的情况下，农户个体无法抵御和规避各种风险的打击，农户低价销售农产品和销售农产品难的现象就是这种情况的现实反映。对于企业来说也存在着不利的因素，企业面对的是分散的农户，为了寻找交易对象，也要重复付出很多的费用，同时由于收购原料农产品的随意性较大，一旦出现原料农产品供应波动，就会直接影响企业的正常运行。

第二，农户收入较低，企业发展缓慢。在现实的农户生产经营机制体制下，农户不能全身心地投入农业生产和种植技术研究，直接影响农业的规模生产，从而影响农户收入的增加。对企业来说，由于与农户没有形成稳定的交易关系，不仅使企业收购原料农产品得不到保障，而且使收购农产品的规格与品质难以统一，不利于保证加工后产品质量的一致性。这种状况直接影响企业的扩大再生产，延边地区的企业规模不大，不能不说与这一联结机制有深层次的关系。

2. 半紧密型利益联结机制

在半紧密型利益联结方式（合同契约型）中，契约制（订单农业与龙头

---

❶ 卢春华："农业产业化经营利益联结机制构建"，《延边大学学报》，2009 年第 6 期，第 113 - 117 页。

企业带动模式）是企业与农户以契约的方式直接发生利益联结关系。在契约制形式下，农户和企业经营的不确定因素相对减少，可以在一定程度上降低双方的市场交易费用和市场风险。但是这种利益联结形式主要存在以下不足之处：

第一，企业与农户的利益得不到应有的保障。虽然农户和企业都是市场主体，但是企业与农户无论在经济实力，还是在经济责任能力上都处在实质上的不平等地位，企业与农户的契约，有时候难以履行下去。在市场不景气、产品销售不畅时，农户供应企业的原料农产品受到限制，农户的利益往往得不到保障；当产品需求旺盛和供不应求时，农户供应的原料农产品销路看好，公司的原料农产品往往又无法保证。由于经济实力上的差异，往往会导致遇到纠纷时农户的权益得不到保护；由于经济责任能力上的差异，往往会导致遇到纠纷时企业的利益得不到保障。

第二，企业的发展与农户的增收都受到了限制。企业与农户是对立统一的关系，两者之间既有分工合作，也存在相互竞争问题。在这个矛盾的统一体中，企业是资本凝聚起来的强大的联合体，而农户是分散的弱小的个体。虽然农业产业化经营是通过契约的形式来实现的，但是这种利益联结机制容易出现农业产业化契约附和化问题，也就是说，农户契约当事人只能表示同意或不同意。由于企业一般处于强势地位，分散的农户不具备有利的谈判地位，加之缺乏法律上的有效监督，契约内容权利义务容易失衡，不利于保护农户权益。对企业来说，虽然在这个矛盾的统一体中，是矛盾的主要方面，但是它面对的是分散的无经济责任能力的农户，当农户因种种原因未能履行契约时，企业的损失只能由企业自己承担。企业联合体与农户个体矛盾运动的不协调性，决定了企业发展和农户增收都受到一定的限制。

在半紧密型利益联结方式中，合作制是企业通过合作经济组织（或村民委员会）与农户发生利益联结关系。在这种方式中通过合作经济组织（或村民委员会）农户的个体行为变成整体的团体行为，变单个的利益为整体利益，在与企业的交易过程中提高了谈判地位，有利于保护农户的利益。对企业来说，由于合作经济组织（或村民委员会）统一收购农产品供给企业，能够保障企业的正常生产，促进企业的扩大再生产。同时，由于企业与合作经济组织（或村民委员会）发生契约关系，大大提高了农户经济责任能力，提高了农户的履约率，降低了企业的风险，能够解除企业的后顾之忧。

3. 紧密型利益联结机制

在紧密型利益联结方式（股份合作制）中，参与农业产业化经营的企业与农户互相参股，以股权为纽带联结成利益关系。在这种方式下，企业一般演化成为股份合作制法人实体，而入股农户则成为企业股东。入股农户不仅可以凭股分红，而且还能从企业获得一定的劳动报酬。这种联结方式真正使企业与农户之间形成“风险共担，利益共享”的稳定的经济关系，农户已从单纯的原料农产品提供者，变成既提供原料农产品，又分享产、供、销各环节平均利润的投资者。这种方式既保护了农户利益，也有利于企业的发展。

二、农业产业化利益联结机制的主要经验

各地在利益联结机制的探索和实践中主要有以下几个方面的做法和经验：

1. 由单纯的产品购销合同关系，向包括技术、服务、风险保障在内的多纽带、多形式利益联结方式延伸

随着人们消费水平的提高和农业产业化经营的不断发展，龙头企业对农产品原料的品种、品质的要求越来越高，单纯以产品购销合同为纽带的松散型利益联结模式已不能满足要求，很多龙头企业开始在与农户签订产品购销合同的基础上，引入统一的物资配送、统一的技术服务、统一的生产操作规程，以实现对农产品原料品质的控制。适应这种发展需要，各地在完善“龙头企业 + 农户”模式的基础上，积极推动“龙头企业 + 基地 + 农户”、“龙头企业 + 中介组织 + 农户”等组织模式的发展，企业和农户的联结纽带由单纯的产品购销向物资配送、技术服务、风险保障等领域扩展，与农户结成了以产品、技术、服务、风险等为纽带的紧密型利益联结机制。如在“龙头企业 + 基地 + 农户”组织模式中，龙头企业一般都设有专门的基地建设部、生产服务部，有的龙头企业直接建立产业化服务部（比如江西的煌上煌集团等），负责基地建设，为农户提供种畜、种苗、技术、农资等方面的系列服务。内蒙古塞飞亚集团专门成立肉鸭养殖服务公司，采取“五到户、四保证、三让利”的服务措施，即送鸭雏到户、送饲料到户、回收成鸭到户、防疫禽病到户、技术服务到户；保证雏鸭质量、保证计划放雏、保证现金收购毛鸭、保证农户利益；对养殖户提供低息贷款让利，对养殖大户规模养殖让利，对农户现金购料让利。养殖服务公司为广大肉鸭养殖户提供了全程、优质、系列化服务，解决了养殖户在资金、技术、运输、防疫上的难题。还有一些龙头企业结合自身和产业特

点，探索出各利益主体风险共担的内部生产保险模式。如北京华都肉鸡养殖互助协会就在内部设立了肉鸡养殖保障基金，基金主要由龙头企业按每收购一只鸡支付 0.05 元，入会养殖户每只商品肉鸡由协会代扣 0.05 元，以及政府每只再补贴 0.05 元共同构成，基金主要以饲料、雏鸡形式用于对养殖户的风险给予补助。这种做法既推动了农业保险的实施，帮助农户建立了风险保障，又稳定了龙头企业的原料供给，使企业规避了风险，实现了龙头企业与农户的风险共担，同时也降低了整个产业化系统的风险。企业和农户之间由单纯的产品联结向产品生产、技术服务、物资配送、风险保障在内的多种联结纽带扩展，将农业产业的各个生产环节有机联系起来，拓展了农业产业化经营的功能作用，有效提高了农业生产的组织化程度。

2. 由松散型利益联结关系，向专业合作、股份合作等紧密型利益联结方式拓展

如何让农民更多分享到流通、加工环节的增值收益，是进一步完善产业化利益联结机制的重要内容。“公司 + 农户”这种产业化组织模式虽然通过购销合同，实现了小农户与大市场的对接，使农民得到了合同约定的收入，但在农户分享产后环节的增值收益以及保护自身合理利益方面仍有不足。各地在积极发展合同型利益联结方式的同时，注重引导建立合作、股份合作型的利益联结机制，在产品、技术、服务等联结纽带的基础上，通过资金、资产等方式在产业化经营组织与农户建立更加稳定的利益联结机制，让农户分享产后环节的收益，促进农民增收。2006 年，全国各类合作经济组织参与产业化经营的有 5.4 万多个。在实践中，部分龙头企业也逐渐开始通过股份合作的方式参与或牵头兴办合作组织，按照合作社原则经营，使农民享受产后环节的收益。青岛九联集团是一个集肉鸡生产、加工、贸易于一体的国家重点龙头企业，近年来逐步从“公司 + 农户”向“公司 + 合作联社 + 农厂”转变，形成了独特的“九联模式”。他们的具体做法是：集团出资 2000 万元成立肉鸡生产联合社，向本村村民及公司内部职工定向募股 2300 万元，共 4300 万元作为联合社总股本，同时吸纳基地所在的 30 个村农民入股，组建了 30 个肉鸡养殖合作社。通过入股合作，农户不仅获得养鸡的收入，还可以按股分红，分享产后环节的增值收益。通过合作或者股份合作方式，把分散的农户组织起来，在龙头企业和众多分散的农户之间建立了一个沟通、协调的平台，降低了企业与农户之间的交易成本；同时，农民以社员身份参与企业的生产经营，成为产业化组织的一个组

成部分，提高了农民的组织化程度，增强了农户保护自身合理利益的能力。

3. 由龙头企业与农户单向合作，向龙头企业、各类服务组织、金融机构与农户多方合作推进

随着我国农业生产力发展水平的提高和分工分业的发展，农业产前产后服务组织开始加速发展。如何把众多的服务组织有机地组织起来，为农户提供全方位的高效服务，逐渐成为现代农业建设所面临的一个重要课题。四川省资阳市“六方合作”模式在这方面进行了有益的尝试。在2005年发生猪链球菌事件后，资阳市针对养猪业产业链各主体所遇到的困难和需求，探索实施了“金融机构＋担保公司＋饲料企业＋种畜场＋龙头企业＋协会农户”的六方合作框架。在这一框架中，金融机构农发行根据担保公司提供的担保额度，向饲料企业和种猪场提供流动资金贷款；饲料企业向农户低价配送或赊销优质无公害饲料；种猪场向协会农民低价配送或赊销优质杂交仔猪；龙头企业以高于市场价收购协会农民生产的优质生猪，并受种猪场和饲料加工企业的委托，代扣协会农民赊销的仔猪款和饲料款；协会农户实行规模化和标准化饲养，并参加保险，按合同订单向龙头企业交售优质生猪。此外，“六方合作”还引入农业保险和规范的合约制度，建立各主体的风险分担机制。在这种各方共赢、协调运行、共谋发展的利益联结机制带动下，该市养猪业形成了集金融支持、贷款担保、政策保险、风险防范、技术服务、良种繁育推广、农户养殖、饲料供应、加工企业订单收购、协会协调为一体的农业社会化服务组织体系。

4. 探索“龙头企业＋加盟农场”新模式，破解专业大户、经纪人等中介组织对农户服务不到位的难题

近年来，随着我国由传统农业向现代农业的加速转变，规模化、专业化的种植大户和养殖大户比例不断提高，农村经纪人日益活跃。一些龙头企业采取了“企业＋专业大户（经纪人）＋农户”等形式发展产业化经营，企业与专业大户（或经纪人）签订合同，专业大户（或经纪人）再与农民签订合同，这种方式对降低企业与农户联结的交易成本起到了一定作用，但也暴露出一些问题。有些专业大户（或经纪人）与农户签订合同流于形式，不仅没有起到为农服务的作用，反而欺农害农，比如一些地方的私人奶站。为了约束这种行为，建立有效的为农服务机制，一些地方探索出了“龙头企业＋加盟农场”的新模式，丰富了产业化经营的组织形式。以果蔬加工出口为主要业务的浙江省海通集团创立连锁加盟农场模式就是一个很好的创新。他们的具体做法是：

符合相关门槛条件的种植大户即可申请成为企业的加盟农场主，通过签订协议规定双方的权利和义务。公司要求农场统一引种、植保、施肥、用药、采收，每个农场配备植保员，定期对农场巡视管理，将农作物生产的每一个环节都纳入到公司的监管范围之内。公司统一安排农场的种植计划，根据与农场主事先签订好的“一次性定价”收购全部产品。公司还建立了相关风险基金会，加入该基金会的农场如遇旱涝、虫病等自然灾害，种植的农作物欠收时，农场可申请基金会给予救济。农场主则主要负责作物的管理，自行聘请雇用工人，工资由公司以加盟农场补贴的形式发放。农场主类似于企业车间负责人，要随时填写“田间操作管理”、“作物生长情况”等生产进度表，仅农药使用就要填写“发放跟踪记录”、“出入库存记录”和“使用记录”三种表格。这种连锁加盟农场形式既解决了加盟农场主面临的市场风险问题，又实现了龙头企业对加盟农场主的统一社会化服务，实际上把农户纳入企业的生产体系，成为真正的“第一车间”，从根本上改变了传统的订单农业对农产品质量管理松散的弊端，实现了龙头企业对农产品原料数量、品种、品质的全面控制，提升了农产品质量安全水平。

第三节 农业产业化利益联结机制存在的问题

尽管各地在完善农业产业化利益联结机制方面积累了不少成功经验和做法，取得了很大成效。但不可否认，当前产业化利益联结机制建设还存在着一些不尽如人意的方面。

一、农业产业化利益联结机制存在的主要问题

1. 利益联结关系比较松散

产品购销合同仍是龙头企业和农户主要的利益联结方式，以技术、服务、资金、资产作为利益联结纽带的紧密型产业化利益联结方式还不多，通过契约和约定的简单联结方式仍然占到不小的比例。2006 年年底，在产业化组织与农户的联结方式中，合同方式占到 57.7%，合作方式和股份合作方式仅占 30.4%。而在合同关系的利益联结方式中，订单形式所占比例为 44.1%，仅占产业化组织总数的 25.4%，这说明有很大比例的农户与产业化组织并没有签订比较规范的订单，与龙头企业只是通过市场交易进行联结。

2. 部分产业化组织与农户的合同存在内容不规范、履约率不高等问题

有些龙头企业与农户的合同内容过于简单，缺乏相应的约束措施，订单难以得到有效实施，个别企业甚至存在坑农害农现象。此外，部分企业发展过快，对于基地建设不够重视，投入不足，龙头企业发展和基地建设脱节。

二、农业产业化利益联结机制存在问题的原因

产生上述矛盾和问题，原因是多方面的，既有体制性、阶段性因素，又有社会深层次矛盾，但究其主要原因是龙头企业实力不强，中介组织发展滞后，政府指导服务不到位，诚信意识缺失和法律体系不健全等。

1. 龙头企业带动能力较弱，难以建立紧密型利益联结机制

尽管龙头企业数量增加较快，但大多数规模小，带动力不强。一是经济实力弱，竞争力不强。2012 年，1200 家国家重点龙头企业和 1 万多家省级重点龙头企业的实力还比较强，带动面也比较大，但这部分只占全国龙头企业总量不到 10%。2006 年，全国各类龙头企业 7.2 万个，平均固定资产仅为 1364 万元，平均净利润仅 222.8 万元。销售收入超过 1 亿元的龙头企业仅占总数的 6.7%，超过 500 万元的占 56.2%，大部分龙头企业仍然属于中小型企业。二是多数龙头企业技术水平较低，服务能力不足。大部分龙头企业属于简单加工型，产品结构单一，没有自身的技术研发部门，产业链的延伸和拓展领域都比较窄，对农户开展技术指导、物流配送、资金借贷等方面的服务比较困难。三是经营管理水平不高，风险防范能力不强。随着国内外市场一体化进程加快和企业间竞争日趋激烈，市场波动日益加剧，大多数中小型龙头企业所面临的市场风险不断增加，生产经营存在着很大不确定性，导致企业无法与农民建立风险共担的利益机制，购销合同难以履行。

2. 中介组织发展滞后，服务功能不强

一是中介组织规模小，辐射范围窄。截至 2006 年年底，全国各类龙头企业、中介组织、专业市场分别占产业化经营组织总数的 46.30%、45.77%、7.93%。规模以上的专业合作经济组织仅占总数的 28%，入会入社的农户占全国农户总数的比例还不到 3%。二是中介组织运行管理不规范，保护农民利益的作用发挥不够。尽管一部分运行规范、组织健全的中介服务组织不断发展，作用也在逐步体现，但多数中介组织仍然存在着规则章程不完善、民主管理机制不健全等问题。一些农民专业合作社、行业协会由龙头企业领办或创

办，完全由龙头企业主导，存在着农民参与度不高、主体地位不明确、维护权益缺乏保障等问题。合作组织或行业协会总体处于发育初期，在组织农户按照企业要求开展生产、满足企业原料需求方面做得比较好，但在保护农民利益、增强农民谈判地位等方面作用还不够强。

3. 政府指导服务工作还有很多不适应

一是有些地方政府和部门对发展农业产业化的地位和作用认识不足，没有把龙头企业作为农业和农村经济的一个重要市场主体和调控对象。经过十多年的发展，农业产业化经营组织特别是龙头企业，已经成为促进农业农村经济发展的一个重要层次，成为影响行业发展、宏观经济运行的一个重要因素，部分龙头企业的生产加工能力和市场份额已经占有相当高的比重，在行业内居于领先地位。这些新的情况，不仅要求政府部门转变发展观念，客观认识这一市场主体的重要地位和作用，更重要的是要求我们进一步转变职能，完善指导和调控方式。一些地方和部门没有能及时转变观念，在发展农业和农村经济中，不重视龙头企业等产业化组织的作用，对产业化利益联结机制的发展和完善缺乏指导。有些地方不按市场规律办事，不尊重企业和农民意愿，用行政手段强行撮合，甚至直接干预企业和农民的生产经营行为，也影响了产业化利益联结机制的完善。二是地方和部门指导、服务、监管职能跟不上产业化发展需要。在农业产业化快速发展过程中，由于政府职能改革不到位等原因，各地对产业化发展变化情况、发展趋势不能及时掌握，对龙头企业、中介组织和农户的行为跟踪监测不及时，对利益联结机制中出现的问题缺乏针对性强的研究和指导，对涌现出的好经验好典型宣传不够。三是部分扶持政策措施不到位。突出反映在企业用地审批难，建造设施农业的用地困难；税收政策不合理，农产品精深加工增值税进、销项抵扣方法加大了企业负担；金融信贷担保难度大，龙头企业收购资金难以落实。

4. 法律体系不健全、社会诚信意识淡薄，利益联结机制建设缺乏良好的外部环境

随着我国社会主义市场经济体制的逐步完善，我国加大对法律体系的建设，整个社会的法制诚信环境不断改善。但人们法制观念、诚信意识的建立需要一个长期的过程。社会法制观念和诚信意识淡薄，对农业产业化利益联结机制的发展带来了负面影响。在实际生产经营过程中，一些龙头企业和农户都存在机会主义倾向。一旦市场价格波动较大，或者企业不愿意履行合同，或者农

户不愿意履行合同，导致产品购销合同往往无法落实，这严重影响企业和农户签订订单、建立紧密型利益联结机制的积极性。

这些问题，在一定程度上制约了农业产业化经营功能的拓展，使得农业产业化的支农惠农作用没有得到充分体现，促进现代农业建设和农民增收的作用没有得到充分发挥。同时带来了社会上对龙头企业作用的一些不同看法，有的甚至否定龙头企业的支农惠农作用。这表明，完善利益联结机制事关农业产业化支农惠农作用是否能够得到发挥，事关社会对农业产业化经营是否认同，事关龙头企业与农户的积极性是否得到有效调动，总之，关系到农业产业化能否持续稳定又好又快健康发展，必须引起高度重视。

第四节　完善农业产业化利益联结机制的对策

党的十八大报告指出：加快发展现代农业，增强农业综合生产能力。党的十八届三中全会通过的《关于全面深化改革若干重大问题的决定》具体提出：加快构建新型农业经营体系，允许农民以承包经营权入股发展农业产业化经营。这进一步明确了农业产业化经营的发展方向和工作重点。今后一个时期，农业产业化工作指导思想和发展思路是，全面贯彻落实党的十八大、十八届三中全会和中央经济工作会议精神，按照好字优先、科学发展的要求，围绕发展现代农业、建设社会主义新农村，以促进粮食安全、保障农产品有效供给，推动结构优化，促进农业增效、农民增收、农产品竞争力增强为重点，以体制机制创新为支撑，以完善宏观监测和管理为抓手，着力转变发展方式，突出统筹协调，强化监测服务，推动农业产业化又好又快发展。

一、完善农业产业化利益联结机制应遵循的原则

构建科学合理的农业产业化经营利益联结机制，要遵循以下几个原则[1]：

1. 有利于企业增效、农户增收的原则

无论采用何种利益联结机制形式，在推进农业产业化经营过程中，都要解决企业与农户市场交易成本高、抗御各种风险能力弱的问题，最终达到提高企

[1] 卢春华："农业产业化经营利益联结机制构建"，《延边大学学报》，2009 年第 6 期，第 113 - 117 页。

业效益、增加农户收入的目的。

2. 有利于农业产业发展的原则

农业产业化经营的基础性条件，就是要有发展较好的农业产业提供源源不断的原料农产品。农、林、牧、渔等多种产业及其产品结构各具特色，其发展规模、发展规律及市场需求也不尽相同，农业产业化经营利益联结机制、农业产业化经营方式也应有所不同。因此，在思考农业产业化经营利益联结机制时不能搞一刀切，必须符合产业化经营的需要和各产业发展的需要。

3. 有利于农村合作经济组织（或农民专业合作经济组织）发展的原则

各类农村合作经济组织，是提高农业产业化经营水平，促进农业产业化经营良性循环的重要载体，也是克服农户个体经营带来诸多弊端，完善农业产业化经营利益联结机制的重要载体，国内外的理论和实践证明，发展农村合作经济组织是历史的必然和现实的需要。

4. 利益主体之间利益分配均衡的原则

农业产业化经营利益联结机制的核心，是如何科学、合理地调节农业产业化经营体系中各利益主体之间的利益分配关系。农业产业化经营体系的利益主体主要有企业（或企业组织）、农村合作经济组织（或村民委员会）、农户，科学合理的农业产业化利益联结机制，就要使各利益主体的经济利益得到充分的实现。建立龙头企业与农民的利益联结关系，是农业产业化经营的核心和灵魂，关乎农业产业化经营的成败，是衡量龙头企业是否真正按照中央要求开展农业产业化经营的根本标准。

二、完善农业产业化利益联结机制的具体措施

1. 继续做强做大龙头企业，带动农民增收

坚持标准和程序，继续认定农业产业化国家重点龙头企业，使一批带动农民进入市场好、带动农民增收好、推动发展现代农业和新农村建设的龙头企业进入国家重点龙头企业行列，并且采取多种有效措施，加大对龙头企业的扶持力度，提升国家重点龙头企业的整体质量和水平。一要加大财政投入支持力度。继续加大扶持农业产业化发展的资金投入，重点支持龙头企业为农户提供培训、技术、信息服务以及新品种、新技术的引进、推广。对符合条件的农业产业化经营组织贷款可以给予适当贴息。二要制定有利于龙头企业支农惠农的税收优惠政策。对于龙头企业从事国家鼓励类的产业项目，引进国内不能生产

的先进加工生产设备，可按有关规定免征进口关税和进口环节增值税。将农产品深加工增值税进销项税率统一调整为17%。三要完善金融信贷支持政策。国有金融机构对符合条件的龙头企业的季节性收购资金，在有效防范风险的前提下加快办理，对龙头企业进行科技成果转化给予贷款支持。创新信贷担保手段和担保办法，采取动产质押、仓单质押等多种形式，帮助龙头企业解决抵押困难。四要强化龙头企业社会责任，发挥龙头企业带动农民增收的作用。农业产业化龙头企业与一般工商企业不同，肩负着带动农户增收、促进产业发展的任务。龙头企业在自身做大做强的同时，要更加注重带动农民进行标准化生产，提高农产品质量安全水平；要积极参与和支持新农村建设和社会公益事业，节约资源，保护环境，诚信经营，这些都是龙头企业应该承担的社会责任。要通过多种形式，进一步强化龙头企业的社会责任，推动龙头企业积极参与新农村建设。

2. 努力提高农民组织化程度，促进农民增收

农户作为生产者和经营者也是市场主体，其地位与企业一样，是平等的竞争与合作伙伴，都享有平等的合法权益。但是，如前所述，由于农户的市场主体和企业的市场主体处于事实上的不平等地位，因此，只有提高农户组织化程度，使分散的农户形成一个整体，变个体农户为整体农户，农户的市场主体地位才能得到强化，与企业的平等地位才能得到真正确立。

农民专业合作经济组织和各种专业协会是联结产业化经营组织中各利益主体的桥梁和纽带，也是协调龙头企业与农户之间利益联结机制的重要协调运作载体。农民专业合作经济组织是农民自己的组织，要始终坚持“民办、民管、民营、民受益”的原则，力戒“官办”和“包办”。发展农民专业合作经济组织要从实际出发，立足主导产业，发挥资源优势，突出地方特色，按照农工的合作要求和市场发展的需要，因地制宜，积极探索，多渠道、多区域、多层次地联合与合作，逐步形成形式多样、层次丰富、内容广泛的专业合作经济组织体系；鼓励专业合作组织开展跨区域经营，壮大自身实力，增强服务功能。进一步扩大农民专业合作组织试点范围，认真总结推广“龙头企业＋合作组织＋农户”和“农产品行业协会＋龙头企业＋合作组织＋农户”的经验。深入贯彻落实《农民专业合作社法》，保护各类农民专业合作组织及其成员的合法权益。充分发挥行业协会、商会等中介组织的作用，建立有序的行业自律机制，维护行业内企业和农户的合法权益。要充分尊重客观经济规律和农民意

愿，不搞强迫命令，不能揠苗助长、急于求成。要把工作重点放在指导和帮助农民专业合作经济组织生产经营和规范内部管理上，通过试点示范，不断增强专业合作经济组织的经济实力和利益联结机制的协调能力，增强专业合作经济组织对农民的凝聚力和吸引力，正确引导和促进农民专业合作经济组织快速、健康发展，为促进农民增收奠定组织基础。

3. 建立各种监督约束机制，保障农民增收

要公平、合理地确定农产品合同契约收购的价格，确保农民利益[1]。农产品收购价格是农民与龙头企业之间利益联接的基础，也是双方签订合同契约的基础和主要指标。价格是否公平、合理，既影响龙头企业的加工贸易成本，也影响农民的收益和积极性。因此，公平、合理地确定农产品合同契约收购的价格，是合同契约利益联结机制能否顺利实施的关键。根据各地经验，农产品合同契约收购价格的确定，应参照和依据该产品近年市场实际的销售价、农资及劳动力价格增长、当年市场需求、企业加工流通增加利润的1/3等主要指标，由双方确定农产品合同契约收购的价格或最低保护价，龙头企业再根据实际情况，通过优质、优价、奖励、“二次利润分配”等形式“补助”农户，使农户能获得生产、加工和流通环节的平均利益，确保农户收入稳定增长。

严格合同管理，强化合同监督。规范合同内容，明确责、权、利，合同契约合作双方应在自愿、平等、互利的基础上签订农产品购销合同。要不断增加法制观念和诚信意识，合作双方都应按合同规定组织生产、确保农产品原料质量安全、及时组织收购、按规定时间兑现合同，实现“双赢”目的。

采用股份合作和合作制利益联结机制方式，要建立健全决策、执行和民主监督组织机构，妥善处理好合作成员之间的利益分配关系，加强管理，规范运作，严格执行合作章程规定。

不管采用什么形式的利益联结机制，都应积极创造条件，逐步建立和不断完善抵御风险、利益分配调节、激励约束和监督机制，维护农业产业化组织中各经营主体的合法权益。

4. 充分发挥政府职能作用，扶持农民增收

在农业产业化经营中，企业与农户之间选择什么样的利益联结机制，是由

---

[1] 任建中、仇栋、邵丽珠：“农业产业化经营：利益联结机制、原则及建议”，《新疆农垦经济》，2007年第1期，第46－51页。

行为双方在长期的分工与协作的过程中逐渐确定的，是自发行为。政府在农业产业化经营中扮演着重要的角色，但角色扮演上既不能缺位也不能越位。政府既不能对产业化进程置之不理，也不能从主观意愿出发，包办代替，用行政手段去干预。政府的职责是为形成产业化经营的利益机制创造良好的外部环境。

首先，要加快建设和完善与农业产业化相关的体系建设，如市场体系、农业信息体系、农产品品质标准及检测体系和农业执法体系。

其次，要建立和完善与农业产业化相适应的土地流转机制，鼓励多种形式的土地使用权流转。如允许农户依法有偿转让土地使用权，或以使用权入股与龙头企业结成股份制、股份合作制企业等，支持农业龙头企业连片租赁、承包集体耕地。

再次，要积极推动各级财政逐步增加农业产业化专项扶持资金规模，金融机构放宽贷款担保条件、增加贷款额度、改善金融服务，税务部门降低农产品加工增值税、优先兑现出口退税等，继续优化农业产业化发展环境。

最后，要加强规划引导，理顺管理体制，做好重点龙头企业、农业产业化示范区和示范项目的定期监测和动态管理，促进农业产业化持续健康发展。

第四章 农业标准化生产与农产品质量安全

第一节 农业标准化生产是农业发展的必然趋势

农业标准化是指以科学技术和实践经验为基础，按照“简化、统一、协调、优选”的原理，把科研成果、先进技术和成熟的经验转化成标准，用以指导、规范农业生产、加工、经营、销售活动，达到提高农产品的产量、质量和实现经济、社会、生态效益的过程❶。

农业标准化指按照市场需要，采用质量标准监控农业生产的全过程，向消费者提供合乎标准的、高质量的农副产品，实现最优效益的经济活动❷。在这里，效益包括经济效益和社会效益。农业标准化就是要实现农业生产的指标化、规范化、科学化。达到高效低耗地提高农产品的产量与质量，协调人类和自然的关系，以取得最好的经济效益和社会效益，促进农业的可持续发展❸。

因而，所谓农业标准化，就是通过制定和实施农业产前、产中、产后各个环节的工艺流程和衡量标准，使生产过程规范化、系统化，从而提高农业新技术的可操作性，将先进的科研成果尽快转化成现实生产力，取得经济、社会和生态的最佳效益。

21 世纪以来，中国农业进入了新的发展阶段，在农业国际化日益增强的背景下，先进农业技术、农产品质量标准的相互交流越来越频繁，国际贸易技

---

❶ 国家标准化管理委员会：《农业标准化》，北京：中国计量出版社，2003 年版，第 7 – 9 页。

❷ 高国盛：“农业标准化研究综述”，《广东农业科学》，2009 年第 6 期，第 264 页。

❸ 张洪程，陆建飞，高辉：“农业标准化面临的新问题与对策”，《中国标准化》，2000 年第 5 期，第 19 – 20 页。

术壁垒越来越苛刻，农产品竞争也越来越激烈，农业标准化在提高农产品市场竞争力、农业增收增效中的地位和作用越来越突出。建立健全农业标准化体系，提高农业标准化水平，不仅是中国促进农业结构战略性调整、转变农业增长方式的迫切需要，也是适应国际国内大生产环境、提高农产品质量、保障农产品消费安全、增强农产品市场竞争力、增加农民收入、城乡统筹发展、建设社会主义新农村的战略举措。

一、农业标准化是全球趋势

自20世纪60年代以来，随着农业全球化进程的加快，世界各国，尤其是欧美和日本等发达国家十分重视农业标准化，积极推进农业标准化体系建设。经过50多年的发展，目前美国、日本和欧盟等发达国家和一些发展中国家都已建立健全了农业标准化体系，尤其以农产品生产环境、农业生产过程与工艺、农产品质量与安全等方面的标准化体系最为具体、完善。在这些国家里，农产品从新品种选育的区域试验和特性试验，到播种、收获、运输储藏、加工整理、包装上市等各个方面都实行了标准化生产和管理。美国《联邦法规法典》包含的农产品标准（含等级标准）中，仅新鲜水果、蔬菜和其他产品的标准就有160个；水果、蔬菜加工和其他产品（冷藏、罐装等）的等级标准有143个；欧盟各国在农产品生产过程中，严格依据国际统一标准（ISO 9001）、欧盟统一标准（HACCP）、国家标准（BRC）等，并将这些标准贯穿于生产、加工、流通全过程，其标准覆盖率达98%～100%[1]。

发达国家和一些发展中国家农业标准化体系的建立健全，有效地促进了各国的农业发展。随着世界经济一体化和自由贸易的发展，各国农业标准化体系建设一直在实践中不断调整、完善和深化，以适应时代的要求，更好地为农业发展服务。这种趋势在发达国家表现得尤为明显，突出表现为：发达国家利用其健全的农业标准化体系，规范农业生产，提高农产品质量，增强农产品市场竞争力；充分利用其健全的农业标准化体系，设置苛刻的技术壁垒，保护本国农业。21世纪以来，特别是2008年全球金融危机以来，贸易保护主义有所抬头，西方国家针对发展中国家农产品进入其市场速度日益加快的趋势，凭借其

---

[1] 姚於康："浅析中国农业标准化体系建设现状、关键控制点及对策"，《江苏农业学报》，2010年第4期，第866－867页。

健全的农业标准化体系和处于世界领先地位的农业标准化技术、手段，利用其繁杂的绿色技术标准、先进的技术设备，在农产品国际贸易中设置苛刻的技术壁垒，以农业标准化作为农产品进入国际市场的通行证，将其当作保护国内市场的“绿色壁垒”，用标准化手段限制国外农产品进口，从而有效地保护本国农业[1]。

因此，农业标准化是全球各国提升本国农产品竞争力的内在动力，是本国农业的保护伞，特别是发达国家，其标准化水平已经相当高了。可以断定，在全球化的大背景下，逐步建立并完善全球通用的农业标准并予以实施是全世界的大趋之势。

二、国内农业标准化水平不断提高

我国自1991年颁布实施《中华人民共和国产品质量认证管理条例》以来，全国各地都加强了农业标准的制定和实施，农业标准化取得了较快进展。目前，国内农业主管部门、各省、自治区、直辖市农业部门都设置了标准化管理机构，重点开展建立健全农业标准化体系和建设农业标准化生产示范基地，提高农产品的质量和安全性，促进农业产业化发展等方面的农业标准化工作，取得了明显成效。

1. 国内农业标准化体系基本形成

近20年来，我国已发布农业国家标准1000余项，行业标准3300多项，截至2010年4月，国家和行业的农业标准总数达到4400项，其中强制性国家标准700多项，“三品一标”（无公害农产品、绿色食品、有机食品、农产品地理标志）总数达到7.2万个。各省市根据地方农业资源特征、农业生产特色和地方优势农产品发展需求，在国家标准、行业标准的基础上，围绕种植业、畜牧、园艺、林业、水产、水利、农机、农业资源开发等行业，围绕粮油、水产、蔬菜、畜禽、花卉等优势农产品，围绕生产、加工、审定、监测等方面的技术规程和标准规范，制订了一系列地方农业生产和管理标准。截止到2011年，就出台了地方农业标准15 000多项，覆盖各类农产品，贯穿产前、前中、产后的全过程，涉及农业基础管理、农业产品质量和安全、动植物保护、检疫

---

[1] 李秉蔚，乔娟：“国内外农业标准化现状及其发展趋势”，《农业展望》，2008年第6期，第38－40页。

和检验、农林机械与设备等各个方面，初步形成了一个以国家标准为主体，行业标准、地方标准、企业标准相互配套，包括产前、产中、产后全过程的农业标准体系。

2. 农业标准化管理、农产品质量监督和认证体系建设进一步加强

为了加强对农业标准化的管理，农业部设有专门分管农业质量标准化的机构（农业部市场与经济信息司），各省、自治区、直辖市农业部门都设有标准化管理机构。在技术方面，成立了全国性农业标准化专业技术委员会和技术归口单位20多个，负责对标准的技术性和实用性进行审查，农业标准化在整个国家标准体系中，成为不可替代的重要组成部分。

近20多年来，我国加强了农产品质量监督体系建设，国家级产品质检中心、部级质检中心和省、市、县检测机构合理分工、相互配合的多层级体系，构成了遍布全国的检验检测体系。参照国际上质量认证的通行做法，组建了中国水产品质量认证中心和中国农机产品质量认证中心。在认真学习国外经验的基础上，建立起具有中国特色的认证体系，并在种子、饲料、兽药等一系列产品方面进行认证前的试点，摸索经验，扩大认证领域。

3. 农业标准化法规逐步建立和健全

近年来，根据我国《产品质量法》、《标准化法》、《计量法》及有关法律法规，结合农业的特点，我国先后颁布了《标准化法实施条例》、《食品卫生法》、《农产品质量安全法》和农药、兽药、饲料与饲料添加剂、农业转基因生物安全等一系列法律法规和部门规章，有力地促进了国内农业标准工作，规范了农业标准体系的建设，使农业标准化工作有法可依、有章可循，步入了法制管理的轨道，为依法行政、依法治农奠定了基础[1]。

4. 农业标准化生产面积大幅扩大

随着我国农业标准化生产的不断推进，目前国内各省市实施农业标准化生产的面积正逐步扩大。比如，截至2009年年底，辽宁省“三品”（无公害农产品、绿色食品、有机食品）生产单位已达近千家，“三品”总数达到2680个，农业标准化生产面积达到3 807万亩，占全省耕地、果园面积的54%，“三品”总量占种植业产品总量的40%，市级以上农业产业化龙头企业“三

[1] 姚於康：“浅析中国农业标准化体系建设现状、关键控制点及对策”，《江苏农业学报》，2010年第4期，第867-868页。

品”认证率达到45.3%❶。内蒙古大力推进农业标准化生产，截至2008年，巴彦淖尔市农业标准化生产基地面积发展到688.6万亩，占农作物总播种面积的82.5%，全市参与农业标准化生产的农户达21.5万户❷。

三、实施农业标准化的优势分析

1. 有利于农业技术推广与进步，提高农业生产力

农业标准化的基础是农业标准和技术规范，因此农业标准化可以保证农业技术的顺利引进和消化，是科技成果转化为现实生产力的有效通道。通过农业标准化的不断推行，能够有效提升我国传统的生产技术水平，使农业生产机械化、专业化、技术化，从而大幅提升农业生产力。

2. 有利于促进农业产业化发展进程

农业标准化有助于加快农业产业化的进程。按照市场需要，结合农业科技来制定和调整农业产品标准，使农产品与工业产品一样成为按标准生产的产业化产品，这对于提高农业产品的商品率、推进农业市场化至关重要。随着农业生产社会化、规模化发展，农业生产的协作越来越广泛。农业标准化在农业产业化的生产和管理中起到协调和纽带的重要作用，是农业产业化发展的必要条件。农业标准化可以促进农业产业链迅速有效地衔接和延伸，降低农产品生产成本和交易成本，降低市场风险，促进农业产业化经营。

3. 有助于保障和提升农产品质量安全水平

食品主要是通过农林种植、水产和动物养殖、农用微生物培养等农业途径获得的，为此农产品的质量安全就变得尤为重要。农业标准化可以克服农产品市场上的信息不对称性，是确保农产品质量安全的关键和根本。农业标准化要求农业生产按照标准，净化农产品产地环境，严格把关投入品管理，对从农田到餐桌全过程实施有效控制，从而较大程度上确保我国食品质量安全。

4. 有利于提高我国农产品竞争力

随着世界经济一体化的深入发展，我国农业与国际市场的联系更加紧密，产业关联度增强，价格传导渠道增多，国际农产品市场和关联资本市场对国内市场的影响越来越大。一方面，农业对外贸易依存度逐步提高，我国大豆对外

---

❶ 侯永锋：“辽宁省农业标准化生产面积已达3807万亩”，《辽宁日报》，2010年6月3日。

❷ 王国英：“巴彦淖尔市农业标准化生产基地面积达688.6万亩”，内蒙古农业信息网，2008年7月10日。

依存度近80%，食用油超过60%，棉花达到30%，玉米从净出口逐步转变为净进口。另一方面，外资企业和国际资本加快进入国内涉农产业，ADM、邦吉、嘉吉、路易达孚四大跨国粮商基本控制了国内油脂加工及食用植物油零售市场，30多家外资企业在国内设立种子企业并逐步控制国内种子产业。面对跨国企业的资本实力、先进技术以及信息优势，国内农业企业越来越处于不利的竞争地位。尤其是国际贸易保护主义抬头，贸易摩擦呈现常态化，我国成为贸易保护主义最大受害者。

农业标准化通过制定和实施符合实际的先进、合理、可行的农业标准。有效地保证了农产品质量的普遍提高，为培育优质品牌农产品提供支撑。中国作为WTO的成员国参与国际竞争时，没有实行标准化的农产品势必被认为是“劣等品”，而农业标准化可消除农产品贸易技术壁垒，实现商品的自由流通，提高产品竞争力。根据WTO《TBT协议》和《动植物卫生检疫措施协议》对农产品质量要求的影响，农业标准化对提高我国农产品的国际市场竞争能力具有重要意义❶。

5. 有利于提高企业和农民创收能力

总体来说，农业标准化有利于农业产业化发展，促进农业技术化水平进一步提高，保障农产品的质量，从而创造出比较有竞争力的农产品。毫无疑问，这些优势会在一定程度上提高企业和农民的收入水平。例如湖南省汉寿县近年来大力推进农业标准化生产，拓展农民增收渠道，农业标准化生产对农民增收的贡献率在30%以上❷。

第二节　农业标准化生产的工作重点

实施农业标准化不但具有众多优势，而且全球各国实施农业标准化生产已经是大势所趋，我国加强农业标准化生产更是刻不容缓。基于整个国家农业发展的层面，当前要实施好农业标准化生产，主要需要政府合理制订、调整标准，处理好各级政府和企业、农民之间的合理分工和细致合作问题，以及对标

---

❶ 张吉国，胡继连：“WTO农业标准与我国农业标准化问题研究”，《农业经济问题》，2002年第4期，第13-16页。

❷ 周勇军，李寒露，李进等：“湖南：农业标准化生产对农民增收贡献率超过30%”，《湖南日报》，2011年8月29日。

准化生产的不断宣传和持续推进。对于企业则需要更好地解读农业标准化工作的背景、实施优势和最简单有效的实施途径，从而争取成为农业标准化生产的最大受益者。

一、政府合理制订并及时更新标准

1. 政府合理制订标准

农业标准化生产的核心基础是建立一整套合理的质量标准和操作规程，建立监督检测体系，建立市场准入制度，使农产品有标生产、有标上市、有标流通。简单地讲，就是企业和农户要按国家、行业和地方制订的农产品质量标准、产地环境标准和生产技术规程进行农产品生产[1]。农业标准的制订是标准化工作的指挥棒，我国农业标准化的最终实现水平很大程度上取决于标准制定的水平，为此中央和省市等各级政府机构必须认真严谨地建立符合我国国情的系统化标准。

首先，政府机构制订标准时需要注意标准的系统性，从产前、产中、产后及产品的深加工等整个农业生产过程建立标准体系。不能够虎头蛇尾，或者只管结果不顾过程，这些问题都可能会导致该标准体系的运转失灵。应按照政府引导、市场运作、突出重点、先急后缓和与国际接轨的原则，尽快建立包括产地环境、生产技术、产品质量等级、物流设施、食品安全保障等方面的标准体系。

其次，政府机构在制订标准时需要注意不同地域、不同产业的差异性，确保制定出可实施性强的标准。要制订在合理水平内相对灵活的标准，则有赖于各级政府在制订标准的时候参考世界或者国家现有标准，结合地方特点，因地制宜地制订出符合当地，或者本产业的标准。

2. 政府及时更新标准

在农业标准制订之后，随着社会技术的不断进步或者自然、社会环境的变化，以及市场需求的变化，必然会出现原有标准陈旧过时，或者出现需要新标准予以补充的状况。为了更好地符合农产品标准化的需要，政府及相关机构必须在较短的周期内定期更新现有技术标准。另外，我国的标准很多是沿用世界

[1] 佚名："农业标准化、农业企业化的含义及特征"，《农业科技与信息》，2011 年第 10 期，第 16 页。

组织通用的标准，当世界通用标准变更或者技术指标变更时，我国也需要相应地对标准进行调整，不然很容易在全球化的浪潮中严重滞后。

二、企业、农民的理性选择

1. 既有标准下的理性选择

作为市场中独立、理性的企业或者农户，其经营最终目的是利益最大化。在国家推广农业标准化生产的进程中，单独的企业或者农民，即使是大部分龙头企业，其对标准的影响力也是非常弱小的，只能是在既有相关标准的框架下进行灵活选择。即在国家制定并实施某一细化标准之后，其重点工作是合理选择合适的农产品种类，以及农产品的生产技术或者加工阶段，从而最终实现经济利益最大化的目标。

目前，我国农业标准化生产和传统的“小农户”生产模式之间存在较大的矛盾，以家庭为生产单位的生产方式很难实现种植、养殖的标准化。为此，对于农村农户这一庞大群体，目前较合理的方式是农户根据自身情况选择其经营的产品种类，对于自产自销的产品则选择余地较大，对于参与市场流通的产品则需要根据目前国家提供的标准，结合农户特点，妥善选择种植或者养殖的农产品种类。

农产品生产型企业的最终产品必然是要流向市场的，并且因为其已产业化，具有一定的规模化，从而具有较强的适应能力。为此，对于企业，则应该结合自身特点，选择收益比较高、国家标准相对稳定的农产品进行生产和经营，并且需要在产前准备，生产环节及产后加工包装等各个阶段严格执行农产品标准，形成具有较强市场竞争力的产品。当然，目前国内市场也存在一些不法厂商受商业利益驱动，故意违反生产标准和技术规程，严重扰乱农产品市场秩序，对于这些追求短期利润的企业，其最终都会随着标准化的进一步推进而逐步被发现和被依法取缔。

2. 合理结盟影响现有标准

作为社会中的合法公民，应该充分信任政府制订标准的动机是为了更好地促进社会经济发展和社会稳定，但是由于政府在制订农业标准时的信息不完全性，决策者的局限性等缺陷，相关机构在制订标准的时候难免会有所偏差，或者执行机构对标准的执行方式不当，在此类情况下，该项标准及标准执行过程都是需要进一步商榷和改进的。

然而，单独的企业或者个人因为其议价能力过于微小，在我国标准化进程中只能成为一个被动的接受者，必须完全按照标准的要求去执行。但是对于某一区域的企业或者农民、对于某一产品类型内的所有企业和农民，他们是标准的最终落实群体，只要合理地结盟，那么这个群体在制定标准的博弈中的影响能力将大幅提升。

三、标准化生产的宣传和持续推进

1. 加强宣传，提高认识，创造良好外部环境

政府部门要高度认识发展农业标准化的必要性，把发展农业标准化作为推进农业经济可持续发展和利国利民的公益事业。要利用各种媒体、现代信息技术广泛宣传，强化全民标准化意识，普及标准化基础知识，支持鼓励农业标准的示范工作，引导农民形成科技、质量、标准的新观念，使农业标准化意识转化为广大农民的自觉行动。加大力度宣传农业标准化法律、法规，加大力度推广各类标准、技术，增强人们的标准化意识和法制观念，增强做好农业标准化工作的紧迫感，使全社会都来关心和支持农业标准化工作。

另外，地方政府要利用一切可行的手段在农户家中、田间、集市宣传发展农业标准化的重要性，宣传实施农业标准化农户的成功经验，充分调动广大农民的积极性，提高农民接受农业标准化的自觉性。在广大农村形成领导重视、农民参与的社会氛围，加速农业标准化的有效实施。

2. 加强完善组织和监督体系

加快农业标准化生产进程必须建立、健全各级农业部门标准化管理机构，进一步强化各部门的管理职能。各部门应相互协调，建立有效的激励机制，把农业标准化工作纳入当地国民经济和社会发展计划。通过整合现有的研究、检测力量，按照统筹规划、整合资源的原则，建设布局合理、专业齐全、运行高效的农产品质量安全检验检测体系，组建一支熟悉农业和农产品质量安全标准、检测检验、贸易政策于一体的农业标准化研究队伍。

各地应结合农业生产需要，以服务农业、服务生产单位、服务用户为主要原则，建立和完善农业质检中心和监测机构。加强农业土壤肥力、环境污染检测工作和病虫草害、气象及灾情的预测预报工作，围绕防止外来生物入侵，加强动植物检疫和有害生物防治工作，完善监督体制，加大执法力度，提高检测水平。建立一套既适合当地实际，又符合国际规则的日常监督机制，适应国际

市场竞争的需要，促进农业的发展。

3. 加大推广力度

农业标准只有成功推广和实施，才能变成现实的生产力。加快建立标准化推广体系是农业标准化工作的后续重要环节，各级农业部门要结合当地实际，采用多渠道、多形式的宣传手段，大力宣传标准化在农业中的作用，增强生产者、经营者和消费者的标准化意识。要将标准融入技术中，使农民在掌握农业科学技术知识的同时，掌握农业标准化的原理和方法。

政府要鼓励和支持农业标准化的示范工作。不断引导农民形成市场、科技、质量、标准等新观念。以加快"优质、高产、高效"农业发展为目标，搞好农业标准化示范工作。在一定区域内对农副产品的产前、产中、产后实行标准化管理，建立农业标准化示范区，大力推广贯彻成功经验，使农民自觉执行农业标准。

各地要围绕发展无公害农产品、绿色食品、有机食品和出口农产品，通过建设农产品标准化生产示范区，充分发挥龙头企业在加快农业标准化进程中的龙头带动作用，大力培育示范户，以点带面地扩大推广范围，促进农业标准的应用❶。

第三节　加强农产品质量安全管理的措施

农产品是指来源于农业的初级产品，即在农业活动中获得的植物、动物、微生物及其产品。农产品质量安全，是指农产品质量符合保障人体的健康、安全的要求。简而言之，农产品质量安全是指符合相应的标准，能够保证维护公众健康，促进农业和农村经济发展的一个安全水平❷。

2007 年 4 月 23 日，中共中央政治局进行第四十一次集体学习，中共中央总书记胡锦涛主持。他强调，实施农业标准化，保障食品安全，是关系人民群众切身利益、关系我国社会主义现代化建设全局的重大任务。我们要从贯彻落实科学发展观、构建社会主义和谐社会的战略高度，以对人民群众高度负责的

❶ 李金才，张士功，邱建军等："我国农业标准化现状及对策"，《农村经济》，2007 年第 2 期，第 37－38 页。

❷ 参见《中华人民共和国农产品质量安全法》，2006 年 4 月 29 日颁布，总则第一条和第二条。

精神，提高对实施农业标准化和保障食品安全重大意义的认识，扎扎实实做好工作，切实实现好、维护好、发展好最广大人民的根本利益。

目前虽然党中央和国家很重视农产品质量安全问题，但是部分企业和农民为了谋求商业暴利，或者因为无知，过分追求数量产量，忽视质量安全，近年来经常有农产品因质量问题而曝光。但与此同时，农产品质量是关系到社会民生，关系到企业存亡的底线问题，为此当前亟须出台一系列的措施加强对农产品质量安全的管理。

一、我国农产品质量安全的主要问题

1. 农产品产量高、质量低、污染风险大

目前，我国农民种养“大路货”农产品还相当普遍，习惯以产量取胜。长久以来一味盲目追求高产出，水稻、玉米、豆类等农业作物产量虽高，但主要依靠大量农药、化肥、激素等外加条件缩短生长周期，盲目提产，使蛋白质、矿物质和维生素等营养物质大幅度降低，品质下降。我国粮食、蔬菜、特产、畜牧、水产等产品，由于生产环境污染，生态恶化，农药、化肥、激素、兽药使用不当等原因，质量安全受到严重威胁。近年来，因蔬菜染毒而造成的食物中毒事件时有发生；动物性食品中兽药、抗生素残留问题仍很严重，饲料生产企业违法使用违禁药品和超量使用药物添加剂、微量元素的现象也屡见不鲜。

与此同时，随着城乡居民收入不断提高，消费能力不断增强，农产品消费结构正在发生深刻变化。城乡居民对农产品消费要求明显提高，不仅要吃得饱，更要吃得健康、吃得安全、吃得营养，消费需求呈现安全化、优质化、功能化、健康化、个性化、多元化趋势。

2. 缺少品牌产品、缺乏认证意识

截至目前，我国大部分农产品提供者的品牌意识薄弱。我国特色农产品种类繁多，但除了白糖、大米、牛奶等部分产品实施品牌化外，大多数产品没有品牌，没标明产地，无生产者姓名，即没有产品“身份证”，导致出现有公害的农产品时无法追究责任，也不知道质优农产品产自谁家。由于不少地方缺乏对名特优产品原产地地理标志的申报与保护，不重视土特产质量标准和生产技术标准的制定，造成许多土特产资源流失和价值埋没。另外，很多农产品包装落后，无法体现优质优价。

3. 质量安全管理意识淡薄，缺乏全程化管理

目前，我国大部分企业和农民对农产品安全、无公害的基本概念和内涵认识不足，对近几年国家农产品质量安全工作的发展以及加入 WTO 后我国农产品在安全方面面临的挑战知之甚少。加之缺乏责任感和紧迫感，缺少必要的政策、财力和物力的支持，从而影响了农产品质量安全工作的开展。另外，我国一直缺乏农产品生产的全程化管理，在实践中基本上只注重对农业生产的最终产品进行质量安全管理，忽略了产前、产中环节的安全。由于缺乏产前、产中、产后一体化全过程监控，致使农产品质量安全存在隐患，农产品质量长期没有得到提高。

4. 农产品质量标准体系、安全检测体系不健全

目前我国对于农产品的质量标准体系还存在诸多问题，比如标准过于简单，缺乏能够深度鉴别的指标；部分标准过于陈旧；标准的科技含量低；国际接轨度不高。在安全检测方面，存在检测机构缺乏和检测技术水平不高的问题[1]。

二、农产品质量安全问题的危害

1. 潜在公共食品安全危机

“民以食为天”，各种农产品作为大部分民众日常生活中必不可少的基本组成，其对于社会稳定和国家经济发展的作用是不言而喻的。但在当前这种过于以经济利益为核心导向、社会道德水平滑坡的社会现实下，极有可能出现部分利欲熏心的人违规使用大量添加剂，使用违规农药等行为，一旦这种极具危险性的农产品没有被监测检疫部门查出而流入市场，将导致很严重的食物中毒事件，甚至引起社会骚乱。

2. 不利于产品竞争，甚至引起区域、产业信任危机

虽然目前绝大部分农产品的质量问题没严重到导致食物中毒的程度，但是低质量仍然是导致农产品竞争力低下的主要原因。并且，被曝光的质量问题不仅会影响某一个生产企业或者菜农的声誉，甚至会影响整个区域或者整个品种的市场品牌，使竞争力急剧下降。比如 2010 年春季上海、武汉等 11 个城市相

[1] 许成才：“我国农产品质量安全管理问题及对策探讨”，《广西社会科学》，2009 年第 9 期，第 72－73 页。

继检出产于海南的豇豆残留农药超标并被舆论称为“毒豇豆”后，海南豇豆当地收购价格一度由每公斤6元多跌至0.8元，使海南农民的经济利益和海南冬季果菜声誉严重受损[1]。另外，在当前这个全球化竞争的背景下，我国的很多农产品因为质量达不到国际标准，而被国外拒绝入境或者被退回事件也时有发生，这些事件都严重损害了我国农产品在国际上的竞争力。

3. 可持续发展后劲不足

如果国家对农产品质量安全管理力度不够，大量的农产品生产企业和农民可能采取极端的生产方式，过分利用土地，大量施用化肥和农药，导致土地出现肥力过低、土壤板结化，土地和江河严重污染，极大损害了农产品的后续生产能力。另外，对于企业或者农民，农产品质量不高，质量安全保障水平低，其品牌后续发展也必然会受到各种限制，不利于将产品做大做强。

三、加强农产品质量安全管理的措施

1. 宣传农产品质量安全知识，提高认识

目前我国大部分公民对农业标准化生产知之甚少，对农产品质量安全也只是停留在字面上的理解，对于国家对农产品质量安全的有关规定，以及相应的标准和指标也不甚了解。如此背景下，想让每个人都重视农产品质量安全就变得尤为艰难。为此，需要中央和各级政府，甚至企业参与到对农产品质量安全和农业标准化生产的宣传中去，只有社会各界都了解这一问题，才能促进对这一问题的关注，从而从源头上提升推进农业标准化，提高农产品质量安全水平的动力。

2. 完善农产品质量安全管理机制

我国当前的农产品质量安全管理机制还很不健全，没有形成一定的体系化。针对这种情况，需要从农产品的生产、加工和流通等多个环节上进行管理。首先在生产环节，要对农产品的产地、产前准备、生产过程和收获等多个环节进行把关，每一个环节制定相应的规程和标准，保证农产品在源头上不出问题。在加工环节，不但要防止二次污染，更需要加强包装的识别度，从而改善目前大部分农产品缺乏责任人的现状。在流通环节，则需加强对于农产品的检测、准入和及时信息披露，保证有问题的农产品不能流入市场。只有这样层

---

[1] 王晖余：“‘毒豇豆’凸显农业标准化生产迫在眉睫”，新华网海口，2010年3月3日。

层把关，多管齐下的体系化管理机制，才能保证农产品质量安全完全达标。

3. 强化监督合作、创新监督机制

由于全国各类农产品的生产地域非常庞大，品种繁多，管理复杂，为此需要不同的政府监督管理部门之间、各级政府之间明确职责，协调合作，加强沟通，密切配合，确保监管全程调控，全程负责，不留死角。另外，在信息技术高度发达的背景下，公益组织等第三方机构和社会公民的监督将使质量安全不达标的产品无处遁形。由于农产品的管理繁杂，全面监督成本很高，可以尝试创新监督方式，比如实行农产品质量安全承诺制度、农产品质量安全风险评估制度、缺陷农产品召回制度等制度创新。在常规化监督之余，也可以尝试结合科技创新，不断改善监督技术，甚至改变传统的事后监督为事前引导的监督理念❶。

第四节　加强农产品品牌建设，提升农产品竞争力

随着我国农业生产力水平的迅速提高，我国农产品市场已由卖方市场转变为买方市场。另一方面，在当前国际经济一体化和市场国际化的大环境下，农产品的市场竞争日趋激烈，特别是国外知名农业企业和品牌农产品纷纷进入国内市场，我国农产品即使不出国门也面临着激烈的国际竞争。

品牌是一个组织、一种产品或服务的名称、术语、标记、符号、设计，或者是它们的组合运用。它是在长期的经营过程中打造出的使消费者容易识别的产品或服务特征，并形成与竞争对手相区别的内容，包括视觉化的名称和标志，向公众传达的企业历史、产品属性、消费利益、企业价值观、企业的社会观、企业文化、服务观等多方面的信息和感觉❷。本节所指的品牌是可以代表产品标准化和质量的牌子，是企业给自己产品规定的商品名称，用以识别和标记产品，以便和竞争对手的产品相区别的一个标志。

国内市场的开拓和市场经济的完善使农产品市场受到国内外商家的重视，市场竞争日趋激烈。面对市场需求升级和国际竞争，我国农产品必须树立品牌

---

❶ 李晓磊："关于提高辽宁省农产品质量安全管理水平的思考"，《农业经济》，2011 年第 3 期，第 49 - 50 页。

❷ 廖建起："区域品牌与企业品牌的关系"，《中国科技信息》，2006 年第 12 期，第 201 页。

意识，在提升农产品质量和档次的基础上，创建农产品品牌，实施品牌经营战略。

一、农产品品牌建设的现实意义

1. 有助于增强市场竞争力

从我国农产品市场的发展趋势看，市场已经开始逐渐青睐品牌农产品，农产品市场将进入真正的“品牌时代”。实施农产品品牌战略，不仅可以通过农产品的整体品牌形象充分展示农产品的特色，提高农产品的市场影响力和竞争力，扩大农产品的销量，走“以质量求生存，靠品牌抢市场”的发展之路，而且农业企业采取品牌策略，以品牌形象面向市场，用品牌将企业和产品的综合信息“一揽子”传递给消费者，还可以起到降低企业宣传和产品推介成本的作用，达到事半功倍的效果。面对相对饱和、激烈竞争的国际国内农产品市场，要使农产品在市场竞争中有一个更大的提升空间，农产品品牌化将是一条可行之路。

2. 有助于有效规避农产品市场风险，促进企业盈利和提升农民收入

一方面，农产品以品牌形象进入市场，有利于建立长期稳定的销售渠道和网络，并保持其畅通，不仅能使农产品生产者与农产品市场保持较快的信息沟通，以适应市场变化，而且长期稳定的网络销售渠道有助于保持农产品销售量的稳定，还可以发展订单式农业，有效规避农产品的市场风险。另一方面，从经济学的角度来看，农产品属于较为典型的需求，价格缺乏弹性的商品，常常会导致农业生产者丰产不增收的现象，而品牌农产品可以在一定程度上防御这种市场风险，防止农产品价格的大起大落，保持农产品价格的基本稳定。同时，品牌农产品具有更高的附加值，从而使农业企业增加盈利。

3. 有助于降低消费者的购买风险

随着科学技术的快速发展，农产品的差异也越来越大，有时消费者在购买农产品时很难从外观辨别产品质量的真正好坏，还需要承担经销商价格欺诈的风险。品牌农产品以企业信誉做承诺，以品牌作为质量标志，给消费者提供品质保证，并且品牌可以作为质量之外的风味、口感等指标的选择标准。对消费者来说，农产品品牌化有助于消费者以品牌的形象作为消费参考，从中获得大量的产品信息，了解农产品质量，区别选购农产品，形成品牌消费习惯，获得更大的消费效用。

4. 有助于推进农业现代化和产业化，走规模效益之路

现代农业是用现代科技和现代工业来发展农业，用现代科学管理方法管理农业，实行高度集约化经营和高度社会化生产。实施农产品品牌战略，有助于提高生产经营者的管理素质和技术素质，加快技术进步，有助于优化社会农业资源配置，促进产业结构优化。以农产品品牌建设为突破口，改革传统生产方式和管理手段，合理利用和保护农业资源，实现发展经济、保护环境、增进健康的可持续目标。农产品品牌化以品牌为核心，以“公司＋农户”的经营模式，把分散的农产品集中经营、科学管理，使之专业化、产业化，实现规模效益❶。

5. 有助于优化配置资源，实现可持续发展

农产品品牌建设既包含农产品内在品质的建设，又包含农产品外在品质的建设。内在品质建设要求农产品产地环境质量高、无污染，农业投入按照规范要求进行，提高资源利用效率；外在品质建设进一步强化了产品的外界认知度，更大程度地提高了农产品投入资源的产出效益，实现了有形资源与无形资源的优化配置和协调。

现代农业是资源、生产与环境相互协调的系统，而化肥的大量盲目施用，农药的不科学使用，农用薄膜的不合理使用，有害废弃物的肆意排放均在不同程度上阻碍了现代农业的可持续发展。品牌农业的提出，强化了农产品品牌建设，对农产品生产的各个环节提出了规范要求，正是现代农业可持续发展的体现❷。

二、我国农产品品牌建设存在的问题

1. 政府对农产品品牌支持和保护力度不够

政府对农产品品牌建设的支持力度不够主要表现在政府品牌建设投入不足。据统计，多年来我国财政对农业的投入仅占财政总支出的6.4%左右，远低于其他发展中国家的水平；我国农业科技投资仅占农业总产值的0.3%左右，不仅远低于发达国家4%~5%的水平，而且也低于30个最低收入国家20世纪80年代平均0.65%的水平。

---

❶ 任强：“我国农产品品牌建设的现实问题与对策”，《改革与战略》，2010年第5期，第117－118页。

❷ 赵淑杰：“新时期我国农产品品牌问题建设之探讨”，《农业经济》，2007年第2期，第65页。

政府对农产品品牌的保护力度不够主要表现在假货横行，消费者无法区分真货和假货，不敢购买品牌农产品。我国农产品品牌建设仍处在初级阶段，农业企业规模还比较小，品牌知名度还不高，农产品品牌还处于弱质阶段，特别需要政府的呵护。

2. 产业化经营水平低，生产规模小，产品科技含量低

农业产业化是农产品品牌创立和发展的依托。我国目前拥有众多小规模农业生产经营者，每家生产的农产品品质有很大差别，造成农产品质量参差不齐，严重影响了农产品品牌化进程。同时，每家生产经营者由于规模小，市场覆盖率低，利润相当有限。许多农产品生产者和经营者在经营理念、包装销售上没有全新的概念，常把“品牌农业”理解为“商标农业”。因此，除极少部分农业名牌产品外，大部分农产品仍存在“诸侯割据、各自为政”现象，难以形成组团出击、集中打响品牌的合力，影响品牌建设。

品牌质量背后是科技支持，国际国内农产品市场上的竞争归根结底是科技的竞争。在农产品品牌化经营过程中，从种苗的培育到产品的生产，从农产品的加工、包装到销售，各个环节都需要相应的技术支持。如果科技水平不到位，农产品的质量和竞争力都会大打折扣。目前我国农产品品牌多是“原”字号产品多，深加工、精加工产品少。有些产品只经过简单的初加工，而进行深加工、精加工、系列加工的不多。农产品的加工增值不够，形成了“一等原料、二等加工、三等价格”的局面。

3. 农业生产者和经营者的品牌观念薄弱

打造农产品品牌，是现代农业的大趋势。但是，目前大多数农民没有形成实体公司和企业，以小规模农户为主，在满足一般生存基本需求和经济安全需求后，缺乏动力，或没有意愿承担打造品牌的风险。相当多的农民以及农业行政管理部门思想受传统农业生产经营方式的惯性束缚，往往认为收获便是生产的结束，缺乏建设农产品品牌的意识。我国很多企业和农户为了扩大自己产品的销量，竞相贴牌生产。这些企业片面认为创品牌费时费力费钱，还有风险，因而甘于当别人的“生产车间”。其实，贴牌生产“贴”的是别人的金字招牌，砸掉的却是企业自主创新能力和经济利益。

4. 农产品品牌宣传力度不够

品牌知名度和信誉是品牌价值得以实现的必要前提，而知名度和信誉的提高离不开对品牌的宣传。“酒香也怕巷子深”，要想提高品牌的知名度和信誉

就必须运用科学的营销手段扩大宣传。但在现实中，农产品品牌宣传力度远远低于其他产业的产品，宣传内容少，千篇一律，仅限于推销农产品；宣传技术和手段落后，仅限于散发产品简介资料；不重视品牌的推广宣传，尚未有意识地利用媒体广告、公关宣传等来全方位塑造品牌形象，不重视产品的外观设计及包装，不能有效提升产品的价值，限制了农业品牌的建设。品牌的知名度极低，没有与客户建立良好和稳固的关系，更谈不上树立名牌优秀企业形象和利用名牌获取丰厚的回报❶。

三、加强农产品品牌建设的措施

1. 树立品牌意识

加强农产品品牌建设，是农业生产力水平提高和农产品市场发展的要求，但是我国农业生产者和经营者的品牌意识还比较薄弱。为此，应采取各种措施提高农业生产者和经营者的品牌意识。首先，各级政府及农业相关部门要增大宣传投入，加大品牌建设宣传力度，营造创立名牌的产业氛围，各新闻媒体可结合农业产业化先进典型案例的宣传，宣传品牌经营的经验，增强农业生产者和经营者的品牌意识。其次，要帮助和引导农民群众提高品牌注册意识，可以利用召开品牌座谈会、培训班等形式，广泛宣传注册、保护品牌的重要性和紧迫性，要采取各种易于接受的方式，大力宣传利用品牌发展农业的重要性，特别是运用品牌兴农的典型事例引导农民，启发农民提高拥有品牌、重视品牌、利用品牌的积极性。最后，积极引导农业企业建设品牌、发展品牌，农业企业只有自创品牌才能在国际市场中占有一席之地，才能实现企业的高收益。

2. 加大宣传力度

农产品品牌建设，还要加强对农产品品牌的宣传力度。在现代信息社会中，如果不重视推广宣传，就不能及时将有关品牌的信息传达给消费者，品牌就难以被消费者知晓。进行农产品品牌的宣传，可以借助报纸、杂志、电台、电视等传统媒体，也可以运用网络信息平台实施农产品网络营销传播，同时可以通过举办各种论坛会议、展览活动、国际交流、文化节等形式推广品牌。如山东省平度市创造性地提出四季节庆的构想，在不同的季节在四个农产品特色

---

❶ 邓贝贝，颜廷武："关于我国农产品品牌建设的思考"，《山东农业大学学报》（自然科学版），2011 年第 4 期，第 623－624 页。

镇举办特色鲜明的节庆活动——春季云山大樱桃节，夏季明村西瓜节，秋季大泽山葡萄节，冬季马家沟芹菜节。这些文化节不仅带动了当地经济的发展，也在很大程度上有助于农产品品牌的推广。

3. 充分发挥龙头企业在品牌建设中的作用

农产品品牌的建设，离不开规模生产，以家庭或专业户为主的小规模生产经营，永远也创不出名牌。要进行农产品品牌建设就必须实行农业规模生产，推进农业产业化经营。目前，实现规模经营的主要模式是“龙头企业＋基地＋农户”的产业化经营模式，这种经营模式有效地将农业的产前、产中和产后服务各个环节有机统一起来，在很大程度上促进了农产品品牌的产生和发展。通过建立农业合作经济组织，以合作经济组织为依托，由合作经济组织一头连接广大农户，一头连接市场，专门生产某一种类或品种的农产品，统一加工，并用同一品牌进行统一销售，可有效推进农业产业化经营[1]。

4. 重视区域产业集群，打造区域品牌

农产品生产的区域集群不但有利于形成规模经济，而且有利于企业、农民之间共同承担风险，分担品牌成本。在发展区域品牌时，可以依托优势资源，发展特色农业，注入地方文化，丰富品牌内涵。农业对自然条件的依赖性较强，由于不同地域的自然条件、优势资源和种植习惯的差异，形成了农产品的区域特色和比较优势，进而可以在市场上转化为市场优势。因此，在发展农业项目中要充分依托并整合区域优势资源，发展特色农业，培育主导产业，使其上规模，上档次。在创建农产品品牌时，也要挖掘利用好地方的历史、文化、旅游等资源，把地方特色文化注入其中，丰富农产品的文化底蕴，提升品牌的文化品位[2]。

比如甘肃省定西市陇西县通过近年来的大力抓项目、促投入，建基地、扩规模，育龙头、树品牌，拓市场、增收入，努力让农业发展步入提高质量和效益的轨道。该县以无公害标准化生产为重点，加大农产品品牌认证、基地认定、原产地保护认证的工作力度，清理整顿农资市场，建立了农产品检测中心，建成中药材标准化生产基地 14.84 万亩。同时，不断加大对外宣传推介力

---

[1] 邓贝贝、颜廷武：关于我国农产品品牌建设的思考，《山东农业大学学报》（自然科学版），2011 年第 4 期，第 625 页。

[2] 任强：“我国农产品品牌建设的现实问题与对策”，《改革与战略》，2010 年第 5 期，第 118－119 页。

度，注册农产品商标达30多个，先后被中国农学会命名为“中国黄芪之乡”、“中国腊肉之乡”。黄芪、党参和陇西腊肉获得了国家质检总局原产地保护认证，小豌豆、陇西腊肉两项标准被省质监局颁布为甘肃省地方标准，“清吉”牌洋芋和“艳阳天”牌辣椒通过全省A级绿色食品认证。高云马铃薯专业合作社、弘泰马铃薯购销专业合作社、兴兴马铃薯专业合作社、清泉农副产品购销专业合作社、汇丰马铃薯专业合作社、君达中药材专业合作社6家合作社被农业部等11个部门确定为全国首批农民专业合作社示范社❶。

5. 标准化管理，提升技术含量，提高农产品质量

农产品品牌的竞争核心是农产品质量的竞争，为此必须确保农产品有较高的品质，才有可能形成一个不错的品牌。为此，当前亟须在追求产品产量的同时，注重开发和应用新技术，提升农产品的质量。目前，我国农产品质量的提高主要是需要继续稳步推进农业标准化管理。主要包括建立完善的农产品质量标准体系和市场准入制度，积极采用国际先进标准；建立完备的产品生产、加工、贮运及销售全程质量控制体系；整顿农产品生产经营秩序，对市场销售的农产品进行定期监测，对有毒害的农产品依法责令召回并予以处罚。

6. 实施有效的品牌管理，寻求法律支持和保护

品牌管理是对品牌资产的各个方面进行规划和管理，从而塑造高品质的品牌。根据产业情况，自身强弱势和发展目标，制定出品牌战略。确定一个好的品牌名称和醒目易识的品牌标志。进行市场调研和品牌定位。明确品牌责任归属，建立品牌机构，组织运作品牌。推广品牌，树立品牌形象，提升品牌知名度和口碑。建立有效的评估系统，对品牌资产进行跟踪、诊断和评估。

品牌是无形资产，其保护对象包括技术专利、商标、原产地名称和制止假冒伪劣、不正当竞争等。在当前这种商标许可混乱或公开销售商标问题严重，假冒伪劣产品屡见不鲜的背景下，品牌拥有者需要在注册、使用品牌的时候依法履行权利和义务，在权利被侵害时积极寻求各级司法行政部门的支持和保护❷。

---

❶ 陇西县农业局：“甘肃省定西市陇西县农业实现品牌化”，详见 http：//www. moa. gov. cn/fwllm/qgxxlb/gs/201202/t20120222_ 2486870. htm。

❷ 张萍，项英辉，陈明：“对加快我国农产品品牌建设的思考”，《农业经济》，2006年第6期，第45页。

第五章　农业产业化龙头企业与产业集群集聚

农业产业化是农业和农村经济战略性发展的重要途径，对于发展现代农业、转变农业经济结构、增加农民收入、提高农业竞争力具有重要意义，而龙头企业是促进农业产业化的关键力量。本章将在简单介绍产业集群与产业集聚理论的基础上，详细阐述农业产业化示范基地与龙头企业在推进农业产业化进程中的作用及对策等内容。

第一节　产业集群与产业集聚的关系

从各国经济的发展和产业演化过程来看，产业发展的一个重要特征是：产业总是聚集在某一个特定的地区范围内发展和壮大，而不是在所有的地区均匀等比例发展。相关企业在一地聚集大多是在市场经济的作用下自发形成的。产业集群与产业集聚是产业发展的两种重要形式，本节主要介绍产业集群、产业集聚相关内容及二者之间的关系。

一、产业集群

1. 产业集群的内涵

迈克尔·波特认为：产业集群是指在特定领域中，同时具有竞争与合作关系，且在地理上集中，有交互关联性的企业、专业化供应商、服务供应商、相关产业的厂商，以及相关的机构[1]。

一般来讲，产业集群是指在某一特定领域通常以一个主导产业为主，大量

---

[1] ［美］迈克尔·波特著：《竞争论》，高登第，李明轩译，北京：中信出版社，2003 年版，第 208 页。

产业联系密切的企业以及相关支撑机构在空间上集聚，并形成强劲、持续竞争优势的现象。

2. 产业集群的结构

产业集群分为三个层次：国家层次——联系经济结构的产业集团；部门或产业层次——产业间和产业内生产链的不同阶段的联系；企业层次——围绕一个或几个核心企业形成的专业化供应商。

由于不同层次的集群所需的资源配置方式是不同的，国家层次的产业集群的形成多数来源于政府意志下的制度安排，即组织设计模式，而产业和企业层次的集群可看作自发生成的类型。前一类型如高新科技园区、软件园、出口加工区等，体现了作为设计主体的政府发展方向和战略；后一类型则依据地理位置、文化传统、产业联系和市场集聚而建立，以传统产业为特色的中小企业集群都具有自发生成的特点，如意大利东北部的70多个工业区，我国浙江、广东省的服装、陶瓷、五金、玩具、家具等几百个以传统产业为主的产业区和专业镇[1]。

产业集群需要三个层次的企业和相关组织（见图5-1），一是垂直角度的供应商、分包商、咨询机构等；二是水平角度的拥有相似技术、劳动力市场或企业战略的竞争（或合作）者；三是提供知识与技能、制度供给的专有性的准公共服务部门，如大学、国家实验室、政策制定者等。

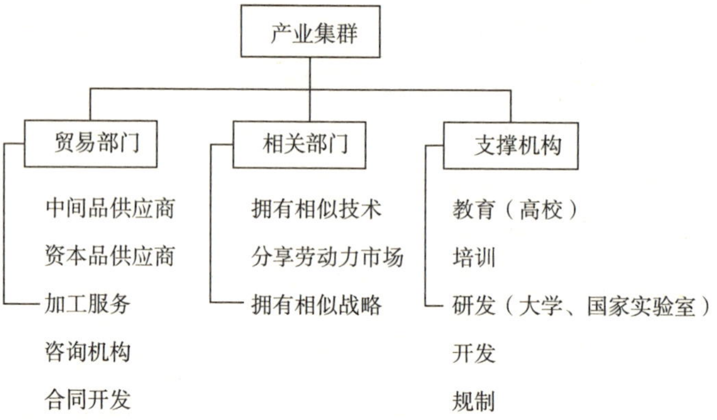

图5-1　产业集群的结构[2]

[1] 柳卸林，段小华："产业集群的内涵及其政策含义"，《研究与发展管理》，2003年第12期，第55-61页。

[2] 柳卸林，段小华："产业集群的内涵及其政策含义"，《研究与发展管理》，2003年第12期，第55-61页。

3. 我国目前的产业集群状况

第一，产业集群分布主要集中在东南沿海地区，中西部地区尚处于发展期。纺织服装产业集群、交通运输设备产业集群和电子通信设备制造产业集群是我国较为典型的产业集群，其中纺织服装产业集群主要分布在江苏、浙江、山东、福建等东部地区，西部地区只有较少分布；交通运输设备产业集群，东、中、西部都有较大的集聚；电子通信设备制造产业集群主要分布在江苏、广东、上海、天津、北京、浙江等地区，中西部地区尚处于培育期。

第二，东部地区的产业集群对市场环境依赖为主，中西部地区以资源依赖为主。东部地区的优势产业门类非常丰富，既有农副食品加工、家具制造等技术含量较低的产业，也有各种设备制造、计算机等技术含量较高的产业。中西部地区主要以资源初级加工产业为主，如农副食品加工业、烟草业、资源开采业等。东部地区产业集群的出口率和创新率都比较高，其产业集群发展对市场环境的依赖性较强，外向型和创新型产业集群所占比重大。中部地区优质产业集群的利润水平较高、增长速度也较快，产业集群发展有很大潜力；西部地区的产业集群利润率较低，增速也较慢，产业集群还处于培育期，仍以资源的初加工为主。

第三，目前我国产业集群的主导产业以制造业为主，处于全球价值链的中低端。第二产业的产业集群数量最多，分布最广，绝大部分为制造业产业集群，多为传统的劳动密集型产业和中低端的生活消费品，整体上在全球价值链中处于不利地位。

第四，我国产业集群主体仍以中小企业为主，少数大企业在引领产业集群演化发展。我国产业集群主要集中在纺织、服装、鞋业、玩具、家具、家电等行业，企业进入门槛低，规模效应不显著，且企业规模小、运行灵活等特点在复杂多变的市场环境下是一大优势，大规模生产反而会产生负效应[1]。

二、产业集聚

产业集聚是产业革命之后大机器生产专业化分工的产物，是工业化时期的典型现象。产业集聚作为产业发展演化过程中的一种地缘现象，指相互关联

---

[1] 宋江飞、张劲松：“我国产业集群现状及空间集聚效应简析”，《湖南社会科学》，2010 年第 8 期，第 81－84 页。

（互补或竞争）的企业与机构，为这些企业配套的上下游企业，以及相关的服务业，在一定的地域空间内高度集中，形成上、中、下游结构完整（从原材料供应、产品生产、直至最终用户）、外围支持产业体系健全、具有灵活性和专业化等特性的有机体系。

完整的产业集聚应该包括以下几个方面[1]。

（1）地理空间上的集中，这是产业布局非均衡的表现；

（2）核心产业与非核心产业的组织结构围绕核心产业集聚，非核心产业适应核心产业；

（3）产业规模必须达到一定的程度，才能够发挥出集聚经济的效益；

（4）相关支撑机构的存在，并且能够开展有效的工作；

（5）产业中的企业互相之间的关系密切，联系紧密，形成网络化的关系；

（6）能够通过不断地创新获得持续的竞争优势，这是产业集聚促进产业发展的最终表现。

三、产业集群与产业集聚的关系

一般来说，产业集群和产业集聚是两个不同的概念，二者既有联系又有区别。正确认识产业集群与产业集聚的关系，对于农村产业化经营、农业产业规模扩大与产业升级有重要意义。

1. 联系

产业集聚和产业集群都是区域经济发展中的空间集中化战略，属于集约经济。规模收益递增、可流动的生产要素、较低的运输成本是其发生的基本条件，缺少任何一方面，它们都不能自我发生、自我增强并持续下去，产业在空间上的集中只有通过规模经济和多样化经济才能降低成本、提高效益，增强企业竞争力。因此，在某一企业聚集的区域，相关产业或同类产业都具有纵向与横向的紧密联系。此外，传统产业、高新产业或资本与技术结合型产业都可以形成产业集聚或产业集群。

2. 区别

（1）产业集聚一般是指属于某种特定产业及其相关支撑产业，或属于不同类型的产业及其在价值链上相关的支撑企业在一定地域范围内的地理集中。

[1] 韩爽："我国产业集群形成机制：理论与实证分析"，吉林大学2009年硕士学位论文，第4页。

而迈克尔·波特提出的产业集群是在某一特定领域内互相联系的、在地理位置上集中的公司和机构集合，它包括一批对竞争起重要作用的、相互联系的产业和其他实体，产业集群经常向下延伸至销售渠道和客户，并侧面扩展到辅助性产品的制造商以及与技能技术或投入相关的产业公司，此外还包括提供专业化培训、教育、信息研究和技术支持的政府和其他机构。

（2）产业集聚是地域化经济的初级阶段，它与产业的空间扩散一起构成了一个对立的范畴；而产业集群则是地域化经济的高级阶段。前者是 18 世纪末就被人们所认识，过去使用时只从降低物质成本出发，仅包括产业实体的产品链与增值链，而后者有降低交易成本，增强交易效率，加速技术创新和知识创新等更全面的含义，包括了实体与非实体间的产品链、增值链与信息链[1]。产业的空间集聚可以形成产业集群，但是并不是所有的产业集聚都可以形成产业集群。虽然有的产业集聚在一起，但是相互之间没有联系，就不能形成产业集群。因此产业集聚只是产业集群形成的一个必须条件，而非全部条件。

第二节 农业产业化龙头企业在产业集群发展中的作用

龙头企业是农业经济发展的典范，也是农业产业化的重要支柱，在推进农业产业化集群发展进程中处于引领地位，起着广泛的带头作用。具体来说，农业产业化龙头企业在产业集群发展中的作用主要包括：引领投资，传播知识，带动创新，促进品牌。

一、龙头企业的投资外部效应

龙头企业拥有很强的市场地位和商业实力。研究表明，它们可以为集群中的其他企业创造积极的外部影响。龙头企业在培训、教育和知识技术交流等方面投资，进而提高了集群中的劳动力素质，改善了集群中的劳动力质量，劳动力在集群中不同企业间的流动也间接促进其他企业的技术水平的提高；在创新网络合作上投资，增加了其他企业参与创新的机会和获取创新成果的可能性，从而加快了其他企业的技术革新速度；在公共基础设施如道路、研究机构上的

❶ 冯霞：“推进我国产业集聚向产业集群转变”，《天津市职工现代企业管理学院学报》，2004 年第 3 期，第 17－19 页。

投资，间接地降低了集群中其他企业生产和交易的成本[1]。

龙头企业的投资决策并没有直接考虑其对集群中其他企业的外部影响，但这些投资降低了其他企业的交易成本，间接提升了其他企业的运作效率，对集群中的其他企业有着积极的外部性。

二、龙头企业的知识扩散效应

王缉慈等人（2001）指出，产业集群中快速的知识扩散和转移促使地方经济获得成功并增加了集群的竞争力[2]。龙头企业由于其知识存量及知识创造的优势，在集群企业间的知识转移中往往处于主动输出方的位置，即龙头企业所拥有的知识在集群中存在一个扩散效应。龙头企业的熟练工人和高级技师与其他企业的同事共享自己的知识。龙头企业由于其拥有的知识和在知识网络中的中心位置，与其他企业的大量商业联系会导致自身知识在企业间传播与扩散。

优秀企业的文化和理念感染着周边的中小企业。龙头企业是集群中的优秀企业，有着完善的企业制度、成熟的企业文化，龙头企业与配套企业之间有着密切的交互关系，这种关系能够有效地传递和扩散经验类知识，新观念、新技术、新知识比较容易在集群内部相互扩散，从而形成知识的溢出效应。

三、龙头企业的创新带动效应

每一个成功的集群背后都有一群创新的企业。由于产业集群中聚集了许多相似的和关联度很高的企业，一旦有新产品或生产工艺技术在集群内出现，很快就会得到传播、扩散、溢出和渗透，从而将一个企业的技术创新活动引发成一群企业的创新活动。

龙头企业在技术创新中扮演关键角色，在与集群内其他企业进行合作或交易的过程中，由于地理上的临近、业务关系上的信任和外包等活动的驱动，促使新技术在集群中快速传播扩散，同时也迫使其他企业不得不跟随着进行创新以保持当前的关系和地位。龙头企业的创新激励和参与，降低了集群中其他企业采用新技术失败的风险，增强了其他企业创新的动机。因此，龙头企业创新

---

❶ 贾生华，杨菊萍："产业集群演进中龙头企业的带动作用研究综述"，《产业研究评论》，2007年第6期，第129－136页。

❷ 王缉慈等：《创新的空间——企业集群与区域发展》，北京：北京大学出版社，2001年版。

在集群中产生了十分重要的带动作用❶。

四、龙头企业的品牌促进效应

一般而言，处以共同生产区位的企业可以通过外部规模经济树立地区声誉，如法国的香水、意大利的时装、瑞士的手表、西湖的龙井茶等。但这些地区声誉的建立不是一蹴而就的，其中总有某个或多个出众品牌影响的不断强化和巩固过程。因此，依托当地龙头企业打造区位品牌形象，创造具有名牌效应的产品和服务，成为集群品牌策略的一个重要手段。

龙头企业作为产业集群的信息中心、技术创新中心和地区品牌形象代表，其品牌在最初的地区声誉建立过程中起着主要和关键作用。比较典型的例子有青岛家电产业集群中的海尔、慈溪小家电产业集群中的方太等，龙头企业的品牌影响力促进了群体整体声誉的建立和维护。随着集群规模的扩展，龙头企业品牌的扩大，并为集群内其他企业所共享，进而促进一个整体区域性品牌的形成。

龙头企业作为优势企业，具备一定的规模实力和品牌价值，单个企业的品牌效应又能进一步增强区域繁荣品牌效应。而区域品牌效应较之单个企业、单个产品的品牌效应会更直接，更稳定，更有影响力。同时由市场自发形成的区域品牌容易引起当地政府的扶持和推进，地区自身的优势再加上政府的培育，能吸引更多的相关企业在当地扎根入户，从而加速该地区该产业集群的形成与发展，亦有利于地方经济走上良性发展的轨道❷。

第三节　建立农业产业化示范基地

建设农业产业化示范区是贯彻落实党的十七届三中全会、五中全会精神，推进农业经营体制机制创新的重要内容，也是加快转变农业发展方式、实现农业现代化的重要举措。目前，我国农业产业化经营已进入创新提升阶段，由数量扩张向质量提升转变，由松散型利益联结向紧密型利益联结转

❶ 贾生华，杨菊萍："产业集群演进中龙头企业的带动作用研究综述"，《产业研究评论》，2007年第6期。第129－136页。

❷ 吴志峰，徐虹钗："论龙头企业在产业集群发展中的作用——以福建省产业集群为例"，《内蒙古电大学刊》，2008年第12期，第26－27页。

变，由单个龙头企业带动向龙头企业集群带动转变。建立农业产业化示范区正是适应这种发展趋势、深入推进农业产业化经营的客观需要，对于加快转变农业发展方式、推进现代农业建设、统筹城乡发展具有重要的现实意义。为贯彻落实党中央关于加快建设、推进农业经营体制机制创新的精神，农业部决定，从2011年起创建一批国家农业产业化示范基地，发挥龙头企业集群集聚优势。

一、创建农业产业化示范基地的意义

当前，我国总体上进入工业化中期阶段，农业以及整个社会经济环境都发生了巨大变化，对农业产业化发展机制、发展模式及发展水平都提出了更高的要求。建设农业产业化示范区是新时期提升农业产业化水平的需要，更是现代农业发展和新农村建设的客观要求。

1. 创建农业产业化示范基地是加快农业产业化发展、增强辐射带动能力的必然要求

从国内外的经验看，龙头企业集群集聚，代表了农业一体化的发展趋势，体现了现代农业的发展方向。目前，我国农业产业化快速发展，进入创新提升阶段，迫切需要加快龙头企业集群发展，提高辐射带动能力。创建农业产业化示范基地，推动龙头企业向优势产区集中，由单个龙头企业带动向龙头企业集群带动转变，有利于发挥集群集聚效应，改变龙头企业单兵作战竞争力弱的局面，培育区域整体优势，提高优势产业整体素质和效益；推进农业产业化体制机制创新，由公司带农户模式向公司加合作社及各类服务组织带农户的模式演进，有利于发挥合作社带农惠农作用，进一步提高农业组织化程度；强化龙头企业服务功能，由单项服务向综合服务发展，为农户提供系列化、专业化、社会化服务，充分发挥龙头企业在构建农业社会化服务体系中的重要作用，增强辐射带动能力。

2. 创建农业产业化示范基地是转变农业发展方式、建设现代农业的重要途径

推进农业产业化是转变农业发展方式的重要内容。建设现代农业是转变农业发展方式的首要任务，要求以市场需求为导向、科技创新为手段、质量效益为目标，构建现代农业产业体系。当前，我国农业发展方式依然粗放，农业基础设施和物质装备水平不高，科技创新能力不强，产业体系不健全，农业整体素质较低。

创建农业产业化示范基地，发挥龙头企业集群优势，有利于推进农业专业化、规模化、集约化生产，增强农业综合生产能力；发挥龙头企业技术创新主体作用，与科研院所合作联合，与产业技术体系对接融合，促进新品种、新技术、新工艺的引进开发应用，提高农业科技创新能力和装备水平，推动产业优化升级；强化企业间分工与协作，发挥集群效应和互补优势，发展农产品精深加工和现代物流，完善产业链条，促进相关服务业发展，形成产加销一体化、一二三产业协调发展的现代农业产业体系。

3. 创建农业产业化示范基地是带动县域经济发展、促进城镇化建设的有效方法

县域是我国国民经济最基本的运行单元，以农业农村经济为主体。据有关资料显示，县域人口占我国总人口的70%左右，经济总量占全国的50%左右。培育壮大主导产业，构建县域经济发展的产业支撑，进一步增强县域经济发展实力和推进城镇化建设，是解决“三农”问题的重要突破口。各地实践表明，有龙头企业带动和主导产业支撑的县域经济和城镇化建设，产业兴旺，就业增加，经济充满活力，社会事业发展，农村公共服务明显改善。创建农业产业化示范基地，发挥企业集群优势，依托本地资源和外来产业转移，围绕主导产业发展农产品精深加工，带动包装、储藏、运输、信息、金融等服务业，有利于形成产加销有机结合、一二三产业协调发展的格局，为县域经济发展注入新的活力；发挥企业集群优势，积极承接产业转移，有利于增加就业岗位，推进城镇化进程，为县域经济发展注入新动力。

4. 创建农业产业化示范基地是优化资源配置、统筹城乡发展的客观需要

资源要素配置直接影响着经济社会的协调发展。长期以来，我国资源要素配置整体上向城市倾斜，导致了工农发展失调、城乡发展失衡，农业农村发展缓慢。从根本上扭转这种状况，必须统筹城乡发展，加快建立城乡之间平等的要素交换关系，构建以城带乡、以工促农的体制机制，推动资源要素向农业农村流动。创建农业产业化示范基地，依托资源优势和特色，培育壮大优势产业，提高农业经营的质量和效益，有利于吸引社会资本投向农业，缓解农业投入不足的问题；推进标准化生产，发展规模化经营，有利于导入先进的生产技术和物质装备，加快农业科技进步；龙头企业集群集聚，促进农业专业化分工，发展相关服务业，有利于引进城市各类人才投身农业，为现代农业发展提供智力支撑。以农业产业化示范基地为平台，集成利用龙头

企业的资本、技术、人才、品牌等资源要素，可以有效提高资源配置效率，吸引城市各类资源要素向农村流动，完善农村基础设施和公共服务，促进城乡经济社会协调发展。

二、农业产业化示范基地的概况

1. 农业产业化示范基地的基本概念和主要特征

农业产业化示范基地是指以优势产业为基础，以优势企业为主体，依托现有农产品加工物流园区，推进龙头企业集群发展，形成具有引领农业产业化创新提高作用的产业集聚区。

从各地实践来看，农业产业化示范区建设的范围不一，主体多样，内涵丰富、功能多样、风格迥异，归纳起来，主要具有以下几方面特征：

（1）集群集聚优势明显

这是农业产业化示范基地的主体特征。农业产业化示范基地龙头企业数量比较多、规模比较大、实力比较强，相关配套企业竞相发展，产业链条完整，企业功能互补、分工协作、相互促进，集聚效应和规模效应突出。辽宁沈阳市沈北辉山农业产业化示范区，培育和引进农产品深加工企业228家，其中有中粮集团、南京雨润等19家国家重点龙头企业，省级和市级龙头企业30家，带动形成乳品、粮油、饲料、畜禽、果蔬（饮料）和生物制药六大特色主导产业。2009年，农产品加工产值440亿元，创造就业岗位5万多个，拉动周边地区230多万农户，农民人均纯收入超过1万元。

（2）主导产业突出

这是农业产业化示范基地的产业特征。农业产业化示范基地一般具有丰富的土地、水源、气候等自然资源，良好的优势产业发展基础，完善的基础设施，农业新品种、新技术得到广泛应用，生产基地集中连片，专业化、规模化、标准化、集约化水平较高，土地产出率、资源利用率和劳动生产率较高，综合生产能力较强。广西横县依托当地茉莉花、桑蚕、甘蔗等特色资源，通过规划引导、政策支持，培育壮大龙头企业，带动规模化基地建设，促进了茉莉花、桑蚕、甘蔗等优势主导产业的形成。2009年，该县有208家龙头企业，建设基地210多万亩，带动农户25万多户。

（3）产业链条完整

这是农业产业化示范区有别于其他农业园区的根本特征。农业产业化示范区内原料生产、产品加工、市场流通、检验检测、信息服务体系相对健全，产加销、贸工农一体化程度比较高，龙头企业加工转化能力比较强，产业链条纵向延伸、横向拓展，上下游企业形成良性互动、联动发展。内蒙古呼和浩特市依托伊利、蒙牛两大中国乳业巨头，围绕奶牛养殖开展良种繁育、饲料供应、疫病防治、集中挤奶、检验检测等服务，围绕乳制品加工发展包装、仓储、物流、配送等产业，形成了产业配套、功能完善、服务齐全等完整的产业链条。

（4）体制机制完善

这是农业产业化示范区的制度特征。农业产业化示范区是农业产业化发展模式的创新，龙头企业由各自发展向集群协同发展转变，利益联结机制由单个企业带动向企业集群带动转变，政府服务方式由注重支持企业个体向支持企业群体转变，运行机制进一步健全。河北省邯郸市通过建立组织推进机制，成立了以市、县主要领导为组长的领导机构，农业、发改、财政等部门各司其职，齐抓共管，合力推进，为示范区建设提供组织保障；通过创新利益分享机制，重点推广股份合作联结利益分享模式，采取产权联合的形式，实行按劳分配和按股分红，使农民与企业联股联心，实现利益共享，风险共担；通过建立项目推进机制，由领导联系示范区重大项目，实行定期会商制度，协调解决示范区建设的征地、资金、环保、供电等方面的问题。

（5）辐射带动能力强

这是农业产业化示范区的功能特征。农业产业化示范区内龙头企业集群和专业合作社快速发展，两者有效对接，与示范区农户形成更加紧密的利益联结关系，辐射带动能力明显增强，带动农户范围更广、数量更多，农民增收效果更加显著。四川郫县建立川菜产业化园区，园区集聚45家龙头企业，初步形成以食品加工业、川菜原辅料、川菜调味品为主的产业集群，带动园区所在的安德镇一二三产业协调发展。2009年，该镇实现农业增加值1.9亿元、工业增加值8.5亿元、服务业增加值7.4亿元；农民人均纯收入9 100元，比2005年翻一番；综合城镇化率达65%，比2004年提高42.1个百分点。

2. 农业产业化示范区主要类型

在建立农业产业化示范区过程中，各地从当地实际出发，依托自身优势，积极探索、大胆创新，涌现出一批特色鲜明、类型多样的农业产业化示范基地。概括起来主要有以下几种类型：

（1）园区带动型

这是目前最主要的一种推进模式。这种模式大多是在农产品加工园区、现代农业示范园区、农业高新技术园区、经济开发区等基础上，采取各种优惠措施，搭建服务平台，吸引龙头企业进驻园区，带动当地优势资源开发和相关配套服务业发展，形成企业集群和产业集聚。在这种类型中，大多数是通过农产品加工园区带动形成，其次是现代农业示范园区。山东潍坊市积极倡导各县（市）依托农产品加工园区，不断改善招商引资环境，引导龙头企业聚集，形成了寿光、安丘、诸城、高密等多个农业产业化示范区。

（2）龙头企业带动型

这种推进方式是近年来探索形成的。其主要做法是依托产加销、贸工农一体化程度较高、经济实力较强的大型龙头企业，围绕原料生产、产品加工、物流配送各环节，推动基地合理布局，发展仓储运输、信息网络等相关配套产业，积极开展专业化生产，完善社会化服务体系，形成相对完善的产业体系。四川泸州市以国家重点龙头企业泸州老窖集团为依托，以酒业加工为中心向上下游产业拓展，积极打造集中连片的高粱原料基地，大力推进物流、营销等配套产业，初步形成了从高粱种植、酿酒、残料处理、有机肥生产到休闲观光的完整产业链条。2009 年，建设高标准高粱基地 2.68 万亩，辐射带动高粱种植 10 多万亩，实现销售收入 250 亿元。

（3）优势产业带动型

这种推进模式的主要做法是依托当地资源优势，大力培育和引进龙头企业，引导龙头企业向优势产区聚集，形成优势更加明显的产业集聚区。浙江安吉县借助得天独厚的毛竹资源优势，大力开展竹林建设，吸引相关龙头企业开发毛竹制品，推动竹产业加工增值，促进产业优化升级。目前该县竹类加工企业 2 000 多家，2009 年产值达 110 多亿元。

（4）批发市场带动型

这种推进模式的主要做法是依托功能比较完善的农产品批发市场，带动农产品种养基地建设，发展农产品质量检测、冷链运输、冷藏保鲜等相关配套产业，积极打造成为当地的农产品集散中心、物流配送中心和价格形成中心，推进农业规模化、标准化、专业化生产，提升农业产业化发展水平。山东寿光市依托蔬菜批发市场，带动农产品生产、加工和流通企业集聚，促进包装、运输、营销等相关产业发展，年交易额 100 多亿元，年蔬菜相关产业经济总量达

140多亿元。

3. 推进农业产业化示范基地面临的突出问题

近年来，各地探索农业产业化示范区建设的实践，取得明显成效。由于示范区建设处于起步阶段，部分地方在农业产业化示范基地建设中还存在一些不容忽视的问题，需要认真对待。

（1）地方政府认识不到位

一些地方的政府及有关部门对农业产业化示范区建设的必要性和重要性缺乏应有的认识，只是简单地将现有各类农业园区理解为农业产业化示范基地，有的甚至将农业产业化示范区建设片面地理解为命名字、挂牌子、争面子，在具体推进工作中，思路不清、措施不明、办法不多。

（2）龙头企业集聚程度低

有一些农业产业化示范基地，龙头企业数量少、实力弱，企业间分工协作不够，规模效应不能很好发挥。同一产业类型的企业之间存在产品种类、生产工艺、目标客户雷同，低水平同质化竞争激烈，制约了产业集聚集群作用的有效发挥。

（3）产业链条不完整

一些农业产业化示范基地有规模的生产基地，但缺乏足够的加工转化能力；有的示范区缺乏配套原料基地，产能严重过剩；有的示范区缺乏与市场的有效对接，产品销售不畅；包装、仓储、物流等配套产业发展滞后，服务功能不完善。

（4）运行机制不健全

目前，各地不断探索与示范区相适应的利益联结机制，但方式不多，利益关系不够紧密，龙头企业集群和合作社有效对接还不够，尚未形成新的利益联结模式，示范区带农惠农的效应没有得到充分发挥。一些示范区还没有建立起有效的运行管理机制，缺乏相应的风险保障和监督约束机制。基础设施不完善，公共服务水平较低。

三、创建农业产业化示范基地的指导思想和主要目标

1. 指导思想

创建农业产业化示范基地，要深入贯彻落实科学发展观，紧紧围绕转变农业发展方式，以促进现代农业建设和农民增收为目标，推进龙头企业集群发

展，集成优化资源配置；加快科技进步与创新，提升农业整体竞争力；完善产业链建设，构建现代农业产业体系；引导龙头企业与农民专业合作社有效对接，创新农业产业化发展模式，提高农业组织化水平，增强辐射带动能力，推动农业产业化跨越发展。

2. 基本原则

（1）坚持机制创新，增强带动能力。创建农业产业化示范基地要完善现有农产品加工物流园区的服务功能，充分发挥龙头企业、专业合作社和农民的作用，加强各主体之间的联合与合作，建立合理的利益联结机制，提升辐射带动能力。

（2）坚持耕地保护，尊重农民意愿。创建农业产业化示范基地必须严格保护耕地，不得改变土地性质和用途，严禁各种圈地和滥占耕地行为。充分尊重农民意愿，按照依法自愿有偿，开展土地承包经营权流转，引导发展适度规模经营，规范管理设施农业建设用地，维护农民合法权益。

（3）坚持因地制宜，科学有序推进。创建农业产业化示范基地要从实际出发，紧密结合优势农产品区域布局规划和特色农产品区域布局规划，科学制定发展规划。要立足本地资源禀赋和区位优势，选择适宜本地区的发展模式，不搞一刀切，不重复建设，不盲目发展。

（4）坚持市县为主，加强部省指导。创建农业产业化示范基地以市县为主，制定扶持政策，组织实施各项建设任务。各级农业部门要加强工作指导，研究解决示范基地发展中的突出问题，形成责任明确、分工协作、合力推进的工作机制。

3. 主要目标

通过创建农业产业化示范基地，到“十二五”期末，力争实现“四大一创新”的发展目标：

（1）做大龙头企业，加强企业联合合作，培育一批产业关联紧密、分工协作、功能互补的大型龙头企业集群；

（2）做大农业生产基地，推进农业生产经营专业化、标准化、规模化、集约化，建设一批与优势产区有效对接的大型生产基地；

（3）做大农产品品牌，强化农产品质量管理，打造一批产品竞争力强、市场占有率高、影响范围广的大品牌；做大农产品流通，积极推进批发市场改造升级，大力发展电子商务等现代物流方式，构建高效、便捷、快速的农产品大流通体系；

（4）创新农业经营体制机制，建立龙头企业、专业合作社、农户之间的新型利益联结关系，探索发展农业投融资、科技研发推广、风险保障等机制。

四、创建农业产业化示范基地的主要任务

1. 推进龙头企业集群集聚，培育壮大区域主导产业

重点支持粮棉油、“菜篮子”产品、特色农产品大型生产、加工、流通企业发展。鼓励龙头企业通过联合、重组、兼并、参股等方式，扩大企业规模、壮大企业实力，培育大型龙头企业和企业集团；引导龙头企业向优势农产品产区集中，促进企业集群集聚，带动主导产业发展；开展农产品精深加工，发展配套服务业，形成完整的产业体系；发挥东部地区龙头企业资金、技术、人才等方面的优势，积极与中西部龙头企业开展合作，促进产业优化升级。

2. 强化上游产业链建设，带动农业标准化、规模化生产

鼓励龙头企业增加基础设施投入，大力发展农产品生产基地建设。建立健全生产操作规范和流程，对生产过程进行全程记录，构建“从田头到餐桌”的质量追溯制度。加强投入品管理，节约集约使用生产资料，实现清洁化生产。支持原料基地建设与高产创建示范片、标准化园艺基地、健康养殖小区等工程紧密结合。引导信贷、工商、民间等资金投向原料生产基地建设，改善农业基础设施，提高农业综合生产能力。

3. 推动创新要素向企业集聚，提升农业科技创新与应用能力

集成农业产业化示范基地内龙头企业技术人才、实验设备等资源，建立技术研发中心和成果孵化中心，形成科研开发推广公共服务平台。推动龙头企业集群和国家现代农业产业技术体系结合，研究开发促进产业升级的重大关键技术，尽快转化为现实生产力；推动龙头企业集群与科研院所开展多种形式的联合，共同开发先进适用的新技术、新品种、新工艺，加强示范和应用；推动龙头企业集群与农业科技推广体系合作，为专业合作社与基地农户提供新品种应用、生产技术指导、质量管理、疫病防治等服务。

4. 实施品牌发展战略，提高农产品质量安全水平

集成龙头企业品牌优势，打造区域品牌，提升品牌价值。支持龙头企业开展无公害农产品、绿色食品、有机食品认证和 ISO 9000、HACCP 等质量控制体系认证，建立健全产品检验检测制度，以质量创品牌。强化具有知识产权和

特色农产品品牌保护，支持农产品地理标识认证。开展品牌推广与营销，鼓励龙头企业开设直销店和连锁店，积极与大型连锁超市、批发市场对接，拓展市场空间。利用报刊、电视、网络和展销、展示会等手段，加大品牌宣传推介力度，提高品牌的知名度和影响力。

5. 完善农产品市场功能，促进现代物流业发展

推动龙头企业集群与专业批发市场对接，形成与主导产业紧密联系的原料及加工制品集散中心。支持龙头企业加强储藏、运输和冷链设施建设，建立类型多样、功能完善、物畅其流的现代物流体系。充分利用龙头企业信息网络资源，鼓励有条件的龙头企业建立网上展示交易平台，发展电子商务。探索以农业产业化示范基地为单元，采集发布农产品采购价格指数，为宏观决策提供参考，为企业、合作社和农户提供指导服务。

6. 支持龙头企业与专业合作社联合合作，增强辐射带动力

多种形式推动龙头企业与专业合作社对接，引导专业合作社和专业大户入股龙头企业，与企业结成更加紧密的利益共同体，共享发展成果。鼓励龙头企业建立和完善为基地农户服务的专门机构，提供购销、农资、技术、信息等服务。探索建立风险防范机制，采取政府支持、企业出资、专业合作社和农户参与的方式，设立风险基金，增强产业抗风险能力。支持龙头企业集群资助农户参加农业保险、提供信贷担保，创新服务内容和方式，增强企业辐射带动能力。

五、建设农业产业化示范基地的经验和政策建议

1. 建设农业产业化示范基地的主要经验

从目前的实际情况来看，一些地方在探索农业产业化示范区建设过程中，积累了有益的经验和做法，对于全面推进农业产业化示范区建设具有重要借鉴意义。

（1）把推动龙头企业集群集聚作为农业产业化示范基地建设的主线

从各地实践看，龙头企业集群集聚是在市场选择过程中探索出的一种新型产业组织形态，具有要素集成率高、组织协同性强、产业集中度高、规模效益递增的功能特征，必须把推进龙头企业集群集聚贯穿于农业产业化示范基地建设的全过程。根据当地资源和区位优势，科学规划产业布局，统筹完善基础设施，优化市场发展环境，支持龙头企业向优势产区集中。引导企业兼并重组和

战略整合，鼓励企业加强联合与分工协作，发挥企业集群效应，增强企业整体竞争力。

（2）把培育壮大主导产业作为农业产业化示范基地建设的主攻方向

主导产业是实现企业集群效应的必要条件，也是农业产业化示范基地建设的重要支撑，必须将培育壮大主导产业作为农业产业化示范基地建设的首要任务。在农业产业化示范区建设中，依托当地资源禀赋，明确优势产业，集成利用各种生产要素，发展专业化、标准化、规模化生产，扩大产业规模，化资源优势为产业优势。加快农业新品种、新技术、新工艺引进的研发和应用，推进产业优化升级，提高集约化水平和比较效益，把主导产业做大、优势产业做强，化产业优势为经济优势。

（3）把强化产业链建设作为农业产业化示范基地建设的重要着力点

打造完整的产业链条是增强产业竞争力、提高农业效益的重要途径。在产业化示范区建设中，必须抓好产业链建设。强化良种繁育，发展农业生产服务，大力推进高标准原料基地建设。发展农产品精深加工，提高产品附加值。完善包装、仓储、运输、营销、信息等配套服务，健全产业体系。整合品牌资源，打造区域品牌，提升品牌价值，增强产业的核心竞争力。理顺产业链不同环节企业关联性、协调性，提高专业化分工与协作水平，保证上中下游环节之间有效衔接，构建各环节有机协调、配套服务健全、功能相对完善、竞争力较强的完整产业链条。

（4）把增强惠农带农能力作为农业产业化示范基地建设的出发点和落脚点

农业产业化示范基地是基于提高农业产业化经营水平要求而发展起来的，其核心是建立企业与农户之间更加合理的利益分配关系，使农民与龙头企业共享发展成果，实现互利共赢。推动龙头企业集群采取多种形式与专业合作社有效对接，引导合作社和专业大户入股龙头企业，鼓励龙头企业联合创办、领办专业合作社，形成新型的利益联结关系。支持龙头企业合作建立为基地农户服务的专门机构，为农户提供购销、农资、技术、信息等服务。鼓励龙头企业共同出资，联合建立风险基金、信用担保公司，增强产业抗风险能力。强化企业社会责任和行业自律，建立龙头企业协会，完善监督约束机制，维护企业和农户权益。

（5）把完善扶持政策作为农业产业化示范区建设的重要支撑

从发展的实践看，政府引导是农业产业化示范区建设的重要推动力，完善的扶持政策是推动农业产业化示范区建设的必要手段。应加强示范基地运行情况统计分析，了解龙头企业生产经营、基地建设、市场变化、带动农户等情况，为宏观指导和制定政策提供依据和参考。认真总结基层支持农业产业化示范区建设的政策措施，研究支持示范区建设的重点、环节、方式，出台与农业产业化示范区相适应的政策措施。

2. 建设农业产业化示范基地的政策建议

建设农业产业化示范基地是一项系统工程，涉及多领域、多部门、多行业，需要加大支持力度，创新服务方式，完善推进措施，为农业产业化示范基地建设提供政策保障。在总结各地经验的基础上，针对当前示范区建设的薄弱环节，可提出以下政策建议：

（1）加大财政投入

坚持“存量适度调整、增量重点倾斜”的原则，设立农业产业化示范基地专项资金，通过补贴、补助、贷款贴息、以奖代补等方式，支持示范区基础设施建设以及技术、融资、营销和物流信息公共服务平台建设，提高示范基地服务企业和农户的能力。将农业产业化示范基地纳入农业综合开发资金、节能减排资金、中小企业发展资金和农业政策性保险的支持范围，加快农业产业化示范基地建设。

（2）制定税收优惠政策

进一步扩大农产品初加工所得税优惠范围，统一农产品深加工增值税进销项税率，支持龙头企业发展。加强调查研究，尽快出台适应示范基地特征的税费优惠政策，对示范基地的龙头企业给予所得税、增值税和营业税优惠，对示范基地内龙头企业建设用地给予税收减免，示范基地内龙头企业研发新产品、新技术、新工艺的各项费用在税前列支。

（3）加大金融支持

积极协调金融机构为农业产业化示范基地提供优质服务，创新服务方式，采取集中授信、优惠利率、简化手续、降低门槛等方式，对农业产业化示范基地基础设施建设、技术改造、收购资金等方面给予贷款支持。鼓励示范基地内龙头企业成立贷款担保公司和采取互保、联保等方式，为企业贷款提供担保。支持龙头企业通过上市、发行债券等方式融通资金。

（4）制定用地、用水、用电等优惠政策

积极协调国土部门，将示范基地用地纳入土地利用总体规划，保障龙头企业建设用地。加强与物价、电力、水利等部门沟通，制定农业产业化示范基地用水、用电等相关支持政策，保证龙头企业生产经营需要。强化与质检、认证等部门的合作，对示范区龙头企业开展产品质量认证、检验检测等方面给予费用减免。

第四节　农业产业化龙头企业带动产业集群升级的对策

由前面章节的分析可以看出，大型龙头企业对于提高产业集群的创新水平，带动集群升级具有非常重要的作用。龙头企业作为产业集群发展的关键部分，必须不断加强自身修炼，稳步提升自身实力和市场竞争力，从而提高产业集群的规模经济性、创新能力以及抵御风险的能力，促进产业结构的升级调整。

一、选择合适的发展战略

1. 产业链打造战略

美国哈佛商学院波特教授认为，企业每项生产都是创造价值的经济活动。由此，企业所有的互不相同但又相互关联的生产经营活动，便构成了创造价值的一个动态过程，即价值链。价值链理论把企业的生产经营活动分成主体活动和支持活动，前者是指生产经营的实质性活动，可以分为内部后勤活动、制造、外部后勤、市场营销和售后服务等活动；后者主要包括采购管理、技术开发、人力资源管理、基础结构等活动。一个企业可以从事互不相同但相互关联的产业，各种产业之间相互服务，构成一个完整的产业链。

龙头企业在运作过程中不断加强和完善价值链构建和管理，使各项生产经营活动构成一个统一的整体，从而有利于农业产业集群升级。

2. 成本领先战略

成本领先战略是指企业通过在企业内部加强成本控制，在研究、开发、生产、销售、服务和广告等领域里把成本降到最低限度，从而可以用低价占领市场，赢得竞争优势的战略。这种战略可以降低替代品的威胁，为竞争对手设置进入障碍，从而增强企业自身讨价还价的能力，保持领先的竞争地位。

实施成本领先战略，有利于农业产业化龙头企业扩大市场份额，壮大自身实力和市场竞争力，使其在农业产业集群升级中进一步发挥引导和带动作用。

3. 联盟战略

我国龙头企业由于各种原因，在人力资源、管理、营销、技术等方面都处于缺乏竞争力的状态，如何尽快扭转这种状况，便成为很多龙头企业需要思考的课题。近年来，大批跨国公司的进入，在很多先进的经营理念上成为中国企业的启蒙者。其中，标准化理念被越来越多的中国企业所接受。龙头企业与管理比较成熟的国内外大公司进行松散或紧密的结盟，可以引进先进农业技术，学习西方先进的管理经验，促进自身实力提升，从而取得比较好的成效。

二、加强和完善企业人力资源管理和高水平人才引进

我国作为一个具有 14 亿多人口的大国，人力资源比较丰富，但高素质、高科技人才在我国还属于稀缺资源。龙头企业优势在于可以用比较低的成本招募到一定数量的劳动力，劣势在于难于吸引到高素质的人力资源。当龙头企业发展到一定规模，需要将自己的业务领域延伸到资本运营等知识技术密集型行业时，便会遭遇人力资源瓶颈。

人力资源管理活动包括人力资源规划、工作分析、员工招聘、员工培训、绩效管理、员工关系管理、薪酬与福利、职业生涯规划、人力资源管理诊断等活动，最终形成一个完整的人力资源管理体系。这个体系，包括五项基本工作，即 5P 模型：识人（Perception）、选人（Pick）、用人（Placement）、育人（Professional）、留人（Preservation）[1]。通过这种体系的建设和运转，加强企业内部人力资源管理，注重引进高层次人才，将龙头企业人力资源工作纳入有序发展的轨道。

三、加大科技研发与投入，促进产品和服务升级

农业企业层次低，产品技术含量低，是制约我国农业产业化龙头企业发展的重要原因。农业产业化龙头企业想要优化产业结构，必须不断加大科技投入和新产品开发力度，使中间产品向终端产品发展，初加工向深加工发展，普通加工向精、深、特产品加工发展，提高产品科技含量，努力形成核心竞争力。要继续通过多种形式与科研机构合作，开展科技联姻活动，共同开发和推广新

[1] 郑晓明：《现代企业人力资源管理导论》（第三版），北京：机械工业出版社，2011 年版，第 20－22 页。

产品、新技术。积极自建研发机构，加快开发具有自主知识产权的新品种、新产品、新技术，不断提高自主创新能力。

四、加强企业品牌的塑造与维护

在市场经济时代，品牌塑造的重要性已经被越来越多的厂商所接受。品牌战略对任何一种行业或者企业都是非常重要的。品牌是一个企业重要的无形资产。因此，龙头企业应通过产品质量提高和相关配套服务的完善等途径，不断塑造自身的品牌优势。如果塑造品牌是基础，那么品牌的维护工作则是关键。在成功塑造了品牌效应后，若没能注重品牌维护工作，则可能会使先前辛辛苦苦建立起来的品牌在短期内不复存在。

龙头企业在品牌塑造和维护问题上要克服以下认识误区：品牌塑造是自己的事，不懂得利用企业外部资源和媒介；品牌只是产品商标，把产品目前销售情况好坏作为判断品牌工作好坏的标准；品牌只与产品有关，不懂得为品牌注入文化、特色等内涵；品牌塑造工作只是做广告、搞促销、四处参展等。

五、塑造良好的企业文化

卡梅隆认为，成功的企业通常都创造了一些特殊的东西替代了战略、市场形象或科技的领先优势。虽然战略、市场形象和科技领先非常重要，但高度成功的企业往往都投入了大量的精力来建设一种可以发展和管理与众不同的组织文化的力量。这种力量存在于一种强大而独特的文化之中。这种文化：可以降低集体的不稳定性（发展共用信息传递系统）；创建社会秩序（告诉员工企业的期望）；创造连贯性（在几代成员中保持核心价值观和公司章程）；创造集体身份和义务（凝聚集体里的每一个员工）；阐述未来的愿景（强化前进的步伐）❶。

企业的发展最主要包括三个层面：一是产品技术和生产经营层面；二是人才管理机制层面；三是文化价值观层面。小企业做产品，大企业做人，更大的企业做文化。龙头企业在发展过程中，往往看重资金、物资、设备、技术等硬件的投资，而忽视了对价值观、理念、战略设计等软实力的投资。

---

❶ ［美］金·S. 卡梅隆，罗伯特·E. 奎因：《组织文化诊断与变革》，谢晓龙译，北京：中国人民大学出版社，2006 年版，第 4 页。

目前，尚无研究表明何种企业文化的绩效最好，但良好的企业文化无疑是适合企业自身发展特点的文化。因此，龙头企业想要发展壮大，必须结合所处行业、组织架构等自身特点，形成文化和价值观管理意识，进行组织文化变革与诊断，塑造良好的企业文化。

六、积极创造有利于企业自身发展的外部环境

1. 协调各种关系，营造良好的发展环境

龙头企业的生存、成长和发展离不开环境中一些群体和机构的支持。我国农业产业化龙头企业要学会处理好以下关系：一是与所在区域经济社会综合发展的关系。龙头企业所在区域地方经济发展，居民收入提高，购买力随之提高，市场扩大，政府也有足够的财力进行各种基础设施建设和支持企业发展。龙头企业应该在所在地域经济发展中做出自己独特的贡献，用各种形式回报社会，赢得社会的尊敬和支持。二是建立风险补偿机制，建立风险基金，以补偿市场波动造成的企业亏损。三是建立法律保障机制，主要是规范合同的签订，保证合同的执行。

2. 谋求政府支持，共同拓展企业发展空间

龙头企业的战略实现，良好发展环境的营造离不开政府的作用。政府要注意自身的合理定位，根据农业产业化发展新阶段特点和新形势需要，制定一系列政策打破行业、地区界限，对省级以上龙头企业在财政、税收、信贷等方面继续加大支持力度，在农产品精深加工方面培育一批经营规模大、技术水平高、国际竞争力强的示范性和导向型龙头企业；还要对地方中小型龙头企业给予一定支持，在农产品原料收购和初加工基础上，发展一批小而精、小而特的加工群体，形成大小龙头企业互补、协调发展的新格局。

在环境营造过程中，政府要转变职能，从直接干涉企业内部管理转向提供“产权保护”“公共产品”“公共服务”，加强对企业的引导、服务、协调等宏观调控与管理职能，不可过分干涉企业自身的发展，促进农业产业化向着农业产业集群的方向发展。

第六章　农产品流通体系建设

农业作为国民经济的基础产业，为我国经济建设、社会发展和人民群众日常生活提供基本的农产品保障。近年来，在党和国家对包括农业生产在内的“三农”问题高度重视的大背景下，在以中央连续十年出台的有关“三农”问题的“一号文件”为代表的一系列惠农政策的支持下，我国粮食综合生产能力稳定提高，为保障国家粮食安全奠定了坚实基础。

与此同时，随着我国现代农业科技创新的普及和应用，以及以市场为导向的涵盖农产品生产、加工、销售一体化经营的农业产业化进程的不断推进，在传统农产品生产的基础上，农产品流通体系的建设正在发挥越来越重要的作用。农业产业化是一个立体概念，不仅包括农产品的生产，还包括农产品的加工和销售。因此，建立完善、高效的现代化农产品流通体系是实现农产品产销衔接和经济效益的重要保证，是促进农业产业化的必然要求。本章将在简要概述农产品流通体系的定义以及我国农产品流通体制演变的基础上，重点论述农产品流通体系建设的意义以及我国农产品流通体系建设的现状。此外，本章还将就电子商务时代背景下的农产品流通体系建设提出一些可行的对策。

第一节　农产品流通体系建设的意义

从广义概念上讲，农产品流通体系是指与农产品流通相关的各个要素互相作用、互相联系而构成的一个整体[1]。这些要素主要分为三类：第一类是农产品流通的主体，主要包括农户以及农民协会、农产品流通企业、经纪人、批发

[1] 任博华：“中国农产品流通体系的现状及优化建议”，《北方经贸》，2008 年第 10 期，第 58－62 页。

商、贩运商等中介组织；第二类是进行农产品交易的各类市场，如批发市场、零售市场（如超市）以及期货市场等；第三类是确保农产品顺畅流通的规范性制度和政策支持。在一般意义的讨论中，农产品流通体系主要是指农产品流通的主体和各类市场。

农产品流通体系处于农产品生产和销售之间的桥梁位置，是保证农产品实现其经济价值的关键环节，同时关系生产者和消费者的切身利益。加强农产品流通体系建设是进一步完善社会主义市场经济体制、发展现代农业的客观要求。在当前深入贯彻落实科学发展观，建设社会主义新农村的大背景下，农产品流通体系建设的意义显得更加重大。

一、加强农产品流通体系建设是促进农业产业化和现代化的必然要求

农业产业化经营发端于20世纪80年代中后期，是我国继家庭承包经营之后在农村经营和组织制度方面的又一制度创新，是实现农业现代化的有效途径和重要保证。农产品流通体系是连接小生产与大市场的枢纽，与农业产业化经营相辅相成：一方面，农业产业化是农产品流通体系建设的基础，农业产业化程度的提高必然要求并促进农产品流通体系建设向更高层次发展；另一方面，农产品流通体系建设对于以市场为导向的农产品销售具有重要意义，能够进一步促进农业产业化发展。

产业经济的发展应该是生产领域与流通领域共同优化、互相促进的结果，尤其是在当今通信与物流高度发达、全国乃至全球经济趋于一体化的背景下，产品流通的效率和质量占据越来越重要的地位。因此，现代农业的发展不仅取决于农业的产业化经营，同时取决于是否能够建立完善的、符合现代农业发展要求的农产品流通体系。

二、加强农产品流通体系建设是解决“三农”问题和建设社会主义新农村的有效途径

改革开放以来，“三农”问题一直是我国经济社会问题的重中之重。早在改革初期的1982～1986年，中央就曾连续五年发布有关农业、农村和农民问题的“一号文件”。到了21世纪的2004～2013年，中央再次连续十年发布关注“三农”问题的“一号文件”。其中，党的十六届五中全会正式提出了建设

社会主义新农村的重大部署。尽管由国家统计局发布的2011年宏观经济数据显示，我国城镇人口首次超过了农村人口，即在人口结构意义上我国的城镇化率已经超过50%，但我国仍有约半数主要从事农业或农产品生产的庞大农村人口群体。因此，“三农”问题仍然是我国经济社会发展的重要问题。“三农”问题的核心是农民增收问题，建设社会主义新农村的首要要求和前提是农业生产的发展，而加强农产品流通体系建设是拉动农村经济增长，从而促进农业生产和农民增收的有效途径。

长期以来，造成农民增收难的主要原因之一是农业生产与市场脱节所造成的农产品结构的不合理。通过加强农产品流通体系建设，一方面，可以建立连接产销两地的相对稳定的流通渠道，保证农产品的销售；另一方面，稳定的流通体系能够提供及时、充分的市场信息，便于农户调整农产品结构以适应市场需求，获得最大化收益。此外，完善的现代化农产品流通体系有助于地方农业产业化水平的提高，农民可以在农业产业化龙头企业以及各类中小规模经济组织、合作社的带动下实现与市场的对接，或是以农产品、种植技术、土地租赁等方式参与一体化经营。因此，农产品流通体系建设能够有效解决农产品的产销难题，促进农民增收和农业生产发展，为社会主义新农村建设奠定基础。

三、加强农产品流通体系建设是保证农产品供应，满足人民群众消费需求的客观需要

农产品流通体系不仅仅关系到农业产业的发展和农民的增收，也关系消费者的切身利益。人口众多是我国的基本国情之一，并且随着城镇化率的提高，直接从事农业生产的人口比重相对下降，因此加强农产品流通体系建设的基本目标是确保粮食供应，满足人民群众对农产品的日常消费需求。长期以来，我国已经形成了产地市场、销地市场、集散市场统筹发展，综合市场与专业市场互补互进，以大中城市为核心，遍布城乡的多层次、多元化的农产品市场流通格局。不同层次的农产品批发市场在城乡农产品流通、交易和确保城乡市场供应中发挥着不可替代的功能和作用[1]。

改革开放以来，随着我国经济实力的迅速增长，城乡居民收入迅速增加，

[1] 商务部流通产业促进中心：“中国农产品流通发展报告（上）”，《中国流通经济》，2009年第1期，第13－17页。

消费能力迅速增强，居民对农产品的消费需求也不仅仅停留在量的层面，而更加注重其品质、安全、卫生以及便利等更高层次的因素。这种需求结构的转型也为农产品流通体系的效率和质量提出了新要求：一方面，对于具有特定季节性、地域性以及保鲜期限的农产品，需要有更加高效、系统的流通体系保证其完成生产、加工和销售的一体化过程；另一方面，加强农产品流通体系建设，建立规范化、高品质的流通体系，有助于保证广大人民群众所关心的农产品安全问题。

四、加强农产品流通体系建设是我国农业产业迎接国际挑战，增强自身国际竞争力的必由之路

随着我国社会主义市场经济体制的不断深化以及世界和区域经济一体化进程的迅速推进，尤其是在2001年加入世界贸易组织后，我国的农产品市场正处于一个前所未有的开放环境中，我国的农业产业不得不面对更加激烈的市场竞争。一方面，国外农产品有机会借助国内外零售商进入中国市场，抢占传统上本土农产品的市场份额；另一方面，中国的出口农产品则在技术、品质标准等方面屡屡遇到壁垒。在这种情况下，我们应该认识到，我国农业产业与其他国家的竞争既体现在生产领域，同时体现在流通领域。建设更加完善、高效的农产品流通体系有助于降低我国农产品的流通成本，进而增强其市场竞争力。

小资料

我国鲜活农产品流通体系建设的目标和任务

2011年12月31日，国务院办公厅出台了《关于加强鲜活农产品流通体系建设的意见》（以下简称《意见》）[1]。《意见》指出，我国农产品流通体系建设的主要目标是以加强产销衔接为重点，加强鲜活农产品流通基础设施建设，创新鲜活农产品流通模式，提高流通组织化程度，完善流通链条和市场布局，进一步减少流通环节，降低流通成本，建立完善高效、畅通、安全、有序的鲜活农产品流通体系，保障鲜活农产品市场供应和价格稳定。

---

[1] 意见全文可参见中央人民政府网，http：//www.gov.cn/zwgk/2011 - 12/19/content_2023641.htm.

《意见》同时提出了我国农产品流通体系建设的七个重点任务：

加强流通规划指导，促进市场合理布局。制定全国农产品批发市场发展指导文件，明确指导思想、发展目标、主要任务和政策措施。地方各级人民政府要依据城市总体规划和城市商业网点规划，制定并完善本地区农产品批发市场、农贸市场、菜市场等鲜活农产品网点发展规划，逐步形成布局合理、功能完善、竞争有序的鲜活农产品市场网络。

加快培育流通主体，提高流通组织化程度。推动鲜活农产品经销商实现公司化、规模化、品牌化发展。鼓励流通企业跨地区兼并重组和投资合作，提高产业集中度。扶持培育一批大型鲜活农产品流通企业、农业产业化龙头企业、运输企业和农民专业合作社及其他农业合作经济组织，促其做大做强，提高竞争力。

加强流通基础设施建设，提升流通现代化水平。加强鲜活农产品产地预冷、预选分级、加工配送、冷藏冷冻、冷链运输、包装仓储、电子结算、检验检测和安全监控等设施建设。引导各类投资主体投资建设和改造农产品批发市场和农贸市场、菜市场、社区菜店、生鲜超市、平价商店等鲜活农产品零售网点。发展电子商务，扩大网上交易规模。鼓励农产品批发市场引入拍卖等现代交易模式。加快农产品流通科技研发和推广应用。

大力推进产销衔接，减少流通环节。积极推动农超对接、农校对接、农批对接等多种形式的产销衔接，鼓励批发市场、大型连锁超市等流通企业，学校、酒店、大企业等最终用户与农业生产基地、农民专业合作社、农业产业化龙头企业建立长期稳定的产销关系，降低对接门槛和流通成本，扩大对接规模。多措并举，支持农业生产基地、农业产业化龙头企业、农民专业合作社在社区菜市场直供直销，推动在人口集中的社区有序设立周末菜市场及早、晚市等鲜活农产品零售网点。

强化信息体系建设，引导生产和消费。加强部门协作，健全覆盖生产、流通、消费的农产品信息网络，及时发布蔬菜等鲜活农产品供求、质量、价格等信息，完善市场监测、预警和信息发布机制。联通主要城市大型农产品批发市场实时交易系统，加强大中城市鲜活农产品市场监测预警体系建设。

完善储备调运制度，提高应急调控能力。建立健全重要农产品储备制度。完善农产品跨区调运、调剂机制。城市人民政府要根据消费需求和季节变化，合理确定耐贮蔬菜的动态库存数量，保障应急供给，防止价格大起大落。

加强质量监管，严把市场准入关口。加快鲜活农产品质量安全追溯体系建设，进一步落实索证、索票和购销台账制度，强化质量安全管理。建立鲜活农产品经常性检测制度，实现抽检标准、程序、结果“三公开”，对不符合质量安全标准的鲜活农产品依法进行无害化处理或者监督销毁。

第二节　农产品流通体系建设的现状

加强农产品流通体系建设，建立适应大市场、大流通的农产品流通体系是我国实现农业现代化和农村经济进一步发展的必然选择。新中国成立以来，我国的农产品流通体制经历了长期的探索和发展变化过程。改革开放前，我国的农产品流通在计划经济体制下长期处于统购统销阶段，农产品的生产和流通受到严格的行政限制，无法反映真实的供求状况，与市场严重脱节。改革开放以来，我国开始了探索中国特色社会主义道路的进程。这一历史性探索始于以家庭联产承包责任制以及农业产业化经营为代表的农村经营体制和组织制度创新，与此同时，我国开始对农产品流通体制进行以市场为导向的循序渐进的改革❶。1979 年到 1991 年，我国对农产品流通体制进行初步的放开搞活式改革，逐步减少农产品统购统销的计划体制限制，提高了农业生产的积极性和效率。1992 年社会主义市场经济建设全面展开后，我国农产品流通体制的市场化改革稳步推进，不断深化。目前，我国的农产品流通基本形成了以民间经营为基础、以市场导向为机制、企业自主经营、政府适度调节的适合我国当前生产和消费发展状况且比较有效的农产品流通体制❷，基本能够适应大市场、大流通的要求。此外，随着农业生产能力的稳步提高和农业产业化经营的稳步推进，进入流通领域的农产品的来源也发生了变化，即农产品不仅来源于农民自给自足后的剩余部分，而且由市场需求引导的专门化生产的农产品占据了越来越高的比重。

从农产品流通体系的结构来看，其最主要的组成要素是农产品的流通主体和流通市场，我国新型农产品流通体系的现状及其特点也主要体现在这两个方面。

---

❶ 戴化勇：“我国农产品流通体制的历史、现状及改革措施”，《物流工程与管理》，2009 年第 4 期，第 33 – 36 页。

❷ 商务部流通产业促进中心：“中国农产品流通发展报告（上）”，《中国流通经济》，2009 年第 1 期，第 13 – 17 页。

一、农产品流通主体

从传统的农产品流通渠道来看，农户主要通过以下三种途径出售农产品：第一，在城市或乡村的农贸市场将农产品直接销售给最终消费者。这种流通方式不涉及中介环节，流通主体只有农户自身。第二，在产地批发市场将农产品销售给农产品批发商。批发商充当了农产品生产者和最终消费者之间的中介角色，农户与批发商均为流通主体。第三，在产地将农产品直接出售给前来收购的贩运商。贩运商从农户手中收购农产品后再运销至其他地方进行转卖，同样充当中介的角色。因此，传统意义上的农产品流通主体主要包括了农户、批发商、贩运商以及最终零售商等。

随着农业经营的产业化和市场化，我国农产品流通市场已经初步形成了多元化主体竞争的基本局面，不断涌现出多样化的市场流通主体。首先，以农业产业化龙头企业为代表的各类农业企业的出现为农产品流通提供了新渠道，成为新的流通主体。农户与企业通过合同契约、股份参与等利益联结机制形成相对稳定的购销关系，实现农产品生产、加工、销售的一体化经营。目前，我国各级农业产业化龙头企业已达 4 300 多家[1]，这种“农户 + 企业”的农产品流通模式正在发挥越来越重要的作用。其次，以农业协会、合作社等为代表的中介主体大量出现。在分散的农户与企业的合作过程中，由于双方利益出发点不同且存在信息不对称的情况，因此往往缺乏有效的利益联结机制和风险防范机制。企业不能实现对农户的有效组织和监管，而分散化农户也难以获得与企业平等的博弈地位，这影响到了双方合约的约束力和合作的基础。因此，农民协会、合作社等农产品流通中介组织的出现在农户与企业之间起到信息沟通和互相制衡的作用，形成了“农户 + 农民协会/合作社 + 企业”新型的农产品流通模式。一方面，农民协会/合作社等农民组织代表农户与企业签订合约并维护合约的履行，一定程度上增强了分散化农户在合作关系中的博弈能力；另一方面，企业通过农民协会/合作社等组织也能对农户及其农产品生产活动进行更有效的监督和约束。截至 2009 年年底，我国就已经有农产品经纪人协会 2 609 家，活跃在农产品流通市场上的经纪人有 600 多万人，加上季节性从业者则高达 1 000 多万人，其中具有经纪执业资格的人员近 20 万人。各级协会及农产

[1] 王晓红：“我国农产品现代流通体系建设研究”，《经济体制改革》，2011 年第 4 期，第 73 - 76 页。

品经纪人每年直接收购和帮助农民推销农产品近万亿元，在搞活农产品流通、促进城乡市场繁荣发展发挥了积极作用[1]。根据国务院发布的《全国现代农业发展规划（2011～2015年）》，2010年，我国各类农业产业化组织带动的农户数量为1.07亿户，到2015年，这一数字将达到1.3亿户[2]。此外，在我国目前的农产品流通体系中还活跃着大量农产品经纪人。

二、农产品流通市场

与农产品流通主体多元化相对应的是，我国也已基本形成了产地市场、销地市场和集散市场统筹发展，综合市场和专业市场互补互进，以大中城市为核心，遍布城乡的多层次、多元化的市场流通格局[3]。其中，农产品批发市场、超市以及自营连锁店是三种常见的农产品流通市场。

1. 作为农产品流通体系核心的批发市场

农产品批发市场是为农产品集中批发交易提供场所的有形市场，是我国农产品流通的核心和枢纽。从功能来看，农产品批发市场不仅是农产品集散的场所，同时承担着农产品价格形成、产销信息流通等功能。农产品批发市场是我国农产品流通体制改革的结果，其出现和发展大体经历了五个主要阶段：（1）新中国成立到1978年以前，城乡集贸市场屡遭遏制取缔，农产品批发市场缺乏赖以孕育、生存的体制环境和物质基础；（2）1978年至1984年，随着集市贸易的开放以及“菜篮子”产品的产销体制改革率先取得突破，我国农产品批发市场开始萌芽；（3）1985年至1991年，国家全面改革农产品统购统销制度，农产品批发市场蓬勃兴起与发展；（4）1992年至2000年，农产品批发市场快速发展，以批发市场为中枢的农产品市场体系基本形成；（5）2001年以来，农产品批发市场由数量扩张转向质量提升，在抓好基础设施升级改造同时，重点完善市场信息化、质量安全监管等现代物流功能[4]。

目前，我国已在农产品集中产地、集散地和大中城市建立起互相衔接、互

---

[1] 新华网：“我国已有2600多家农产品经纪人协会”，http：//news.xinhuanet.com/fortune/2009－11/20/content_12509991.htm.

[2] 国务院：“全国现代农业发展规划（2011～2015年）”，2012年1月。

[3] 商务部流通产业促进中心：“中国农产品流通发展报告（上）”，《中国流通经济》，2009年第1期，第73－76页。

[4] 市场与经济信息司主编：《中国农产品批发市场发展研究报告》（2010），北京：中国农业大学出版社，2010年版，第1－6页。

相配套的中央级和区域级农产品批发市场网络。根据国家工商行政管理局统计，自2001年以来全国农产品批发市场数量稳定在4 100～4 300个之间，而单体市场的交易规模明显扩大[1]。从近年的数据看，据相关行业组织统计，2007年，我国亿元以上农产品批发市场交易总额约9 300亿元人民币，约占国内生产总值的5%，占农业生产总值的37%；全国经由农产品批发市场交易的农产品比重高达70%以上，这一比重在北京、上海、广州、深圳、成都、沈阳等大城市已超过80%[2]。截至2008年年底，我国共有农产品批发市场约4 150家，其中产地市场约1 600家，销地市场约2550家；亿元以上主要农产品交易市场1 551家，其中农产品综合市场830个，专业市场721个[3]。另据农业部2009年不完全统计，全国共有农产品批发市场3600多个，年交易总额14 488.9亿元，平均每个市场年交易4亿元；其中，产地（含产销结合）型市场2631个，占农产品批发市场总数的72.9%，销地型市场975个，占27.1%[4]。目前，我国有4 300多家农产品批发市场，其中950多家批发市场的年交易额大都在1亿元以上，从事农产品批发的有400～500多万户[5]。

小资料

“双百市场工程”[6]

为加强农产品现代流通体系建设，提高我国农产品的国际竞争力，商务部决定从2006年起在全国实施“双百市场工程”。“双百市场工程”的主要内容有两项：一是重点改造100家大型农产品批发市场。二是着力培育100家大型农产品流通企业。

---

[1] 市场与经济信息司主编：《中国农产品批发市场发展研究报告》(2010)，北京：中国农业大学出版社，2010年版，第7页。

[2] 商务部流通产业促进中心：“中国农产品流通发展报告（上）”，《中国流通经济》，2009年第1期，第73－76页。

[3] 商务部流通产业促进中心：“中国农产品流通发展报告（上）”，《中国流通经济》，2009年第1期，第73－76页。

[4] 市场与经济信息司主编：《中国农产品批发市场发展研究报告》(2010)，北京：中国农业大学出版社，2010年版，第7页。

[5] 农博网：“2011年全国农产品批发市场信息化工程座谈会在京举行”，http://finance.aweb.com.cn/2011/7/4/22520110704160743210.html.

[6] 商务部：“商务部关于实施‘双百市场工程’的通知”，2006年2月。

商务部会同农业部、国家税务总局、国家标准委等部门，选择100家左右辐射面广、带动力强的全国性和跨区域农产品批发市场，重点加强物流配送、市场信息、检测检验、交易大厅、仓储及活禽交易屠宰区等基础设施项目建设，进而发挥标准化市场的示范作用和辐射效应，带动和引导农产品批发市场全面创新，设施完善，优化服务，规范经营。

商务部要求按照公开透明、择优推荐的原则选择大型农产品批发市场，各地推荐的大型农产品批发市场应具备以下条件：（1）经县以上人民政府或其授权部门批准设立，组织机构、规章制度健全，运营规范。其中，地级以上城市农产品批发市场应符合城市商业网点规划。（2）以批发交易为主，能够跨区域吸引经销商、批发商和大宗用户，交易商品辐射全国或者主要产销区，对主要农产品产销影响较大，并发挥主导作用。（3）年成交额在本地区同类市场中位居前列。其中，农产品综合批发市场年成交额，东部地区在20亿元以上，中部地区在10亿元以上，西部地区在5亿元以上；专业农产品批发市场年成交额，东部地区在8亿元以上，中部地区在4亿元以上，西部地区在2亿元以上。（4）各地推荐的市场应对照《农产品批发市场管理技术规范》（GB/T19575—2004）和《农产品批发市场管理技术规范实施细则》进行自测，评分结果需经省级商务主管部门认定。东部地区应侧重推荐软硬件设施相对完善、具有较强辐射带动能力、可以有效促进农产品出口的市场，综合评分在160分以上；中西部地区应侧重推荐具有明显区域特色、软硬件建设具备一定基础的市场，综合评分在120分左右。

“双百市场工程”的实施取得了积极成效，有效拓宽了农产品流通渠道，促进了农民增收，保障了市场供给和农产品流通安全，同时促进了地方经济发展。

按照所在地的不同，我国农产品批发市场主要分为三类：

（1）产地批发市场。产地批发市场一般位于农产品主要产区中交通等配套设施相对完善的区域，具有农产品集散功能，能够对周边地区的农产品供应产生辐射效应。目前，产地批发市场占我国农产品批发市场总量的1/3左右，是农产品流通体系中最基本的组成部分。产地批发市场的采购者既包括个体以及连锁超市等农产品终端销售商和农产品贩运商，也包括来自区域中转（集散）批发市场和销地批发市场的经销商。

（2）区域中转或集散批发市场。此类市场一般是依托于市场、交通、农业物流等优势区位条件而形成的以农产品远距离运输过程中的中转、集散为主要功能批发市场。区域中转（集散）批发市场并不一定位于农产品主产区，也不仅集散和交易本地农产品，其主要农产品一般来源于全国各地的农产品产地批发市场、专业化农产品生产基地、农产品贩运商、经销商和经纪人等。

（3）销地批发市场。销地批发市场主要位于城市，直接面对城市消费者和位于城市的农产品经销商，是为满足城市居民的农产品需求而产生的以农产品集散、交易为基本功能的批发市场。销地批发市场的农产品主要来自城市周边的农产品产地，但也有部分来自全国各地的专业化农产品产地以及区域中转或集散市场等。近年来，随着连锁经营方式的普及，超市等农产品零售商开始将农产品配送业务委托给销地批发市场，因此在销地批发市场中出现了农产品配送中心的新型流通模式。

小资料

2012 年 2 月 19 日，由农民日报社、聊城市人民政府主办的“农产品流通体系建设”研讨会在京举行。研讨会上，有关领导和专家学者从农产品在流通过程中遇到的问题入手，通过理论研讨、问题分析、案例分享等方式，探讨如何加强农产品产销衔接，完善农产品产销流通体系，构建协调服务联动机制，搭建信息共享平台，提高市场流通效率，解决“卖难买贵”等方面的问题，为加快推动我国农产品流通体系建设贡献智慧与方法。

中共聊城市委副书记王忠林指出，农产品物流体系建设，事关农产品稳定供给和农民持续增收，深入探讨农产品流通体系建设，对增强全社会农产品供给保障能力、确保农产品安全，有效解决农产品“卖难买贵”等诸多问题，具有重大的现实意义和深远的历史意义。山东聊城作为农业大市，在加强农产品流通体系建设方面基础良好。聊城市委、市政府对农产品流通企业给予大力支持，一批农产品流通企业正在加速成长，像聊城艾科农业科技发展有限公司就投资 50 亿元，正在建设占地 4 800 亩的聊城农产品物流交易中心，这个项目连续两年列入山东省重点建设项目，市场建成后，将会有力地促进我市乃至全国的农产品购销衔接，构建协调的服务联动机制，搭建信息共享平台，打造产地直达餐桌的有机农业体系，有效解决农产品的“卖难买贵”问题，将在农产品流通体系建设过程中充分发挥龙头带动作用。聊城将为实现“建设华北生态农业新城，打造中国有机农业之都”的宏伟目标而努力奋斗，为全国农产品流通体系建设探索积累经验❶。

2. “农超对接”模式下的超市农产品市场

在农产品流通体系内，与农产品批发销售相对应的是农产品的零售模式。近年来，随着连锁经营方式的普及和发展，在农产品批发市场之外，超市逐渐成为现代农产品流通体系的重要市场载体之一。与传统的农贸（菜）市场相比，超市中的农产品市场在产品质量、产品加工以及购物环境等方面都更具有竞争力。目前，城市中的大中型连锁超市基本都设有包括蔬菜、肉类等鲜活农产品的销售终端，农产品销售额占其总销售额的比重在15% ~30%❷。

超市成为重要农产品流通模式的过程中离不开国家产业政策的大力推动，其中“农超对接”模式的推出具有里程碑似的意义。所谓“农超对接”，其基本内容是指在国家的引导下实现从事农产品生产的农产品专业合作社、农户与从事农产品销售的超市直接对接，其本质是实现农产品产销的一体化。“农超对接”是我国现代农产品流通体系建设的重要举措，其意义主要体现在：首先，运用现代物流方式将农村小生产与城市大市场连接起来，避免了流通中的中间环节，有利于提高流通效率，降低流通成本，保证城市农产品成交价格和数量维持基本稳定；其次，“农超对接”的产销两端分别是农业合作社和超市，农民以专业合作社的形式参与到“农超对接”模式中来，有利于农民自身组织化程度的提高；再次，“农超对接”模式要求农产品生产直接面对城市消费者的需求，有利于提升农产品生产、加工的产业化程度，延长农产品产业链，增加农产品附加值，提高农民收入；最后，“农超对接”模式有助于提高农产品流通的质量安全水平，有利于解决人民群众日益关注的食品安全问题。

❶ 内容可参考农业部网站关于“农产品流通体系建设研讨会在京举行”的新闻报道，http：//www. moa. gov. cn/zwllm/zwdt/201202/t20120220_ 2485021. htm.

❷ 商务部流通产业促进中心：“中国农产品流通发展报告”，《中国流通经济》，2009年第1期，第73－76页。

小资料

“农超对接”模式的实施与发展

2008年12月，商务部、农业部联合下发了《关于开展“农超对接”试点工作的通知》，开始推进我国农产品生产、加工与超市农产品市场的对接工程。

2009年是“农超对接”模式实施和发展的重要阶段。9月，商务部办公厅提出了《关于做好农产品“农超对接”试点工作的意见》，进一步推进“农超对接”工作。据商务部介绍，发达国家流通企业发展订单农业的比重高，购销关系稳定。美国食用农产品经超市销售的比重占90%，日本占85%，马来西亚占70%，澳大利亚占65%，我国这一比重仅为15%左右。产销脱节、信息不灵是农产品买难、卖难时有发生的主要原因。为解决上述问题，2009年中央财政安排专项资金，在17个省区市支持了205个“农超对接”项目，带动社会投资40亿元，直接受益的农民专业合作社社员达11万人。“农超对接”试点模式积极推动流通企业发展订单农业，充分发挥流通引导作用，大幅减少农产品流通环节，建立集农产品生产、加工、包装、销售为一体的新型农产品供应链。据物美、家家悦、家乐福等大型企业反映，通过发展订单农业，农民销售农产品价格平均提高约15%，超市的售价下降15%，使农民、消费者、企业三方受益[1]。

2011年2月，商业部、农业部再次共同出台了《关于全面推进农超对接工作的指导意见》，并于同年10月至12月在全国范围内开展了“全国农超对接进万村”行动。在不到3个月时间内，商务部、农业部先后在杭州、西安、沈阳、武汉、石家庄和成都举行了6场活动，组织10家全国性连锁超市、209家地方性连锁超市和312家农民专业合作社开展对接洽谈，达成了一批长期合作意向，协议采购数量36万吨，采购金额20亿元[2]。

根据商务部最新发布的信息，我国农超对接取得了三大主要性成果[3]：

---

[1] 商务部介绍农村市场体系和农产品流通体系建设等，2010年1月30日，http：//www.gov.cn/gzdt/2010－01/30/content_ 1523305.htm.

[2] 商务部市场体系建设司：“‘全国农超对接进万村’行动圆满结束”，2011年12月，http：//scjss.mofcom.gov.cn/aarticle/wtojiben/wtojieshao/201112/20111207883600.html.

[3] 商务部例行新闻发布会实录（全文），2012年2月11日，http：//finance.sina.com.cn/roll/20120216/115511392202.shtml.

一是“农超对接”覆盖面不断扩大。截至2011年年底，全国开展“农超对接”的规模以上连锁经营企业已逾800家，从业人员200余万人，与超市对接的合作社已突破1.56万个，社员总数超过100万。据了解，开展“农超对接”，可以使超市降低约10%的生鲜农产品经营成本，使合作社社员年均增收4 000元。

二是“农超对接”水平不断提升。经过几年的探索和发展，大部分超市已经和对接合作社建立了利益互惠、风险共担的长效对接机制，“农超对接”水平有了很大提升。企业实力增强。开展“农超对接”的连锁经营企业平均注册资本接近1亿元，连锁门店总数超过5万个，总营业面积达4 600万平方米，冷链系统和配送中心等基础硬件设施明显改善。产品质量提高。为满足超市要求，越来越多的农民专业合作社建立了自己的检测室，对农残等指标严格把关，同时加快建设自有农产品品牌，据不完全统计，参与“农超对接”的合作社自有农产品品牌已超过7 000个。对接机制升级。山东家家悦超市为农民建立风险保障机制，先后对5万亩基地的15个蔬菜品种建立了最低收购保护价，同时还以合作入股的形式帮助合作社建设冷库，并对合作社的生产和经营活动进行指导，对接双方形成了紧密的利益共同体，推动了订单化农产品生产机制的建立。

三是“农超对接”形式不断创新 。大型连锁超市自建农产品生产基地。河北惠友商业连锁发展有限公司租赁土地2 000亩，自建农产品标准化示范园区，实施批量采摘和流通全过程封闭管理，进一步降低流通损耗，节约流通成本。搭建新型长效性对接平台。浙江省在各地建设名特优农产品展示展销中心，以此作为“农超对接”的长效性平台，克服了以往洽谈会、展销会等持续时间短、随意性强的弱点，有利于“农超对接”的持续深入开展。探索网上对接和农产品电子商务。陕西省以信息引导为抓手，在商务厅网站上建立了“陕西蔬菜产销对接平台”，组织各市、县商务主管部门及时发布当地蔬菜供求和价格信息，开展网上对接撮合，开辟网上蔬菜销售渠道。

对于“农超对接”的主要模式，可以从对接主体和对接主体之间的关系的两个维度进行分类。

从参与“农超对接”的主体类型来看，一般采用“超市+中介组织+农民”的基本结构。具体来看，可以分为“超市+农民合作社+农民”和“超市+龙头企业/基地+农民”两种主要的模式：一是家乐福超市所采用的是典型的“超市+农民合作社+农民”的“农超对接”模式。家乐福通过与各农产品产区的农业合作社的协议关系，从当地农民手中直接收购农产品，这种模式也被称为农产品的“直采”模式。在这种模式下，一方面由于采购量大的原因，采购价格相对便宜，另一方面由于无中间环节的直接采购降低了农产品流通成本，因此超市和消费者都能从中得到实惠。与此同时，流通成本的降低也使农民能够获得更多经济回报。二是麦德龙超市主要采用“超市+龙头企业/基地+农民”的“农超对接”模式。为保证农产品的安全质量标准，麦德龙在农产品产地收购或建立自己的农产品生产基地，这种农产品获得模式被称为“源头”模式。“源头”模式的最主要特征是超市直接参与农产品的生产，从农产品生产基地采购产品❶。

从对接主体之间的关系类型及紧密程度来看，可以分为一体化、市场化和联盟化三类模式：一体化模式是指超市和农业合作社在农产品生产、加工、销售的整个产业链资源整合基础上实现的紧密型“农超对接”模式。根据超市和农业合作社在一体化结构中的相对作用，又可以进一步划分为超市主导的一体化模式和农业合作社主导的一体化模式。市场化模式又称契约型模式，是指超市和农业合作社在互相独立的基础上通过合同协议等契约形成的“农超对接”模式❷。联盟化模式是相互独立的超市和农业合作社为实现某一共同目标而组成联盟，每个成员在各自领域内为联盟贡献自己的核心能力，相互联合起来实现优势互补、风险共担和利益共享。联盟化模式中各主体之间的关系密切程度低于一体化模式，高于市场化模式。

3. 自营连锁企业（店）

随着农产品流通体制的改革，国有和集体企业在农产品流通体系中的作用和比重逐步下降，而以农民为主体的农业生产、加工、贩运、销售的个体经营所占的比重越来越大。在城市农产品的零售模式中，除了大型连锁超市的生鲜农产品经营之外，还包括相当数量的中小型自营连锁企业，其零售店铺多分布在城市居民社区内。这些自营农产品连锁企业和连锁店是现代农产品流通体系的重要补充，为“农产品进城”提供了有效途径，为满足城市居民农产品消费需求发挥着重要作用。

---

❶ 沈敏：“农超对接的典型模式与发展的政策目标选择”，《交流平台》，2011 年第 6 期，第 285－286 页。

❷ 李圣军：“农超对接：农产品进城新模式”，《理论探讨》，2008 年第 9 期，第 10－11 页。

从农产品进货渠道来看，自营连锁企业、零售店与大型连锁超市基本类似，主要通过与农户、农产品生产企业、批发市场签订协议以获得农产品。而随着连锁企业规模逐渐增大，连锁店面逐渐增多，为保证农产品质量、食品安全及其销售价格的竞争力，往往与产地农业合作社或规模化农产品生产企业建立更稳定的基地生产关系。

总体上，自营连锁企业和零售店所销售的农产品品种和数量所占比重相对较小，原因在于其能够从生产基地获得的农产品品种非常有限，只能满足少部分的销售需求，而直接到产地采购的成本相对较高且不能满足季节性农产品的要求。因此，自营连锁企业和连锁店的大部分农产品还是通过批发市场及其配送中心和相关加工企业直接进货。

第三节　电子商务时代加快农产品流通体系建设的对策

近年来，随着互联网通信技术的快速发展，电子商务成为一种炙手可热的新型商业交易模式。电子商务借助互联网实现了不受时空限制的信息互联优势，能够实现非常方便、快捷、高效的商品交易。电子商务的发展为我国现代农产品流通体系的建设提供了有利条件，农产品产销双方能够通过互联网平台跨越空间障碍实现交易，这大大降低了农产品流通成本，同时提升了流通效率。

自1995年我国开始全面加强农村农业信息化建设以来，有关部门先后出台了一系列旨在提升农村和农业信息化水平的规划和政策措施，包括农村信息基础设施平台、农产品商务信息服务平台、农产品电子商务交易平台和农产品电子商务人才培养平台建设，为农产品电子商务的发展提供了良好的政策环境[1]。然而，我国目前的农产品流通体系的电子商务化水平仍然处于较低水平，要充分把握互联网和电子商务时代机遇，加快农产品流通体系建设，政府和农产品流通的各参与方都需要采取相应的对策和努力。

一、政府对策

首先，政府参与是促进农产品电子商务发展的关键，政府所提供的职能和

---

[1] 张胜军，路征，邓翔："我国农产品电子商务平台建设的评价及建议"，《农村经济》，2011年第10期，第103－106页。

政策支持为农产品电子商务发展的提供根本制度保障。政府在农产品电子商务建设的规划和宏观管理中发挥着不可替代的主导作用，体现在政府及其农业管理部门能够促进、协调、管理农产品电子商务的建设，制定出农业信息化与电子商务建设的标准和规划，支持农产品电子商务技术的研发，促进农产品电子商务的健康发展❶。

其次，加强信息基础设施建设，确保电子商务网络的普及、高效与畅通。政府主导大力完善我国互联网基础设施，提高城乡宽带网络覆盖率，为农产品流通领域的电子商务发展提供基础设施条件。此外，通过网络普及和优化降低网络使用成本，为农产品集中产区或生产基地的农户及相关企业建立和优化网络基础设施。

再次，加大电子商务人才培养力度，加快培育农产品信息队伍。在网络基础设施建设的同时，必须培养与之适应的农产品电子商务人才队伍。一方面，在高校人才培养方面注重电子商务领域的专业教育；另一方面，在政府引导下，组织高校、科研机构和职业培训机构等资源对农民、农业合作社以及农业企业等农产品流通主体进行电子商务知识培训，提升他们的电子商务意识和应用能力。例如，农业部制定了农村信息员资格认证暂行办法，经过培训考核的农村信息员已达6 万多人❷。与此同时，还要对农民加强信息教育与培训，增强农民对于农业相关信息的敏感度，使他们能够迅速、准确地通过电子商务平台收集和处理农产品供需信息。

最后，政府相关部门要建立权威性农产品市场流通信息网络，用准确、统一的市场产销信息指导农产品流通的各个环节。政府通过网络主要发布两类信息：一是向农产品生产、加工者提供有关市场供求、价格等即时数据，以指导和引导其相关活动；二是通过网络在全国乃至世界范围内发布我国农产品市场的相关信息，并进行宣传推广活动。

二、农产品流通参与方的对策

首先，扎实推进农业产业化经营，对农产品进行标准化生产、品牌化打造，增加农产品附加值。在电子商务模式下，农产品流通效率得到了提升，但

❶ 李佳妮："湖南省农产品电子商务发展策略研究"，湖南农业大学2010 年硕士论文，第22 页。

❷ 陈淑祥："我国农产品流通方式现状分析"，《商讯商业经济文荟》，2005 年第1 期，第84 –88 页。

同时也对农产品产业化经营提出了更高的要求。产销双方在交易过程是不见面的，交易通过网络订单模式完成，因此这对农产品提出了标准化生产的要求。此外，网络既为农产品交易提供了便利条件，也为其声誉营销提供了有效途径。因此，打造高品质、高知名度的品牌对于增加农产品附加值，创造经济效益至关重要。

其次，建立高效的农产品配送渠道，保证网上交易后农产品的及时配送。电子商务为商品交易提供了便捷的讨价还价和合约达成途径，然而实体商品的配送即流通却往往成为制约此类线上交易发展的瓶颈。因此，在农产品电子商务体系的发展过程中，必须将建立和完善配套的农产品流通体系视为重中之重。

再次，鼓励以农业产业化龙头企业为代表的各级农业企业、各类农产品流通中介组织和农村经纪人建立农产品交易电子商务网站，实现多元化、多层次农产品电子商务平台。由于我国农村农产品以个体分散生产为主，因此农业企业、中介组织和农村经纪人对产销信息的搜集、发布具有重要的引导作用。同时，农业企业、中介组织和经纪人也是农产品流通市场的积极开拓者，能够将分散的农户组织起来在市场的指导下进行生产。也就是说，通过多元化的电子商务平台，农产品的需求方和供给方能够更好地实现产销对接。

最后，加强电子商务平台的安全建设，建立可靠的支付体制。电子商务平台交易的最大特征是在线交易，买卖双方并不见面，因此必须保证产品和货款支付的安全性。

因此，电子商务时代的到来为农产品流通体系的建设和升级提供了难得的技术便利和发展机遇。但基于我国农业领域较为薄弱的电子商务基础，我国各级政府部门以及农产品流通的各参与方都需要采取必要的对策，从各个环节、各个角度采取一系列措施来加快农产品电子商务的发展。

第七章　农业产业化龙头企业资本运营

当今社会，企业的生存发展，除了靠产品经营外，企业资本的运营也扮演着越来越重要的角色。对于我国龙头企业普遍面临的资金短缺瓶颈，合理、高效、有战略性地资本运营可以帮助较好地缓解这一矛盾，收购、兼并、上市、重组以及不同融资方式的选择可为龙头企业注入新的血液，为龙头企业的发展提供新的助推器。

第一节　农业产业化龙头企业资本运营战略

资本具有增值的特性，企业资本运营追求的主要目标也正在于此。但一味盲目地追求短期利润，容易忽视对企业发展影响巨大的长期效益。因此，资本运营要从战略的角度出发，综合考量不同维度的目标，综合权衡，同时还应避免陷入极具“诱惑性”的误区。

一、农业产业化龙头企业资本运营的必要性

1. 农业发展趋势的必然要求

资本运营是世界农业发展趋势。从经济、市场和技术发展的角度讲，农业产业化龙头企业必将重新整合和扩张，这种整合与扩张只有借助资本市场的兼并、重组来推进。借助资本市场，通过资本经营，可以使龙头企业获得资金、技术、管理、市场等短缺要素，尽快实现市场化和规模经营，完善自身治理结构，并借鉴国际模式不断探索经营管理体制的创新。

2. 解决龙头企业资金不足的有效途径

龙头企业的资金来源主要是自身积累、财政支农补助和金融机构贷款，与

其他产业相比，渠道较少，难以满足农业产业化经营进一步发展对资金的巨大需求，从而制约了龙头企业的发展壮大。而通过资本运作，一方面使既有资本保值、增值，另一方面拓宽投资渠道、增加投资形式、构造多元投资主体，吸引更多的社会资本流向农业，促进龙头企业发展。

二、农业产业化龙头企业资本运营的战略

“战略”原是军事用语，其本意是指基于对战争的全局的分析、判断作出的筹划和指导。《辞海》对“战略”一词的定义是：“泛指重大的，带有全面性和能决定全局的计谋。”因此，龙头企业的资本运营战略要从企业长期发展的高度出发，通过生产要素和产业结构的动态调整，以实现资本健康、高效增值。农业产业化龙头企业资本运营的战略应从以下几个方面考量：

1. 龙头企业资本运营目标

利润最大化：任何企业的目的都是盈利，因此，把利润最大化作为财务目标是合理的。但需注意的是，利润是一个静态概念，当期的利润最大化不意味着下期利润最大化，相反在不合理减少当期费用（如折旧、培训、研发）时极易牺牲下期及以后各期的生产能力和市场份额，反而为以后利润下降埋下隐患。资本运营关注的是更长远的利益增长。

企业价值最大化：企业价值是指企业未来各经营期间的预期净现金流量按适当的折现率计算的现值之和。根据企业价值的含义，为实现企业价值最大化，一是尽可能增加未来各期的现金流入量，二是减少企业风险从而降低折现率以增加企业价值。而兼并、收购、重组等资本运营方式在理论上是可以达到这两方面要求的❶。

总的来说，利润最大化是基本要求，资金利用高效，将直接促进企业价值最大化。资本运营的目的是基于更高的战略目标，谋求利润最大化可能只是某个阶段的动机，其最终的目标是资本的最大增值。

2. 资本运营对龙头企业规模的影响

不同的资本运营方式会对龙头企业规模产生截然不同的影响，可分为三类：扩张型资本运营、收缩型资本运营、整合型资本运营。

扩张型资本运营。是指在现有的资本结构下，通过追加投资、兼并收购等

---

❶ 田笑丰主编：《资本运营学》，北京：经济管理出版社，2011 年版，第 7 页。

方式，实现企业资本规模的扩大。扩张的维度有三个：横向、纵向和混合。横向扩张是指交易双方属于同一产业和部门，产品相同或相似，为了实现规模经营而进行的产权交易，如武汉钢铁（集团）收购柳州钢铁（集团）、鄂城钢铁和昆明钢铁等。纵向扩张是指交易双方处于生产、经营的不同阶段的企业或者不同行业部门，是直接投入产出关系的产权交易，例如，武汉钢铁集团收购加拿大 Consolidated Thompson 铁矿公司 19.99% 的股权，并获得一个董事席位。混合扩张是指两个或两个以上相互间没有直接投入产出关系和技术经济联系的企业间所进行的产权交易法，如巨人集团涉足保健品、房地产业等。混合型资本扩张有利于分散风险，提高企业市场适应力。

收缩型资本运营。是指企业为了追求企业价值最大化以及提高企业运行效率，把自己拥有的部分资产、子公司、某部门或者分支机构转移到公司之外，分配持有子公司的股份缩小公司的资产规模，或者回购公司以前发行的股票缩小资本规模。比如，剥离不适应企业发展战略的资产出售给第三方，将亏损的子公司分立出去等。收缩型资本运营是扩张资本运营的逆向操作。

整合型资本运营。是指企业为了优化资源配置而对资本结构进行的调整，不以改变资本、资产规模为目的而进行的内部重组及外部交换活动如资产置换、股权置换等。整合的目的是提高资本运营的效率，从而促进企业发展。

3. 复杂多样化资本运营策略

复杂多样化资本运营是指通过企业重组、资源整合上市、发行债券、产权或股权转让等多样模式进行综合资本运营。复杂多样化运营可以通过不同的资本运营方式组合，分散降低风险；多样化运营便于企业向具有更优经济特征的行为转移，横向兼并重组企业规模、纵向重组产业链，从而提高企业的赢利能力和灵活性。比如，黄河集团并购了镇原啤酒厂、天水啤酒厂、泾川啤酒厂、渭南啤酒厂、光明啤酒厂，扩大了生产规模，提高了竞争力，使黄河啤酒的年设计能力达到 60 万吨；同时黄河集团实行企业带基地、基地带农户，以种植业带动养殖业、加工业，形成产供销一体化、一条龙的体制，大大节约了成本，利润大幅提升[1]。

4. 加强人力资本运营

经济发展到今天，人力资源的推动作用日趋明显，决定了企业的核心技术

---

[1] 常忠武："农业产业化龙头企业资本运营策略"，《中国乡镇企业会计》，2006 年第 6 期，第 24－25 页；

和管理水平，是企业的核心竞争力所在。诸多外企在我国的资本运营，人力资本的运营是放在第一位的，他们正以其雄厚的实力，优越的工作条件，前瞻性的科研课题，灵活的创新机制，吸引我国最优秀的人才。因此，对于人才，龙头企业要有足够的重视和应对措施，要通过引进人才、培养人才、培养高效率的工作团队等手段进行人力资本运营，以全新角度推出吸引人力资源的策略。具体做法有：在公司内部实行高新优惠政策，改变“论资排辈”“干部能上不能下”等僵化的用人体制，建立公平、透明的竞争和奖励机制；转变人才观念，从人才争夺转移到培养人才上，可将部分资金投入到高校，在学校设立相关奖学金，签约定向培养，争夺有预期价值的优秀青少年人才。

5. 龙头企业资本运营应避免的误区

现阶段，我国龙头企业的资本运营过程中，存在一些较为普遍的误区：

规模扩张误区。经济学理论中有规模经济的提法，即在专业化条件下产量达到一定数额才能保本，且产量增加会降低单位产品的成本。不少企业根据这一点，到处扩张规模。但需要注意的是，规模经济也有一个“度”，超过这个度后，利润额、利润率都会下降。

多元化经营的误区。盲目多元化经营是盲目资本扩张的结果。对我国现阶段的绝大多数龙头企业而言，多元化经营经验不足、条件不具备，在关键技术上、管理上均无法进行充足而又持续的投入。这样的多元化经营不仅不能带来更多的收益、分散风险，反而会因摊子大、资金分散使主营业务受到影响，降低了企业竞争力，影响企业效益。

企图借助资本市场直接盈利的误区。资本市场是企业用来融资的渠道，但一些企业把买卖股票作为自己的一项经营活动，这种做法会让企业承受不必要的风险。还有些企业家一方面通过兼并、收购或者直接投资等手段来制造题材表现出企业蒸蒸日上的发展势头，另一方面通过炒作这些题材使企业的股票价格飙升，从中牟取暴利，这些做法都是不对的。

第二节　农业产业化龙头企业的收购与兼并

企业发展到一定阶段，单凭自身的力量很难完成较大的突破，继续保持良好的增势。此时企业应选准时机果断收购和兼并横向、纵向的相关企业，进行企业整合，以扩大企业规模，内化外部交易，提高资源利用效益，从而实现新的飞跃。

一、收购与兼并——龙头企业壮大的必由之路

兼并与收购都是基于扩大市场占有率、拓宽经营范围、扩大经营规模，一般通过产权交易的方式，将若干企业的资源整合起来成一个整体，二者差别不大常常互换使用，简称并购（M&A，Mergers & Acquisitions）。有效的并购对于克服企业资产存量效率低下，实现资源优化配置以及提高资产利用率意义重大。相对于企业自身发展而言，并购是企业快速成长的有效途径，是抢先对手的有效手段。据国外学者的研究发现，在一定时期，有 42% ~55% 的增长是通过并购来达到的[1]。

目前，我国龙头企业的企业规模大多偏小，带动力有限，辐射面积较小，没有充分地发挥农业产业化经营的“火车头”的作用。龙头企业要想改变这一现状，做大做强，横纵向兼并收购是必不可少的资本运营手段。南京雨润肉食品公司以及刘永好掌舵的新希望股份有限公司的成功，就与一系列成功的并购有着很大的关系。有实力的龙头企业也应该积极合理并购，抢占有利“地盘”。

二、龙头企业并购的功效

从根本上讲，任何一个农业产业化龙头企业并购的动因都是提升企业实力和自身竞争力。具体而言，并购的功效主要集中于以下几个方面：

1. 有利于资源的有效配置

为了推进农业产业化经营，我国各地建立了不少龙头企业，“村村点火，户户冒烟”的现象较为严重。大量的重复建设，使得资源并未得到有效配置。有竞争优势的龙头企业通过兼并重组那些无竞争优势的企业，一方面可以提高资源的利用效率，另一方面也可以消除无竞争力或竞争力较弱的中小龙头企业无序竞争所造成的资源浪费现象。

2. 实行多元化经营确保获得利润

随着农业市场化进程的推进和竞争的加剧，农业行业中某些子行业的利润

---

[1] 魏良益：“并购，农业产业化龙头企业扩大经营规模的重要途径”，《农村经济》，2005 年第 5 期，第 34 -35 页。

下降，而这些子行业的龙头企业为了扭转某些子行业利润下降的趋势，寻求新的增长点，通常会向利润率较高的子行业发展，以争取高利润回报；或者由于某些子行业市场集中度很高，企业想继续扩张十分困难，这时候，为了寻求新的成长空间，以该子行业为主营业务的龙头企业往往通过并购，进军其他行业，以谋求新的发展。

3. 降低企业交易费用

龙头企业通过相关产业链并购整合，与农户、上下游企业形成一种紧密的联系，这种联系可以使龙头企业获得稳定的原材料来源以及广阔的服务市场，农户也可获得稳定的产品市场，减少各自寻找市场的收寻成本。同时，紧密的联系也可以降低签约成本和监督履约的监督成本。交易费用的降低有利于增加龙头企业的收益，提高其竞争力。

4. 取得规模效益

规模经济理论认为，在其他条件不变的情况下，一定范围内增加生产规模可以降低单位平均成本，从而使企业能享受规模扩大而带来的利润提升。目前我国龙头企业的规模普遍偏小，远低于经济理论中的最有规模，有很大的提升空间。合理有效的并购将会帮助龙头企业取得可观的规模效益、成本节约，从而实现新的利润增长。

三、并购的一般程序

这里的并购程序针对的是未上市的一般企业，上市企业的并购通过产权交易市场和股票市场进行，相关法律条文中有详尽规定，这里不再赘述。一般企业的并购程序具体如下：

第一步，确定并购目标。具有并购意愿的企业即为并购主体，并购主体通过有关部门或机构，寻找目标企业，也可以自行物色并购目标。确定并购目标时，要充分考虑到市场利率、税率变动、通货膨胀、外汇汇率变动等环境风险；要对自身进行合理评价，衡量自己是否有兼并、消化目标企业的实力，减少不现实的盲目乐观和对自身实力的夸大；要从双方经营战略上的互补性、经营业务的相关性、并购整合的可融性、目标企业的发展潜力等方面合理评估目标企业价值及其与并购企业之间的关系。

第二步，提交并购报告。并购企业找到合适的目标企业后，进行可行性研究，并将并购报告提交给董事会和有关部门批准。

第三步，尽职调查。委托中介机构进行资产评估，提交净值调查报告，清理债权债务，确定资产或产权转让底价。

第四步，确定资产成交价格。在资产评估的基础上，洽谈成交价。一般而言，并购价格的谈判是并购过程中最艰苦的谈判，往往需要多个回合。

第五步，签订并购协议。签订并购协议，明确双方各自享有的权利和承担的义务。

第六步，审批。经过董事会批准。如果涉及国有资产的并购协议，还需申报国有资产管理局、股东大会等有关部门审批。

第七步，办理变更手续。并购协议生效以后，并购双方须及时向工商、税务等有关部门办理企业登记、企业注销、房产变更及土地使用权转让手续。并购双方在有关部门的监督下，按照协议规定办理移交手续。

第八步，发布并购公告。并购双方发布并购公告，并购程序结束。

四、并购后的整合

企业兼并与收购是一项高风险与高收益并存的商业行为，许多企业希望通过并购达到转嫁产业危机、规避投资风险、化解企业债务、降低劳动成本、扩张企业规模的目的。但一个普遍现象是，不少企业仅热衷于企业并购的规模、速度，而忽视了并购后的整合问题，结果导致并购的效果不理想甚至失败。并购后的整合十分重要，需从以下方面整合：

1. 战略整合

企业并购是否服务于企业长期发展战略是并购成败的关键因素。并购过程中的战略整合，就是对并购企业和被并购企业的优势战略环节进行整合，以提高企业的盈利能力和核心竞争力。

2. 组织与制度整合

组织整合是与战略整合相联系的问题，其目标是在企业并购后形成有序统一的组织机构和规章制度体系，符合和满足企业发展战略，以尽快实现企业的稳定经营。

3. 人力资源整合

并购后人力资源的任务是：客观评价目标企业高层经理的能力，审慎决策高层经理去留，尽量取得原高层经理的积极配合；通过多方努力化解员工的抵触情绪；建立激励机制，留住公司的核心员工。

4. 企业文化整合

在并购中，由于经营规模、行业所在区域等方面的不同，经营思想、价值观念、工作态度、管理方法等文化元素都会形成较强的文化冲突。故需从企业精神、制度文化、物质文化等方面对企业文化整合。

5. 财务整合

企业整合的过程中，财务整合是核心。企业并购之后，财务必须实现一体化管理，被并购企业必须按并购方的财务制度运营，并购方对被并购方的财务制度体系、会计核算体系统一管理和监控。

第三节 农业产业化龙头企业的上市与重组

资本市场的发展完善，使得企业足不出户即可方便、快捷地完成融资。继主板、中小企业板后，创业板也应运而生，更是拓宽了融资的渠道，故而上市成了不少龙头企业融资的首要选择。企业上市前需要进行一定的改制、重组，以具备上市主体的资格，同时应注意一些微小但却重要的细节，以免上市过程中走不必要的弯路。

一、龙头企业上市与重组概述

1. 上市与重组的关联

上市和重组是一对联系较为紧密的企业行为。企业上市通常以首次公开募股（Initial Public Offerings，IPO）为标志，即指一家企业第一次将他的股份向公众出售。一般来说，一家公司完成了首次公开募股，这家公司就可以申请到证券交易所或报价系统挂牌交易。普通企业在转化为上市公司之前，一般都要进行企业重组，即首先按照证券市场的定量和定性要求进行涉及资产、负债、业务、组织等诸多方面的重新设置和组合，将企业改造为股份有限公司，继而根据《公司法》及有关法律、法规及部门规章的要求对国有资产进行重新组合，使企业的资产结构、组织架构和管理模式符合股份公司的运作要求，以便能够公开发行股票申请上市的行为。

在企业发行上市的过程中，重组至关重要，此项工作的优劣，不仅直接关系到股票上市能否成功，而且关系到股票市场上市后的市场表现。更具重要的意义是，上市重组还关系到日后公司的长远运作。这个环节处理得好，重组成功，股票发行结束后，公司将由此进入一个崭新的成长时期；如果重组失败，股票上市后，不但不能获得更多的良好发展机遇，反而会产生许多新的矛盾，使公司陷入更加困难的经营境地。

2. 龙头企业上市的功效

龙头企业上市的功效主要集中在以下三个方面：

有利于提高上市公司的资信。证券交易所在审核股份公司的上市申请时要考察申请公司过去的业绩、未来的发展前景、当前的经营管理及财务等多个方面的情况。公司的股票能够被接纳上市说明公司的状况符合一定的标准，因而能够提高该公司的经济地位和社会地位。

有利于公司筹集资金。筹集资金是企业上市的一般目的，股份公司通过在证券一级市场发行上市，能够短时间内把分散在社会上的闲散资金集中起来，获得企业发展所需资金。

建立科学的公司治理机制。企业在资本市场引入新的直接投资时也就引进了新的股东。大股东派出人员组成董事会有利于公司法人治理结构的建立和规范运作并形成有效的权力制衡机制。此外，上市公司股权的分散持有也有利于公司股权结构的多元化，经验表明，多元化的股东结构更有利于提高企业的经验和管理效率。

二、企业上市的资格和途径

1. 企业上市的资格

在国内，企业被分为有限责任公司和股份有限公司。根据《首次公开发行股票并上市管理办法》以及《首次公开发行股票并在创业板上市管理办法的有关规定》，无论是在主板还是创业板，国内上市要求企业必须是股份有限公司，且持续经营 3 年以上。按照《公司法》的要求，企业在设立股份有限公司时有两种方式，一种是发起设立，另一种是募集设立。募集设立方式需国务院特批，一般企业不可能采取此种模式，因此发起设立是企业普遍采取的方式。

除上述两种股份公司的设立方式外，企业还可以通过整体转制的方式设立股份公司。即有限责任公司。按账面净资产值折股整体变更为股份公司，经营时间可以连续计算。目前拟上市企业大多采取这种整体转制的方式设立股份公司。在整体转制过程中，企业要注意两个问题，一是不能评估调账，二是实际控制人不能发生变更。切记要注意这两点，否则经营时间不能连续计算，将影响企业上市进程。

2. 企业上市的途径

随着全球资本市场发展和我国多层次资本市场建设的深入，企业上市可供选择的市场和模式增多。一种选择是在国内主板、中小企业板和即将推出的创业板上市。主板与中小企业板上市条件相同，均适用于中国证监会《首次公开发行股票并上市管理办法》。但在证监会审核过程中，内部掌握原则为：发行股本1亿股以下的，在深圳中小企业板上市；发行股本1亿股以上的，在上海主板市场上市（深圳主板已暂停新股发行，目前只有上海主板和深圳中小企业板之分）❶。

还有一种选择就是到香港、新加坡、美国、英国等境外资本市场实现上市。选择合适的市场，是基于企业自身条件和未来发展定位等因素。

三、企业上市的操作程序

企业上市一般分为五个阶段，即上市筹备阶段、聘请中介机构、企业股份制改组阶段（企业重组）、上会核准申报材料制作及申请阶段、股票发行上市阶段。

1. 上市筹备

上市筹备过程中，企业主或董事长应充分考虑一些关键性的问题：为什么要上市，上市的利弊在哪里；自查企业家底，产权是否明晰，管理团队是否稳定，是否目标一致；募集资金规模，投向哪些项目，以及盈利预测、风险预测；到哪里上市——境内外、主板市场、中小企业板或创业板；预计上市时间、上市费用、机会成本；如何选择中介机构及合作伙伴，企业内部由谁来负责上市全过程的总协调；存在哪些不确定因素及防范措施；当前宏观政策是否促进企业上市，如何整合上市资源等。

将上述问题考虑清楚后，企业一把手还应亲自挂帅，正式成立上市领导小组，全面负责上市工作，并有拟选董事会秘书代理执行具体工作，主要有：财务部门配合会计师及评估师进行财务审计、资产评估及盈利预测编制工作；企业分管领导及（拟选）董事会秘书负责协调企业与有关政府部门、行业主管部门、中国证监会派出机构以及各中介机构的关系，并把握整体工作进程；法

❶ 刘波，“深刻认识资本市场的重要意义扎实做好龙头企业上市的准备工作”，辽宁省金融办2008年政策培训讲义。

律部门与律师合作，处理上市有关法律事务，包括编写发起人协议、公司章程、承销协议、各种关联协议等；董事会必须完成各类董事会决议、申报主管机关批文、上市文件等，并对外媒体报道及投资者关系管理❶。

2. 聘请中介机构

企业上市所涉及的主要中介机构有：会计师事务所、证券公司及保荐人、资产评估机构、土地评估机构、律师事务所等。这些机构主要由（拟选）董事会秘书及企业高管负责沟通与协调。与中介机构签署合作协议后，企业便在中介机构指导下开始股份制改组及上市准备工作。

3. 企业股份制改组

企业股份制改组，是企业上市前必经的一步，是对企业资源资本的整合重组，其目的是确定发行人主体资格及公司法理、规范运作等。下文对企业改制重组的过程还有详细介绍。

4. 上会核准申报材料制作及申请

上会核准申报材料制作及申请阶段是在完成股份制改组工作后，发行人与中介机构协同工作，准备上会核准材料呈报中国证监会，等待正式核准上市的通知。中国证监会收到申请文件后，在5个工作日内作出是否受理的决定。自中国证监会核准发行之日起，发行人应在6个月内发行股票；超过6个月未发行的，核准文件失效，须重新经中国证监会核准后方可发行。股票发行申请未获核准的，自中国证监会作出不予核准决定之日起6个月后，发行人可再次提出股票发行申请。

5. 股票发行上市

企业首次公开发行股票的申请获得中国证监会核准后，可以向证券交易所提出股票上市申请。此间的工作内容主要是股票发售与承销，以向特定机构投资者询价的方式确定股票发行价格，并向战略投资者配售股票，董事会秘书应在股票上市前5个交易日内到指定媒体披露相关上市文件。

四、企业重组的操作和程序

1. 研究重组可行性

分析自身所处的市场环境，分析重组的目的和必要性、是否符合公司的战

❶ 周红著：《企业上市全程指引》，北京：中信出版社，2008年版，第20－21页。

略安排、公司的财务状况等。对整个整合对象有个彻底的了解是十分必要的，可以请专业的资本运营机构帮助。

2. 研究重组方案

根据自身情况，对重组后的财务状况、生产能力、销售能力、产品质量、协同效应和技术潜力进行分析判断，根据分析结果决定改制重组模式，如果重组并入部分资产，须确定该部分的资产范围和价格。

3. 得到股东大会同意及获得资产管理部门或有关政府部门的批准

一般程序是董事会通过提交股东大会表决，股东大会通过后，才能开始行政审批程序。重组上市过程中需要地方政府的配合，需要和证券监督管理部门保持联系。

4. 重组方案的具体实施

由于只有股份有限公司才能申请上市，不是股份有限公司的必须先改制设立股份有限公司。《公司法》规定要求设立股份公司的发起人人数为 2 人以上 200 人以下，注册资本最低限额为 500 万元，可分期缴纳出资。满足条件后的有限责任公司在中介机构的协助下办理相关手续，最终完成工商变更登记。

五、龙头企业上市过程中常见问题

龙头企业上市过程往往是不甚顺利的，可能会遇到一些困难和问题，这里介绍一些较常见的，以帮助企业少走弯路：

1. 拟上市企业产生的补缴税款和历史税务不规范问题

上市前，有的企业需要补缴税款，或者改制时将未分配利润和盈余公积金转增为个人股本时需要缴纳个人所得税。一些龙头企业在税收征缴方面存在不规范问题，需要进行规范处理。另外，部分企业可能在上市前享受税收优惠政策，上市后将按照有关规定正常纳税。

2. 历史形成的工商、环保等方面的不规范问题

包括企业改制涉及产权变更过户或实际控制人变化的，房产、车船等权证进行过户，在改制过程中涉及的工商注册变更以及环评方面的手续，都会产生一定的成本，也需要经过有关部门的批准。

3. 拟上市企业土地资产的规范处理问题

很多企业在改之前使用的土地为行政划拨或租赁，而进行股份改造时需要办理土地出让手续，缴纳土地出让金数额比较大，在办理土地使用权等权证变

更时所涉及的费用也较高，增加企业上市的成本。

4. 企业在准备上市工作后期缺乏话语权问题

企业在上市过程中，由于对国内资本市场的认识与中介机构存在信息不对称问题，导致企业在选择中介机构提供服务的时候往往是先主动后被动，在确定辅导和保荐券商之前企业选择机会较多，而一旦确定了中介机构后，可能会因券商通道紧张等原因产生到期不能上报等种种情况，企业的利益受到较大影响，且话语权十分有限。

5. 境外上市的政策问题

目前，企业境外上市主要有两种方式，即直接上市和间接上市。直接上市即通常说的H、N、S股等，一般采用IPO方式进行。通过IPO直接上市可以使公司股票价格得到比较好的体现，因此很多实力较强企业大多采取直接上市方式。根据目前规定，采取直接方式境外上市的企业须满足“四五六”的规定，即企业净资产4亿元以上，筹资额5 000万美元以上，近一年净利润6 000万元以上。当然，这样的条件对中小型民营企业来说有点难度，因此也有更多企业采取间接方式在境外上市。间接上市就是通常说的“小红筹模式”，即内地企业在境外离岸中心，如英属维尔京群岛、开曼群岛等地注册一家离岸公司，然后以现金收购或股权置换的方式取得内地企业资产的控制权，再在境外以IPO或买壳的方式挂牌上市。值得注意的是，2006年9月前以“红筹方式”上市在国内不需要进行审批。但在2006年9月，国家商务部、国资委、国税局、工商局、证监会、外汇局等六部委联合下发了《关于外国投资者并购境内企业的规定》（简称10号文），10号文针对“红筹上市”进行了规范。按照有关规定，企业在设立特殊目的公司、跨境换股、申请境外上市等环节要通过商务部、证监会等部门的多次审批。据了解，商务部先后要审批四次，证监会也要进行批准，至目前还没有按照10号文规定完成上市程序的企业。我想提醒大家的是，企业一定要针对自身所处行业、发展阶段的特点及对未来发展定位，结合资金需求，选择合适的市场进行上市准备，有利于企业以合适的价格尽早实现上市。

六、对龙头企业上市的建议

1. 转变思想，主动争取上市

大多数龙头企业具备上市的基本条件，关键在于思想认识是否到位。企业要做大做强，上市是必由之路，光靠企业自身和股东的积累难以实现跨越式发展。另外，中国加入 WTO 之后，农业及农产品市场对外开放程度加深，龙头企业不仅面临国内企业间竞争，还要面对在资金、技术、管理方面占有优势的跨国公司的竞争。因此，对资本市场的利用，是竞争中必不可少的一环。当然，上市过程是“凤凰涅槃”，需要脱胎换骨式的改造，是个艰辛的历程，企业负责人要舍得投入，舍得放弃，境界要提高，信心要增强。

2. 规范运作，提高公司质量

证监会在审核企业发行上市时，主要关注的是企业近 3 年的经营和运作情况。这就要求企业在申请上市的前几年逐步完善公司治理结构，规范运作。上市成功后，也不可肆意妄为，不应当仅将上市作为“圈钱”的手段，要积极改进公司治理结构，规范股东大会、董事会、监事会三大机构行为准则，规范上市公司的信息披露等，提高公司质量，保证龙头企业在资本市场上健康成长。

3. 积极争取政策支持，加快上市工作步伐

在农业龙头企业上市过程中，要积极争取两方面的政策支持：一方面，要积极争取成为省级乃至国家级农业产业化重点龙头企业，这样不仅可享受国家优惠政策，也有利于企业顺利通过证监会的审核，大大增加上市成功的可能性；另一方面，企业还要积极争取省、市政府的上市扶持资金及准备资金。建议企业加强与省、市金融办或企业上市工作主管部门的沟通联系，充分利用政府的扶持政策，加快企业上市步伐。此外，有些城市已建立了上市准备资金，企业可利用这部分资金来解决改制过程中涉及的税、费等问题，进一步降低企业改制成本。

第四节　农业产业化龙头企业融资策略

融资渠道的多样化给龙头企业的融资提供了广阔的选择空间。龙头企业选择融资方式时，应充分权衡利弊，选择适合自己的融资方式，切忌盲目跟风，同时注意一些技巧和策略的应用。

一、农业产业化龙头企业融资的必要性

龙头企业作为整合给类农业企业、农业经济组织的关键，其培育发展是农

业产业化的中心环节，亟须资金的注入。一方面，龙头企业的规模化经营需要进行大量的基础设施建设、引进先进的生产设备、吸引管理人才，从而需要大量的资金投入；另一方面，由于农业产业受自然风险的影响较大，以农产品生产、加工、储蓄和销售为依托的龙头企业亦要承担其他类型企业本不具有的自然风险，而对这些风险的防范和处理，离不开企业自身雄厚的资本实力[1]。

二、龙头企业可选择融资渠道

1. 银行信贷

银行各种贷款，是各类企业重要的资本来源之一。主要分为两类，一类是商业银行，如四大国有银行以及交通银行、华夏银行、民生银行等其他全国或地方性的商业银行；另一类是政策性银行，如农业发展银行、中国进出口银行等，龙头企业应充分利用国家财政支农、惠农的政策资金，积极申请政策性补助、贷款，获得政策性资金。

2. 非银行金融机构资金

非银行金融机构包括信托投资公司、租赁公司、保险公司、证券公司、企业集团的财务公司等。这些机构通过一定的方式和途径为企业直接提供部分资金或为企业融资提供金融服务。这种融资渠道的财力比银行小，但资金供应比较灵活方便。

3. 企业自留资金

又称企业内部积累，主要是指企业利用盈利利润转化为经营资本，主要包括提取公积金和未分配利润。另外，企业提折旧费形成的折旧基金、经常性延期支付款项，也是企业的一项资本来源。

4. 民间闲置资金

由于社会公众承担风险能力的提高以及利率的不断下调，社会公众也开始选择投资方式，股票、债券、基金这些直接融资方式也逐步为民众所接受。把社会上限制资金集中起来，用于企业生产环境，也是企业融资越来越重要的一个方面。

5. 境外资金

改革开放以来，外商资本流入国内的频率和流量年年增加。利用外资是许

[1] 方岩："农业产业化发展中的融资研究"，东北财经大学，2007年硕士论文，第16页。

多资金短缺国家尤其是发展中国家弥补资本不足、促进本国企业资本积聚和集中、推动经济发展的重要手段之一。目前我国已经可以通过补偿贸易、出口信贷、国际资本信贷、项目融资等方式引进境外资金。

三、农业产业化龙头企业融资技巧和策略

1. 银行信贷的选择策略

银行信贷资金，是不少龙头企业融资时首要的选择。尤其对于具有一定规模的大型龙头企业，具有较健全的机制，贷款风险较小，银行机构对其信任度也较高，信贷融资较为容易。对于一些规模欠佳的龙头企业，获取银行贷款的难度相对较大，获取贷款时，可采取若干技巧：与银行建立良好关系，抓好资金的日常管理、经常主动地向银行汇报公司经营情况，使银行感受到尊重，从而加强信任；提升公司信誉。

了解银行、选择银行，充分认识到银行只愿意“锦上添花”而不愿意“雪中送炭”的营利性，考虑银行的业务特点和规模。

选择合适的贷款时机，因为银行的信贷规模是年初一次性下达，分季度安排使用，不许擅自突破，所以企业申请较大金额的贷款，安排在年末或季末是不合适的，较好的做法是将用款计划提前告知银行。

寻找合适的信用担保，对于规模较小的企业，资信等级较低、风险较大，取得贷款需要可能要有合适的担保银行才会放款。

2. 上市融资的选择策略

上市融资是不少企业的另一大偏好，不少企业都对上市蠢蠢欲动。根据中国人民银行调统司的统计，我国企业股票融资的比重大大高于债券融资[1]，而国际上的成熟企业一般是先依靠自身积累，其次发行债券，最后才是发行股票。针对上市融资这一融资方式，龙头企业需从以下几个方面考量：

在确定融资方式之前，必须改变认识上的偏差，即资产负债率并不是越低越好，西方发达国家企业的资产负债率普遍比我国高，我国企业的资产负债率和西方发达国家相比，只处于中等水平。

另一认识上的误区是，对于处在困境中的龙头企业，根本出路不是得到证券市场的资金支持，而是提高企业的资产盈利率，资产盈利率若是不提高，无

---

[1] 蒋政，王琪，韩立岩．融资方略．北京：经济管理出版社，2003：149.

论运用何等高级的金融工具，输再多的血都无济于事。

龙头企业要从战略角度出发，以公司的持续增长为前提，综合考虑，确定融资策略。比如，单从融资成本来看，债券相对于股票融资的优势不明显，但若考虑到财务杠杆，提高资产收益率、股东权益最大化等方面，债券融资明显优于股权融资；在投资项目预期收益率较好的情况下，债券融资更是成为股权融资不可替代的最佳融资选择。

3. 并购中杠杆融资的策略选择

企业并购的诸多方式中，杠杆收购被广泛应用，即是企业收购动用部分自由资金的同时，通过借债来获得对目标企业的控制权，再用收购后的目标企业的现金流量中的一部分偿还负债的收购方式。并购中采用此种融资方式，有较多优点：

可以减少或消除代理成本。在发达的资本市场条件下，任何公司的股东都必须依靠其代理人即公司的管理人员来实现其利益回报的最优化，但管理人员的目标不能与股东的目标保持完全一致。这种不完全一致性必然产生“摩擦成本”，从而增加“代理成本”，通过杠杆收购使股份集中化，甚至使管理人员同股东合而为一，可以解决代理成本中的问题。

通过杠杆收购可以合法避税，减轻税负。因为在杠杆收购的融资安排中，企业债务资本所占比重很高，而债务资本的利息费用按税制规定在税前列支，这样公司的所得税得以少付，这相当于杠杆收购公司获得了一笔财政融资；另外，如果被收购公司在并购前亏损，按税法规定，这部分亏损则可在以后年度内递延，这可冲抵杠杆收购公司各年产生的盈利，也可获得税收优惠。

收购方、被收购方和债权人三方可以共享利益。对于收购方来说，只要投入少量自有资金，就可以收购一个具有相当规模的企业，并且可以充分享受高比例负债所带来的杠杆作用；对于目标企业的卖方来说，通过杠杆收购卖出与其经营发展战略不相符的子公司的股权，可以及时有效地调整企业产业或产品结构；至于债权人，其贷款往往由目标公司的资产作抵押，从而增强了安全性。如果是公司经营管理人员发起的杠杆收购，则这些业务精通、责任感强的管理人员将是债权人利益的又一大保障。

第八章　农业产业化龙头企业财务管理

从龙头企业组织财务活动来看，财务管理的内容主要包括三个方面：一是筹资活动的管理，即通过确定筹资的规模、结构、渠道和方式等进行财务管理；二是投资活动的管理，即通过确定投资的规模、组合、方向以及风险收益等进行财务管理；三是资本收益活动的管理，即对资本的耗费和收益、资本回收进行财务管理。

第一节　农业产业化龙头企业财务管理存在的问题

随着市场经济的发展，财务管理逐步被越来越多的农业产业化龙头企业重视，但由于目前体制尚不成熟和健全，农业产业化龙头企业的财务管理存在很多问题。

一、财务管理的目标不明确，职能失效

农业产业化龙头企业财务管理存在目标不明确，职能失效的问题。财务管理的目标仅限于财务工作本身，重会计核算轻财务管理，重资金运作轻经济活动分析，财务预测缺乏科学性、前瞻性和灵活性，淡化了财务管理自身在企业管理中的核心地位和参谋决策作用。这是一种片面的、粗放的、不科学的财务管理模式，导致龙头企业财务管理工作不能满足企业快速发展的需要。

二、财务管理观念落后，财务人员素质不高

农业产业化龙头企业管理者对财务管理认识不足，思想上存在“重会计核算，轻财务管理”的误区。有的龙头企业财务部门设置不健全，没有根据

财务管理职能配备专业人员和设置财务机构，有会计核算人员，但缺乏专业的财务管理人才。许多龙头企业关注对科研、技术、销售等人员的培养，而忽视对财务人员的培养工作，甚至许多龙头企业根本没有制定财务人员培养计划，财务管理人员只是被动处理财务工作，几乎没有时间和机会去接触和研究财务管理方面的知识。有些财务人员没有相应的财务管理知识，缺乏财务管理创新能力，甚至职业道德不高，法制观念淡薄。

三、筹资困难，资金短缺

龙头企业财务管理各个环节都存在问题，首先是龙头企业在经营过程中经常会面临资金不足的困扰，筹资困难。当前，大部分龙头企业规模不大，缺乏贷款抵押和担保，并且信贷担保费用比较高，有时甚至达到了贷款额度的2.5%，增加了龙头企业的财务成本。融资渠道主要依赖银行和其他金融机构，而龙头企业一般经营风险大、有效资产存量少、资产负债率高，造成其信用等级低，从金融机构取得贷款比较困难。

虽然近几年国家相继出台了针对龙头企业的扶持政策，但是部分扶持政策尚未落实到位。目前财政部和国家税务总局对农产品初加工环节所得税减免作了详细的规定，但由于龙头企业大多产品很难清晰界定初加工、精深加工性质，具体执行中初加工环节的所得税没有得到有效减免。

同时很多龙头企业处于成长发展期，为保障产品质量、树立品牌形象，企业开支不断攀升，资金短缺问题成为其发展瓶颈。南京桂花鸭公司反映，试剂价格上涨、检验项目增多、检验批次增加等因素导致企业质量检验检测费用大幅度上涨。2011 年试剂价格比 3 年前上涨了 30%，每只鸭仅重金属的检验试剂费用就达 15 元。该公司反映，如果严格按照目前的规定执行理化、重金属、微生物等所有检验项目，抽检一只鸭子的试剂费用就达到 50 元。按照 3% 的抽检比例，平均每只鸭子的检验试剂费就达到 1.5 元/只。除了自身检验费用，企业还需要送样品到质检、商检等部门进行检验，进一步增加了企业的检验费用。桂花鸭公司每年仅熟制品的送样检测费用一项就达 15 万元。

相当一部分龙头企业对国家近年出台的生产性扶持政策不甚了解。究其原因，一方面是企业只关注与企业利益直接相关的税收政策、补贴政策，对生产性政策，特别是原料生产基地建设关注度不够；另一方面是由于部门分割造成的企业信息渠道不畅。如奶牛、生猪规模化养殖小区建设资金隶属畜牧部门，畜牧企业可以申请，而乳品企业属于工业部门，致使一些企业失去了争取国家资金扶持的机会。

四、投资决策不科学，追求短期利益

投资成败关系到龙头企业能否可持续发展。目前，龙头企业普遍投资能力较弱，缺乏科学性，主要表现在以下四个方面[1]：

（1）投资所需资金短缺。上文所述的筹资困难导致其投资意愿不大。由于资金所限，不能进行多种投资组合，在投资项目投产、建设期间自我调节能力较弱，加剧了龙头企业的投资风险。

（2）追求短期利益。由于资金限制，龙头企业投资时往往注重眼前利益，忽视长远利益，很少考虑到扩大自身规模，不利于企业长远发展。

（3）投资决策具有盲目性。一项正确的投资决策离不开专业财务人员的参与，财务人员可以利用专业知识对投资项目进行科学的分析论证，帮助决策者作出正确的判断。而龙头企业缺乏专业财务管理人员。投资决策多采用回收期法、会计收益率等静态分析方法，很少采用折现现金流量、项目评估等动态的投资决策方法。

（4）获取投资信息能力较弱。社会经济的信息化，导致现代社会的经济活动虚拟化和网络化。而上述信息化导致的高速性和高变性，使得信息的处理和反馈的压力增大。部分龙头企业不能及时获取投资信息，未充分利用内部及外部的信息做好投资市场调研和风险预测，从而加剧企业的投资决策风险。

五、预算制度不健全，资产管理不当

相当多的龙头企业没有形成完整的预算制度，或是实行了预算管理制度，但预算制度没有成为企业经营的法定依据。预算的执行和审批程序不够严格，预算执行的效果并不显著。

（1）许多龙头企业对资金的时间价值认识不到位，缺少详细的资金使用规划和财务分析方法，资金的使用随意性大，难以对资金使用的事前、事中、事后进行有效的控制，降低了企业资金的使用率和回报率。

---

[1] 黄倩雪："当前我国中小企业财务管理存在的问题和对策"，《经管空间》，2011 第 3 期，第 73－74 页。

(2) 龙头企业部门之间缺乏足够的沟通和协调，使得财务部门不能准确及时掌握各部门的业务情况，从而切断财务预算与业务需求的客观联系，给企业预算带来不利影响。

许多龙头企业表面看利润不少，但实质有大量不良资产，应收账款存在死账问题。资产管理不当，资产控制薄弱主要体现在以下四个方面[1]：

(1) 货币资金管理不当，造成资金闲置或不足。有些龙头企业货币资金闲置，影响货币资金的获利水平；有些龙头企业资金长期短缺，无法满足经营资金需要，使企业陷入财务困境。

(2) 资金回笼不及时，应收账款周转缓慢。原因是没有建立严格的赊销政策，盲目使用信用政策，不及时对产生的应收款项进行分析和计提坏账准备、制订有效的收账计划，缺乏有力的催收措施，使应收账款不能及时收回，甚至形成呆账、坏账。

(3) 存货控制薄弱，造成资金呆滞。一些龙头企业日常存货的控制不到位，存货占用资金数量巨大，造成资金周转不足。

(4) 忽视实物资产管理，资产流失严重。不少龙头企业的管理者很重视对货币资金的管理，但忽视对材料、半成品、固定资产等实物的管理，造成了大量资产流失。

六、信息失真，财务内部监督机制缺乏

有的龙头企业利用会计和财务制度上的不完善，粉饰会计报表，导致报表使用者不能真正了解企业的财务状况和经营成果，会计信息不实，企业的收入、成本、费用、资产信息失真。收入的失真主要表现是坐支、截留、转移；成本费用失真的表现是，多列或少列成本，人为调整损益，虚盈实亏或虚亏实盈；资产不实主要表现为企业资产账面价值不能反映企业各项资产的实际拥有数额，造成资产不清、账实不符[2]。

信息失真的重要原因是财务内部监督机制的缺乏。当前龙头企业对财务的监督控制主要来自三个方面：首先，来自政府相关职能机关的监督；其次，来自社会层面的监督；最后，来自企业内部的自我监督。前两者属于企业的外部

---

[1] 甘素芳："浅谈我国中小企业财务管理存在的问题及对策"，《科技信息》，2010 年第32 期，第43 页。

[2] 张静："企业财务管理中的问题及对策分析"，《现代商业》，2011 年第6 期，第238 页。

监督，很大程度上都带有一定的强制性。企业内部监督显得相对薄弱，主要表现在以下两个方面：一方面，企业领导没有真正了解其重要性，对企业财务监督缺乏应有的重视，不利于监督人员发挥工作积极性；另一方面，有些企业没有设立专门监督机构甚至将其并入财务部门，使其缺少应有的独立性，这就导致了企业内部监督流于形式。

国家出台了大量财税、金融、投资、外汇体制改革政策，给予了农业产业化龙头企业一定的理财自主权，为龙头企业经营创造了宽松的外部环境。如果龙头企业财务管理缺位，无法发挥有效功能，可能导致财务危机甚至生产经营危机，龙头企业财务管理规范化刻不容缓。

第二节　实现农业产业化龙头企业财务管理规范化的对策建议

针对农业产业化龙头企业财务管理存在的问题，笔者从以下九个方面提出财务管理规范化的对策建议。

一、准确定位财务管理目标，实现财务管理职能

财务管理目标必须多元化。财务管理渗透在企业管理的各个环节，是一项综合性的管理工作，其与生产管理、技术管理、采购管理、质量管理等相互协调才能解决财务管理中存在的问题，才能解决如何平衡开发投入、近期利润和远期发展的问题，所以财务管理应兼顾筹资渠道畅通、投资决策科学、资产管理规范等目标。优秀的财务管理应使龙头企业长远发展目标和近期目标的平衡，而不单纯仅仅以表层财务收支为中心，财务管理应落实到生产、技术、开发、销售等具体环节。

二、更新财务管理观念，加强财会人员队伍建设

企业管理者不一定从事财务工作，但必须成为财务管理的核心人物。加强对企业管理者的财务管理培训，促使他们更新财务管理理念，改变重经营轻管理的观念，认识到财务管理的战略核心地位，将财务管理部门和会计核算部门单独设立，充分运用财务核算部门提供准确、及时、有效的财务信息。财务管理部门应进行科学的筹资、决策以及利用各种杠杆来降低运营成本，提高经济

效益，起到引导性和指导性的作用。

财务管理的基础是财务管理人员的素质，龙头企业财务主管部门要加强财会人员队伍建设。

首先，通过定期和不定期的召开财务部门工作会议，及时纠正财务管理工作中的缺点和不足，不断地提高财务管理人员的工作水平。

其次，龙头企业应通过培训等方式提高财务管理人员素质，上级主管部门要经常组织财务管理人员学习交流，使财务人员拥有扎实的基础业务能力、高效的实际操作能力。

再次，加强财务管理人员法律、法规的学习和职业道德教育。龙头企业定期组织员工参加法律课堂，通过对《会计法》《企业财务通则》等法律法规的学习来提高财务人员法律意识，一方面要按照法律法规守法理财（在不违法的情况下实现所有者权益最大化），另一方面当企业的合法权益受到损害的时候依法维护企业的权益。职业道德教育使财务人员树立正确的人生观，提高思想道德品质的修养[1]。

三、增强筹资能力，拓展筹资渠道

龙头企业加强内部建设，提高信用水平，实现内部资金良性循环，是解决筹资困难的根本出路；实施金融支持政策，是解决龙头企业筹资困难的必要条件。

龙头企业应加强与银行等金融机构的财务关系和合作关系。《农业部、中国农业银行关于支持农业产业化龙头企业发展的意见》中明确指出，农业产业化部门与农业银行实施战略合作，引导农业产业化扶持政策与信贷资金有效对接，发挥政策对信贷支农资金的撬动作用，引导信贷资金向涉农领域投放。龙头企业应及时了解政策信息，按照银行信用等级评定标准规范企业的各项制度，不断提升自身信用等级，向外部投资者和客户等利益关系者提供企业信用状况等信息。只有重视诚信建设，才能取信于投资者，取信于银行，取信于政府，增强筹资能力。

《农业部、中国农业银行关于支持农业产业化龙头企业发展的意见》中指出“重点支持符合产业结构调整方向、附加值高、技术和市场比较成熟、政

[1] 李叶清：“浅论中小企业财务管理的弊端与对策建议”，《现代商业》，2010 年第 35 期，第 261 页。

策扶持的企业和项目，优先支持科技创新能力强、具有知识产权、节能环保的企业和项目。对于农业产业化部门推荐的、符合银行信贷规定的龙头企业和项目，及时纳入营销和信贷支持范围，按照择优扶持、控制风险的原则，优先受理、优先调查评估、优先安排资金规模。农业部推荐的重大项目，由农业银行总行直接组织营销和业务受理。”“各级农业银行要根据龙头企业的经营特点，积极推广季节性收购贷款、龙头企业集群客户融信保业务等特色产品。努力创新担保方式，在风险可控的前提下，进一步扩大应收账款质押、存货质押、大型农机具抵押、林权抵押等新型抵质押方式的适用范围。加强与农业产业化担保公司的合作，拓宽担保渠道，解决龙头企业担保难问题。对符合信用贷款条件的，要采取信用贷款方式。对重点企业的优质贷款，要在规定范围内适当下浮利率，优化期限结构。积极探索对农业产业化示范区信贷支持的新模式。”

龙头企业要及时了解银行当年的信贷政策、投放重点和基本要求等情况，积极配合银行做好龙头企业信用评定工作，并且不断增强实力以有效吸引外部资金投入，提高资金实力。

《农业部、中国农业银行关于支持农业产业化龙头企业发展的意见》中指出农业产业化部门会择优推荐项目，对信贷违约的企业，视其情况给予警告直至取消重点龙头企业资格。

四、建立科学的投资决策机制，降低投资风险

龙头企业应正确进行投资决策，降低投资风险，使投资具有科学性。

（1）建立规范、科学的投资决策机制，规范投资程序，避免投资的盲目性。首先，对投资项目进行可行性研究，必须实事求是，面向市场，对投资项目的环境、市场、技术和生产可行性进行分析，在此基础上，对财务可行性作出总体评价。这离不开专业财务管理人员、技术人员、市场调研人员的积极参与，尤其是财务管理人员发挥自己的作用。其次，加强对投资项目的跟踪管理，及时发现问题，解决问题。

（2）分散投资、投资方向和方式多元化。龙头企业经营规模一般不大，抵御市场风险和财务风险的能力比较弱，应根据自身的特点利用国家现有的优惠条件，把资金投放在回收期短，风险相对较低的项目，提高资金使用效益。在达到一定规模后，可以进行多元化投资，从而降低投资风险。

（3）加强对内投资。龙头企业对内投资包括新产品的投资、生产设备更

新改造的投资、新技术的投资以及人力资源的投资等。

《农业部、中国农业银行关于支持农业产业化龙头企业发展的意见》中指出“突出重点领域，有针对性地支持一批竞争能力强、带动农户面广、经济效益好的龙头企业和农业产业化示范区，着重支持省级以上龙头企业。主要支持领域：龙头企业的基地建设、技术改造、扩大再生产和节能减排，农产品收储、加工、销售服务体系建设，粮食、棉花、油料、糖料、生猪等大宗农产品的仓储、运输等物流节点建设，园艺、观光、特种养殖和乡村旅游等特色产业，农业产业化示范区建设，重点产区和集散地农产品批发市场、集贸市场等流通基础设施建设，农产品冷链系统、配送中心、电子商务等。”龙头企业要重点投资这些支持领域，获得资金支持。农业部与农业银行签署的《支持农业产业化龙头企业战略性合作框架协议》，目的在于支持龙头企业基地建设、技术改造、农业产业化示范区等项目建设，龙头企业应从信息交流、项目选择、项目资金整合、项目管理等方面与农业银行加强协作，抓住这一有利时机，强化科技创新，提升产品质量，转变发展方式，增强社会责任意识。

五、完善预算管理制度，强化资产管理

预算管理是控制经费支出，保证收支平衡的重要手段，是财务管理重要的基础工作。应从以下四方面完善[1]：

(1) 扩大预算管理范围。把所有收支纳入预算统一管理，准确全面反映龙头企业收支全貌，减少预算外支出现象。重点强化项目建设预算和收入预算，杜绝只重视支出预算而忽略项目建设预算和收入预算的现象出现。

(2) 细化预算。把预算层层分解，落实到每个部门及各个建设环节。将预算执行情况作为年终考核的重要内容，并进行奖惩。

(3) 维护预算的严肃性，强化预算的刚性。规定预算一经批准下达，除特殊情况外，不得随意更改。

(4) 加强预算透明度。统筹各部门反馈的信息，实行公司内部信息共享，并在预算管理中实行成本管理，为提升企业市场竞争力打下坚实的基础。

提高资产管理水平，可以从资金使用效率、存货和应收账款的管理、财产

[1] 那顺朝克图：“农业企业财务管理存在的问题与对策”，《畜牧与饲料科学》，2010 第 2 期，第 85－86 页。

物资管理三个方面进行：

（1）努力提高资金的使用效率，使资金运用达到最佳效果。

首先，要有效配合资金的来源和运用。其次，要准确预测资金收回和支付的时间。最后，流动资金和非流动资金要做到合理组合，保持适当的比例关系。

（2）加强对存货和应收账款的管理。

首先，强化存货管理，尽可能减少过时的库存物资，避免资金闲置，采用科学的方法确保各种存货资金的最佳比例。其次，加强应收账款管理，对赊销客户进行信用等级评定，制定适当的信用政策，定期核对应收账款，制定完善的收款管理办法。最后，企业在制定收账政策时，要权衡收益与成本，拟订可行的收账计划。

（3）加强财产物资管理。

建立健全财产物资管理的内部控制制度，在物资购、领、销及商品管理上建立规范的操作程序，堵住漏洞，维护资产安全。

具体来说，首先，财产的保管与记录必须分开，形成有力的内部牵制。其次，建立定期检查盘点财产制度，明确相关人员的职责。最后，采取不定期的检查方式，督促保管人员和记录人员时刻保持警惕而不至于疏忽。

六、提高会计信息质量，建立财务内部监督机制

龙头企业财务部门要建设起财务信息采集系统和分析系统，强化财务信息的集成和分析。

扩大财务信息的采集面，提高有用信息的采集面，采集基本的内部会计信息的同时，还要重视生产信息、销售信息以及外部信息的采集，以解决会计信息失真的问题。

对财务信息进行精细化和整体化的分析，充分考虑影响企业经营的各方面因素，设立财务指标，科学化建立财务分析数据库，定时对企业的财务状况和经营状况分析并且根据分析的结果提出财务建议，提供指导性的会计信息❶。

建立龙头企业财务管理的监督机制应从以下三方面着手：

（1）加强企业财务管理监督力度，建立有效的内部审计监督机制并制定

❶ 张静："企业财务管理中的问题及对策分析"，《现代商业》，2011 年第 6 期，第 238 页。

具体的实施细则，促使企业的内部监督有章可循，有法可依。

(2) 企业必须建立专门的监督审计部门，将其从财务部门剥离出来，保持其独立性，并对企业的风险进行动态监控，以此来降低企业的运行风险。

(3) 强化监管职责，即将责任明确到部门和个人，增强监管人员的责任意识。同时应建立适当的考核与激励机制，充分调动财务监督人员工作的积极性，以此来提高监管质量。

七、提高企业环境适应能力

企业的财务管理环境是指对企业财务活动产生影响的企业外部条件，包括法律环境、金融市场环境和经济环境。企业无时无刻处在财务的管理环境之中，不可避免地受到财务管理环境的影响。比如在筹资中，遭遇国家货币政策调整，银行涨息，调整储备金率等，都会对企业筹资成本和方式产生直接的影响；此外在投资过程中还受国家法律法规、产业决策政策的限制等，这些都增加了现代产业管理环境的不可预料性和不可控制性，使企业必须搞好财务管理环境的分析，提高企业的应变能力，增强企业抵御市场风险的能力。

八、合理规避经营风险，强化风险管理

市场变化的速度加快，企业的经营风险无处不在。企业如何通过财务管理的途径，降低企业的经营风险是现代企业财务管理活动的要求。完善财务管理必须坚持实事求是的原则，善于发现财务管理工作中的不足之处，认真分析原因，认清其弊端和危害，针对其形成的原因和产生的危害制定解决问题的对策，尤其要重视企业经营管理过程中的风险，强化风险管理[1]。

(1) 要充分运用信息的传播性，提高龙头企业的抗风险能力。在企业重大投资时，充分进行市场调研，并用科学的方法进行决策，减少企业投资决策的风险。龙头企业在进行投资的过程中，要注意企业投资的多元化，分散资金的投资方向，选择较为稳健的投资方式。

(2) 龙头企业要建立财务风险管理体系，应包括财务风险管理的相关策略、风险理财的相关措施、风险管理的相关职能体系以及风险管理的相关信息系统等，这样为强化龙头企业财务风险管理提供完整的方法和体系。

---

[1] 张静："企业财务管理中的问题及对策分析"，《现代商业》，2011 年第 6 期，第 238 页。

（3）加强财务管理人员的风险管理意识，调整财务管理人员的知识结构，迅速适应新环境的变化，提高财务管理人员财务风险的防范能力。本章第三节将对这一问题详细论述。

第三节　农业产业化龙头企业财务风险的防范

财务风险，简单来说就是企业财务活动中的不确定性，它是经济风险的一个组成部分。狭义财务风险是指企业因筹资而增加丧失偿债能力的可能和企业股东收益的可变性。广义财务风险是指企业财务系统中客观存在的，由于各种难以或无法预料和控制的因素作用，使企业实现的收益和预期收益发生背离，因而有蒙受损失的机会或可能性。这里采用广义财务风险的定义。

一、财务风险的基本类型

1. 筹资风险

筹资风险，是企业在筹集资金过程中，由于资金来源结构、债务期限不合理及筹资成本过高等原因而给企业带来到期无法偿还本金和偿付资本成本的可能性。企业筹集资金的渠道可分为两大类：一类是所有者投入，这类资金不存在还本付息的问题，它的风险只在于其使用效益的不确定性上。具体表现为资金使用效果低下，无法满足投资者的投资报酬期望，从而引起企业股票价格下跌，加大筹资难度，使资金成本上升。另一类是借入资金，这类资金严格规定了借款人的还款方式、还款期限和还本付息金额，如果借入资金不能产生效益，导致企业不能按期还本付息，就会使企业付出更高的经济和社会代价。因此，借入资金的风险表现为企业能否及时足额的还本付息。

2. 投资风险

投资风险，指企业在投资活动中由于各种因素的变化而致使投资报酬达不到预期目标而产生的风险。投资风险主要有以下 3 种：（1）投资项目不能按期投产，不能盈利；或虽已投产，但出现亏损，导致企业盈利能力和偿债能力的降低。（2）投资项目并无亏损，但盈利水平很低，利润率低于银行存款利息率。（3）投资项目既没有亏损，利润率也高于银行存款利润率，但低于企业目前资金利润率水平。

3. 资金回收风险

资金回收风险，是指企业在经营过程中由于市场的不确定性导致的产品无法销售出去的可能性，以及由于产品销售完成后，货币资金收回的时间和金额的不确定性。经营风险主要表现为：（1）库存风险：存货太多会导致产品积压，占用企业资金；存货太少又可能导致原料供应不及时，影响企业正常生产的可能性。（2）存货变现风险：由于产品市场变动而导致产品销售受阻的可能性。（3）应收账款变现风险：由于赊销业务过多导致应收账款管理成本增大的可能性。

4. 收益分配风险

收益分配风险，是企业在进行收益分配时对企业今后的生产经营活动产生不利影响的可能性。收益分配风险来自两个方面：一是由于客观环境因素的影响和会计方法不当，有可能少计成本多计收益，使企业提前纳税，所确定的可分配利润偏高。二是收益向投资者分配的时间、形式和金额的把握不当所产生的风险❶。

二、龙头企业财务风险的防范

1. 认真分析财务管理的宏观环境及其变化情况

财务管理的宏观环境直接关系着企业的生存和发展，其复杂性和易变性是导致企业财务风险的重要原因之一。它存在于企业之外，企业无法对其施加影响或加以控制，财务管理的宏观环境主要包括金融、税收、证券等政策要素和市场竞争要素。因此，龙头企业应该发挥主观能动性，对不断变化的财务管理宏观环境进行分析研究，掌握其变化规律和趋势，并制定多种应变措施，适时调整财务管理的政策和改变管理方法，从而提高企业对财务管理宏观环境变化的适应能力和应变能力，以此降低因宏观环境变化而给企业带来的财务风险❷。

2. 提高财务管理人员风险意识和素质水平

财务管理人员的风险防范意识对于控制整个企业的财务风险具有至关重要

---

❶ 陈涪媛："企业财务风险形成的根源及其防范措施"，《现代商业》，2009 年第 27 期，第 94－95 页。

❷ 胡德春，江俐："企业财务风险成因及防范初探"，《商场现代化》，2006 年第 18 期，第 282－283 页。

的作用。因此，要防范和控制企业的财务风险，要求龙头企业财务管理人员应该具备以下的素质水平。（1）由于财务风险存在于财务管理工作的各个环节，因此要求树立较强的风险防范意识，加强风险教育，将风险防范意识渗透于财务管理工作的各个环节。（2）要掌握扎实的财会专业知识，具备财务信息的收集、整理和分析能力。（3）要具有对财务风险的敏感性，准确的职业判断能力，及时合理的发现和估计潜在的财务风险，并能对具体环境下的风险作出判断和提出解决方案。（4）要求掌握金融、证券、投资等相关知识，在企业决策中发挥参谋作用，同时要与生产、营销、人力资源等部门广泛联系，把企业的资金合理配置到最需要的地方，从而使资金得到充分有效的利用，减少风险。

3. 构建激励和约束机制

激励和约束机制是一种利益协调机制，其中财务激励机制包括潜力激励和利益激励，潜力激励是通过非物质的方式激发人的内部潜力，让员工产生尊重和自我实现的感觉，工作更有效率和干劲；而在潜力激励的同时配以利益激励，最大限度地调动人的主观能动性，尤其是财务管理人员的能动性，使其最大限度为企业的利益考虑，最大程度上减少财务风险的发生。而财务约束机制主要是外部约束和内部约束，一方面通过政策法律法规约束、市场约束等外部约束；另一方面加强企业内部的财务预算和财务监督约束，完善财务审批制度、资金监管制度等，在企业内部降低财务风险。

4. 实行全员风险管理

财务风险不但与企业的负债和投资有关，而且与企业的经营有关。龙头企业实行全员风险管理机制，就是将风险机制引入企业内部，使管理者、职工、企业共同承担风险责任，做到责、权、利三位一体。同时，对企业的全体员工进行风险意识教育，实行岗位风险责任管理，让全体员工了解其在整个财务体系中的重要地位，发挥团队防范效应。

5. 建立健全财务管理体制，提高财务决策的科学化水平

科学有效的财务管理制度覆盖到企业财务活动的整个过程，让每一个财务活动环节都有明确的监管程序和监管职责，在保持资产的流动性的同时确保资金的安全性和完整性。

（1）对财务风险进行事前控制。企业在实施某一方案进行决策时，既要考虑可能获得的利益，又要兼顾风险，通过对财务风险的存在及其原因分析，

运用概率分析法、风险决策法、弹性预算法等，制定留有余地的管理办法，保证发生意外时企业能有效应对。

（2）对财务运行过程进行事中控制。在生产经营活动中，运用定量分析和定性分析法，计算、监控企业财务风险状况，及时采取相应措施，控制出现的偏差，有效遏制不良事态的发展，将风险降到可以控制的程度，减少经济损失，保证企业生产经营活动正常进行。如研究赊销账款的情况，确定回收办法，加速资金回笼。

（3）对财务风险进行事后控制。对于已经发生的财务风险，要建立风险档案，从中吸取教训，以避免同类风险的再次发生；对于已经发生的损失，应及时消化处理，若长期挂账，势必给企业今后的发展留下隐患。

采用科学的决策方法，做到财务决策的科学化、规范化。对每一个投资项目进行严密的可行性论证，在了解市场现状和发展前景的基础上确保投资收益。而在项目实施的过程中建立起有效的约束规范机制和反馈机制，保障项目的实施不能偏离预期目标，实时反馈信息以适当调整决策，最大限度地减少决策失误，有效降低财务风险。

6. 采用企业财务风险预警雷达管理系统

企业财务风险预警雷达管理系统是借鉴和运用现代军事领域的雷达预警系统原理与企业财务风险预警管理创造性地相结合。这一预警机制需要龙头企业建立一个有效的信息监管机制和信息反馈机制，让企业的日常生产经营活动和财务活动处于一个有效的监管之下，并把关系重大的财务信息如资产负债表、损益表、现金流量表等重要指标收集整理，及时反馈到企业的管理决策层，同时对国内同行业及国际同类企业的平均财务指标（或先进财务指标）进行比较，找出适合本企业要求的风险指标并以此为量化标准，把此类量化标准结合计算机程式建立一套科学合理的预警雷达管理系统，之后企业的财务活动处于该预警雷达管理系统之下，一旦发现偏离设定值则直接对企业管理层发出警报，尽早把财务风险控制在最低概率。

通过预先设定的企业财务风险评价指标体系和风险评估量化值进行预警，可以有效识别企业的生产经营和财务状况是否处于安全或是风险，并且有助于企业管理层尽快调整生产经营决策，具体分析风险因素，制定相应的政策来预控、防范和化解财务风险，以减少由于财务风险损失造成的损失。

一般而言，企业财务预警机制包括两个层次，即总体财务预警机制和部门财务预警机制。总体财务预警机制的主要功能是让企业经营者掌握企业的总体财务状况，预先了解企业财务危机的征兆。部门财务预警机制，即以企业主要经营部门分别确定检查要点，设立相应的预警线，检查企业财务运营可能失衡的地方，及时进行必要的改进。它贯穿于企业经营活动的全过程，以企业的财务报表、经营计划及其他相关的财务资料为依据，利用财会、金融、企业管理、市场营销等理论，采用比例分析，数学模型等方法，一旦发现某种异常征兆就着手应变，以避免和减少风险损失。

从短期财务预警来看，应当编制现金流量预算。通过现金流量分析，可以将企业动态的现金流动情况全面地反映出来，预期未来收益、现金流量财务状况及投资计划等，建立企业全面预算，以控制风险。

从长期预警来看，应在企业内部建立一套完整的财务风险预警机制，具体包括：重大现金流短缺风险预警；资产负债结构风险预警；资本市场中运作的金融产品风险预警；对外投资和担保的风险预警；重大潜亏的风险预警等。

采用企业财务风险预警雷达管理系统能够及早诊断出危机信号，对企业的财务风险水平进行评测，并根据评测结果制定具体的风险防范措施和考核目标，实现企业的正常经营并实现扩大再生产。当企业处于财务风险边缘时，要适时调整战略，把工作的重点放在调整资产结构、增强支付能力上，所谓“未来水，先垒坝”，把财务风险拒于企业之外❶。

7. 结合实际采取适当的风险策略

在建立了风险预警指标体系后，龙头企业对风险信号如产品积压、质量下降、应收账款增大、成本上升等，要根据其形成原因及过程，制定相应的风险管理策略，降低危害程度。面对财务风险通常采用回避风险、控制风险、接受风险和分散风险等策略。其中，控制风险策略可进一步分类，按控制目的分为预防性控制和抑制性控制。前者指预先确定可能发生的损失，提出相应措施，防止损失的实际发生；后者是对可能发生的损失采取措施，尽量降低损失程度❷。

如经营猪肉产品加工的龙头企业，由于生猪养殖受自然风险和市场风险影响极大，所以龙头企业产生财务风险的压力很大，企业可以与高等农业院校合

---

❶ 陈涪媛：“企业财务风险形成的根源及其防范措施”，《现代商业》，2009 年第 27 期，第 94-95 页。

❷ 孙林敏：“论现代企业财务风险与防范”，《经济师》，2009 年第 6 期，第 141－142 页。

作，获得农业产业化发展技术上的支持，真正依靠科技来推动农业产业化的发展；扩大市场，对已拥有的市场进行信息跟踪的同时，积极打造品牌，逐步走出去；加强基地建设，形成标准化、规模化、专业化生产；逐步将保险引入农业，降低自然风险带来的损失[1]。

8. 加强企业间合作，实现资源共享

随着信息的网络化、科学技术的综合化和全球经济的一体化，必然要求企业间相互沟通与协作，遵守一定的游戏规则。因此，龙头企业在抓住机遇，迎接挑战的同时，更要灵活处理和协调企业间的合作伙伴关系，促使企业间合作与竞争的统一，实现资源的共享，增强自身风险抵御能力。

自2008年以来，农业部将开展“农超对接”（引导大型连锁超市直接与鲜活农产品产地的农民专业合作社对接）试点作为促进农民专业合作社又好又快发展的一项重点工作，与财政部、商务部联合开展“农超对接”试点。龙头企业也可以与大型连锁超市对接，在自愿的基础上与其他企业开展联合与合作，充分发挥集聚效应，形成规模效益，提高均衡供应超市农产品的能力，建立长期、稳定、紧密的对接关系，提高合同契约意识和诚信意识[2]。

龙头企业应充分利用各类农产品交易会、农业展会、网上促销活动及网络服务系统实时发布供求信息，寻求与其他企业的合作，逐步开展网上签约和交易试点，发展农产品电子商务。

---

[1] “以科技为武器，减少自然与市场风险对农业产业化影响”，http：//www. zgnycyh. org/news/show. php？ itemid＝454.

[2] “大力支持鲜活农产品农超对接”，http：//www. zgnycyh. org/news/show. php？ itemid＝617.

第九章　农业产业化龙头企业纳税筹划

第一节　税收扶持农业产业化龙头企业的方式分析

税收优惠是税收制度和税收政策的一个组成部分，用来体现政府的调控目标。对龙头企业的扶持，税收优惠手段是最重要的手段之一，而且能对企业经营产生比较大的影响。运用税收优惠政策扶持企业的发展也是发达国家的普遍做法，税收优惠政策也是中国对龙头企业的重要扶持手段。中国对于农业产业龙头企业的税收优惠扶持手段，从税种不同，可以分为四类：所得税优惠、增值税优惠、出口退税和其他税收优惠。但所有税种优惠，不一定都能促进龙头企业的发展以达到政府扶持的目标。

一、税收豁免

税收豁免，是指对龙头企业给予减免应纳税款以示扶持龙头企业的一种税收优惠形式。减税是从龙头企业应纳税额中减征部分税款；免税是免征全部应纳税款。一般来说，除税法列举的免征项目外，减免税都属于定期减免性质，有具体的减免期限，到期就恢复征税，缴纳全部税款。例如，中央八部委《关于扶持农业产业化经营重点龙头企业的意见》规定，对重点龙头企业从事种植业、养殖业和农林产品初加工所得，暂免征收企业所得税。各省的规定更为明确。通常实行“免二减三”，即开始营业起前两年实行免税，之后三年实行减税，第六年开始恢复征税。大多数省份关于促进农业产业化发展的政策中都有“龙头企业从事国家鼓励类产业项目，引进国内不能生产的先进加工设备，按有关规定免征进口关税和进口环节增值税”的规定。《中共四川省委、四川省人民政府关于大力扶持龙头企业发展加速推进农业产业化经营的意见》规定，省重点龙头企业从事种植业、养殖业和农林产品初加工取得的收入暂免征所得税。龙头企业及其生产基地应视为统一纳税单位，把基地作为企业“绿色车间”，免征农业特产税，由龙头企业统一纳税。对生产基地遭受严重自然灾害的龙头企业，经主管税务机关批准，可减征或免征所得税一年。

二、税收抵免

税收抵免，是指准许龙头企业把某种或者某些符合规定的特殊项目，按照一定比率或者全部冲抵其应纳税额，从而减轻其税收负担。税收抵免主要有投资抵免和国外税收抵免两种形式。

税收抵免是对龙头企业进行生产性投资给予激励，促进龙头企业将更多的资金投入农业产业化经营中，其主要内容是允许纳税人将一定比例的新设备购置费用冲抵其当年应纳公司所得税税额，这无异于政府对龙头企业投资进行补贴。例如，中央八部委《关于扶持农业产业化经营重点龙头企业的意见》规定，符合国家政策的技术改造项目所需国产设备投资的所得税抵免政策。再如，《安徽省人民政府关于扶持龙头企业加快发展的意见》规定，对龙头企业投资符合国家产业政策的技术改造项目，其所需国产设备投资的 40%，可从当年新增企业所得税中抵免。当年新增企业所得税不足抵免的，可用企业下年度比设备购置前一年新增企业所得税税款延续抵免，抵免期限最长为 5 年。同时，龙头企业研究开发符合税收规定的新产品、新技术、新工艺实际发生的费用比上一年实际发生额增长幅度在 10% 以上，除按规定据实列支外，可再按当年实际发生额的 50% 抵扣应纳税所得额。

国外税收抵免则是为了避免跨国纳税人的国际重复征税，妥善处理有关国家间的税收利益分配关系，消除阻碍国际间的资本、技术和劳动力流动的障碍，其主要内容是允许纳税人用其在非居住国（非国籍国）已经缴纳税款冲抵本国纳税义务。

三、税前还贷

税前还贷，是指允许龙头企业在纳税所得税前，用其未税盈余归还贷款。税前还贷相应减少企业纳税基数，实质是免去了企业一部分税款，相当于政府为企业归还了一部分税款。实践中，税前还贷延伸到其他领域，例如，《广州市关于进一步落实扶持农业龙头企业优惠政策促进农业产业化经营的意见》规定，即2009年1月1日起，民营农产品加工企业研究开发新产品、新技术、新工艺所发生的各项费用，在缴纳企业所得税前扣除。贵州省12部门《关于扶持贵州省农业产业化经营重点龙头企业的意见》规定，为了鼓励重点龙头企业加快技术开发和技术创新，企业开发新产品、新技术、新工艺所发生的各项费用在企业所得税前扣除。

四、优惠税率

优惠税率，是指对龙头企业从事种植业、养殖业和农产品初加工业取得的所得税采取较一般税率为低的税率征税。就其方式来讲，有直接降低税率和间接降低税率两种。直接减低税率是指从标准税率中直接扣除一定的百分比，例如，《中共福建省委、福建省人民政府关于加快发展农业产业化的意见》规定，乡镇办的新老农业龙头企业，按应交所得税税额减征10%，用于为农业服务的社会性支出。例如，《安徽省人民政府关于扶持龙头企业加快发展的意见》规定，境外企业或个人来我省投资兴办的龙头企业，享受以下优惠政策：暂免征3%的地方所得税；对经营期在10年以上的生产性龙头企业，从开始获利年度起，免征企业所得税2年，第3年至第5年减半征收企业所得税；从事农业、林业、牧业的龙头企业，在5年减免税期满后，报经国家税务总局批准，在以后的10年内可继续按应纳税额减征15%～30%的企业所得税；产品出口的龙头企业，依照有关规定减免企业所得税期满后，凡当年出口产品产值达到当年企业产品产值的70%以上的，可按现行税率减半缴纳企业所得税；对国家鼓励类产业的龙头企业，在现行税收优惠政策执行期满后的3年内，可按减15%的税率征收企业所得税。

间接降低税率是指在制定标准税率表时，将优惠低税率列入标准税率表中。我国增值税税率表制定分成一般税率17%和低税率13%，从事种植业、养殖业和农产品初加工业所得使用低税率13%。

五、优惠退税

优惠退税，是指政府将龙头企业已经缴纳入库的一部分或者全部税款，按照一定程序退还给纳税人，从而使得纳税人的税负得以减轻。优惠退税包括两种情况：一是出口退税，是指政府为了鼓励我国农产品出口、增强我国农产品竞争力，对国内已经缴纳的出口关税、所得税、增值税、土地使用税等部分或者全部退还纳税人；二是投资退税，是指政府为鼓励龙头企业将利润用于再投资，而给予龙头企业部分或者全部退税。例如，《安徽省人民政府关于扶持龙头企业加快发展的意见》规定，对龙头企业出口的农产品，严格执行国务院规定的出口退税率。

六、延期纳税

延期纳税，是指允许龙头企业在符合规定的年限内，将其应纳税款延期缴纳或者分期缴纳，从而减轻龙头企业的税负。延期纳税表现为纳税人当期税负向后推延，对龙头企业来说，相当于得到了等额于延期纳税税额的无息贷款，从而在一定程度上帮助龙头企业解决了财务上的困难；对于政府来讲，延期纳税所带来的只是推迟收税，损失的只是相当于延期纳税税额的银行利息。这种在各地方执行比较多，很零星，由各地政府部门掌握。

七、加速折旧

加速折旧，是指政府为了扶持龙头企业发展，允许其在固定资产投入的初期提取较多的折旧费用，以后逐年递减而提前收回大部分投资，从而使龙头企业的税负得以递延。从总数来看，加速折旧只是允许龙头企业在固定资产投入初期提取较其实际损耗多的折旧，由于折旧的总额不能超过固定资产的可折旧成本，前期提取的较多折旧费用必然导致后期提前的折旧额相应减少。所以，加速折旧并不能从总体上减轻龙头企业的税负，但它的功能是将所纳税时间向后推延，与延期纳税具有同等功效，只是原则和程序不同而已。例如，《安徽省人民政府关于扶持龙头企业加快发展的意见》规定，龙头企业投资科技进步、环境保护和国家鼓励投资的关键设备，符合有关规定的，可实行加速折旧，折旧费准予税前扣除。

八、盈亏互抵

盈亏互抵，是指允许龙头企业以某一年的亏损去冲抵以前年度的盈利，申请退还以前年度已经缴纳的税款。一般而言，以某一年度的亏损来冲抵以前和以后年度的盈余，都有时间限制，而且，一般只限于所得税。这种政策执行的比较少。

第二节　农业产业化龙头企业主要税收优惠政策

一、企业所得税优惠政策

所得税优惠之所以成为扶持龙头企业的最重要手段之一，主要原因在于：其一，所得税的缺陷之一就是，其累进课税方法在一定程度上会压抑纳税人生产积极性的充分发挥，而所得税的优惠在一定程度上释放了纳税人生产积极性。其二，减免的税收直接变成企业当年增加的利润，很大程度上提升了企业的盈利空间。所得税减免主要有两种方式。

一是所得税减免对于龙头企业的扶持。对于龙头企业的所得税减免政策，极大幅度提升企业的利润额。这个手段对于龙头企业的发展起到了积极的推动作用。这个手段对于龙头企业的扶持，可以从上市的龙头企业的财务报表上清晰地表现出来。上市龙头企业执行的所得税税率有7.5%、14.85%、15%和33%。按照国家规定的所得税税率优惠办法，所得税落到实处，那么龙头企业的利润将有很大的改善，如安徽丰原生物化学股份有限公司（柠檬酸行业的领头企业），免征所得税可以使公司2003年的利润提升到30%左右。丰原化工的发展壮大，已经进入农产品深加工的高层次阶段，变农业资源为工业资源，实现可再生资源的利用与转化，可大部分取代石油化工产品。其发展壮大，不仅对农民增收，农业产业结构调整有着重要意义，而且改善能源消费结构，在实现财政支农的环境保护目标上也有很大贡献。

二是税前抵扣。扶持龙头企业的目标之一就是带动企业提高科技研发资金的投入，促使企业提高创新能力，实现这一目标的主要手段就是税收优惠。在中国，为了刺激鼓励龙头企业的科研资金投入的税收优惠采取的主要形式之一便是税前抵扣。现行的税制结构影响了以所得税为主的税收优惠政策作用的发挥：中国流转税比重大，只有已形成科技实力的高技术企业和已经享受科研成果的技术性收入能享受所得税优惠，而那些技术落后，急需进行技术更新的龙头企业却无法得到这个手段的扶持。

企业技术研发（R&D）费再抵扣企业所得税政策，国家政策仅限于国有、集体工业企业和国有、集体企业控股的工业企业，民营企业则不能享受这项优惠措施。从实际来看，龙头企业大多是民营企业，而且一些龙头企业的技术开发形式受到企业规模的限制，多半是通过聘请专家辅导的形式从事较小的不成规模的技术开发，有关技术辅导、技术转让等费用只能在业务招待费中列支，无论在列支总额上还是时间上都要受到限制。所以，现阶段，这个扶持手段对于龙头企业的发展尚未起到相应的积极作用。

二、增值税优惠政策

增值税优惠扶持手段是中国大部分农业企业一直享受的扶持手段，并非专门针对龙头企业。增值税优惠扶持手段对于龙头企业发展有没有明显的效果，对于实现扶持的目标之一——促进农民增收有没有明显的效果，这是值得商榷的。这也是由增值税的特性决定的。

增值税在中国当前的税制结构中占有重要地位，它是一种“链条税”，上游产品的销项税额恰恰是下游产品的进项税额，以销项额抵扣进项税额后的差额作为在本企业环节中应缴纳的实际税额。增值税的内在机制使得减免税往往并不真正成为优惠，对增值税免税的各种分析可以得出一个基本结论，增值税免税不一定是一种税收优惠，增值税的内在机制是十分排斥免税的，它要求增值税免税应尽可能的少，尤其应尽量杜绝在中间环节减免税。

中国农产品加工企业的增值税高于其他加工业的增值税，有以下几种情况：一是以农产品为原料的加工环节按照17%的税率征税，按13%的税率抵扣进项税额，还有4%的不能抵扣，从而导致中国农产品加工品增值税负高于其他加工行业的税负。二是中国农产品加工产品的增值税比国外的同类产品税负重，因为中国实行的是生产型增值税，而世界上大部分发达国家采用的是消费型增值税。据测算，生产型增值税比消费型增值税在税负上高6%。三是如果龙头企业销售的是自产农产品，免征增值税，如果是以加工企业购进农产品的进项税额扣除率，在2002年之前统一按照征收价的10%予以抵扣。2002年之后，抵扣率从10%提高到13%。虽然增值税的抵扣率提高了，但对于淀粉、乳品饮料、啤酒、制糖等行业的产品征收增值税，仍然出现“高征低扣”的现象；因为这种企业的增值税税率为17%，即使本环节没有增值，也要缴纳增值税。所以，这些龙头企业的增值税负明显高于其他加工企业。这项扶持手段一直没有得到很好的实施，出台的龙头企业扶持政策中进一步强调要落实龙头企业可以享受的增值税减免优惠政策。

因此，对于龙头企业的增值税优惠应该慎用，根据增值税的特性，取消现行的农业生产资料免征增值税的规定，这样才能确保农产品增值税制度的完整，使农民成为真正受益人。同时规范农产品凭证开票权，加强对农产品收购凭证的稽查力度，对于龙头企业实行企业化管理的纳税人征收制度，给予这些企业自行抵扣进项申报缴纳增值税的权利。从而既杜绝了企业利用农产品增值税偷税逃税的现象，又真正地实施了对龙头企业的扶持目标。

三、城镇土地使用税政策

城镇土地使用税，是指国家在城市、县城、建制镇和工矿区范围内，对拥有土地使用权的单位和个人，以其实际占有土地面积为计税依据并按照规定税额计征的税收。土地使用税按年计算、分期缴纳。缴纳期限由省、自治区、直辖市人民政府确定。“直接用于农、林、牧、渔业的生产用地”属于土地使用税免征范围。同时，“经批准开山填海整治的土地和改造的废弃土地，从使用的月份起免缴土地使用税 5 年至 10 年”。为了体现对龙头企业的扶持，中央和地方政府出台政策，减免其中某些税收。

例如，江苏省规定，龙头企业用于农产品生产基地、加工、临时交易的用地，只要土地非永久固化，在税费征收上视为农业用地对待。龙头企业农产品生产加工用地及生产生活用房等建筑，其土地使用税、房产税纳税有困难的，按税收管理权限报批减免。对龙头企业直接用于农、林、牧、渔业的生产用地，免征城镇土地使用税。对经批准改造的废弃用地，从使用的月份起 10 年内免征城镇土地使用税。

四、关税优惠政策

关税，是指国家对进出关境或者国境的货物和物品征收的税收。进口关税设置最惠国税率、协定税率、特惠税率、普通税，关税配额税率等税率。对进口货物在一定期限内可以实行暂定税率。出口关税设置出口税率。对出口货物在一定期限内可以实行暂定税率。为了体现对龙头企业的扶持，中央和地方政府出台政策，减免其中某些税收。

例如，中央八部委《关于扶持农业产业化经营重点龙头企业的意见》规定，对于符合国家高新技术目录和国家有关部门批准引进项目的农产品加工设备，除规定不予免税商品外，免征进口关税和进口环节增值税。

再如，《中共四川省委、四川省人民政府关于大力扶持龙头企业发展加速推进农业产业化经营的意见》规定，龙头企业兴办的良种、良畜（禽）试验推广项目，其引进的优良种子、种畜（禽）凭国家有关证明，免征进口税和进口环节增值税。对符合国家内外资企业鼓励产业政策目录和国家有关部门批准引进项目的农产品加工设备，除规定不予免税商品外，免征进口税和进口环节增值税。

第三节　农业产业化龙头企业纳税筹划与税收风险控制

一、农业产业化龙头企业纳税筹划

纳税筹划，是指纳税人在法律认可的范围内，通过对经营、投资、理财等事项的事先安排和有效的纳税策划，充分利用税法所规定的包括减免税在内的一切优惠政策，在税法既定的范围内合理减轻税负，从而获得最大的税收利益[1]。

出现纳税筹划的原因：从税收视角，税法的不健全、不完善是其中的原因之一。另外由于国家会通过制定税收优惠政策来照顾某个行业或者某个地区，客观上给了纳税人选择的空间和余地。从企业视角，虽然税法的规定是明确的，但是纳税人可以通过某种方法的变通或变化，使一笔经济业务变成另外一笔经济业务，也可能会获得较低的税负。

纳税筹划的三个误区：误区之一，错误理解纳税筹划内涵，将纳税筹划误解为偷税漏税等违法行为。纳税筹划与偷税根本不同，偷税是指运用非法手段进行逃避税收，偷税会使得纳税人所缴纳的税款少于法律规定的数目，偷税的手段多种多样：如伪造纳税交易事项，不提供纳税申报，采用欺诈的手段上报数目等。误区之二，错误认识纳税筹划的地位。由于单纯追求销量和市场份额，相当多龙头企业忽视财务管理在企业管理中的核心地位，更没有对企业财务管理风险控制和税收支出进行认真细致的研究。部分实施纳税筹划的龙头企业认为纳税筹划和生产经营相互独立，纳税筹划是会计人员的事情，与生产经

[1] 段小华："科学认识纳税策划积极防范农机企业风险"，《企业科技与发展》，2008 年第 20 期，第 280－282 页。

营无关。实践证明，纳税筹划涉及企业方方面面，是一项高智慧和高难度的系统工程，需要企业上下共同参与，切忌轻视对待。误区之三，静态看待纳税筹划作用。纳税筹划随着国家产业政策和税收政策的调整以及企业发展变化而变化。应当通过研究国家产业政策和税收政策，适当调整经营方向，充分利用优惠政策，加快企业自身发展，降低企业整体税负，从而真正把握纳税筹划的本质。

我国大多数龙头企业虽然逐步树立起纳税筹划理念，但是由于从事纳税筹划时间较短，大多数龙头企业对纳税筹划认识不足，付出的代价也相当大。科学认识纳税筹划、发现税收筹划空间并实施纳税筹划，进一步降低企业风险是龙头企业当前发展过程中应当优先谋划的战略决策。

1. 树立纳税筹划意识

纳税筹划就是利用税法相关政策而进行的节税法律行为。就其实质而言，是纳税人在履行应尽法律义务的前提下，运用税法赋予的权利保护纳税人既得利益，以期达到整体税后利润最大化。由此，纳税筹划的目标就是实现利润最大化、价值最大化。换而言之，判断税收筹划是否成功的标准不是能否“少缴税款”或“节税”，而是能否实现价值最大化。对于企业来说，要实现价值最大化，应当树立税收筹划意识，用合法的方式保护自己的正当权益，及时跟进了解当前税收优惠政策，从而提高企业效益。

2. 正确定位纳税筹划目标

减轻税收负担是纳税筹划最直接的目的，也是纳税筹划之所以兴起与发展的根本原因。但是，减轻税收负担不是、也不可能是纳税筹划目的的全部，纳税筹划强调在依法纳税的同时，实现企业涉税零风险，获取资金时间价值，维护纳税人合法权益，实现税收与经济的良性互动，促进企业的长期稳定发展❶。

纳税筹划，首先，应着眼于整体税负的降低，而不仅是个别税种税负的减少，这是由于各税种的税基相互关联，具有此消彼长的关系，某种税税基的缩减可能会致使其他税种税基的扩大。另外，税收利益虽然是企业的一项重要的经济利益，但不是企业的全部经济利益。项目投资税收的减少并不等于企业整体利益的增加。如果有多种方案可供选择，最优的方案应是整体利益最大的方

❶ 宋靖：“浅议纳税筹划在农业企业中的运用”，《农村经济》，2006 年第 9 期，第 73－74 页。

案。因此企业开展纳税筹划还应从企业的社会形象、发展目标、经营方向、经营规模、政策引导等多方面综合考虑、全面权衡，不能为筹划而筹划。

其次，要注重税收优惠政策的时效性，选准纳税筹划的切入点；把各种税收相关因素提前放在企业的各项经营决策活动中去综合考虑，设计多种纳税方案，作出准确的综合判断，选出能使企业整体效益达到最优的方案来实施。

最后，要保证纳税筹划的合法性。纳税筹划的合法性指必须符合税收政策的引导趋势，进行积极的税务筹划，使得企业在享受有关税收优惠的同时，也顺应了国家宏观调控经济的意图，以获得双赢利益；筹划过程中要注意“度”的把握，认识并划清与偷、逃、骗税等其他减税方式之间的界限，坚持合法筹划，防止违法减税。

3. 充分利用各种优惠政策和法规

国家为鼓励农业发展实施了大量的税收优惠政策和政策法规，例如，新《企业所得税法》在延续原优惠的基础上，进一步加大了对农产品加工的税收优惠力度。为贯彻新《企业所得税法》，财政部、国家税务总局下发了《关于发布享受企业所得税优惠政策的农产品初加工范围（试行）的通知》（财税［2008］149号，以下简称《通知》）。综合来看，各种优惠政策和法规有多元化的特点，不同地区、不同类型企业、不同类型产品实行不同的税收优惠政策。农业产业化龙头企业在利用税收优惠时不要被动地接受，而应注意：

（1）在纳税筹划前，做好充分的调查研究，如该地区执行国家税收优惠政策的力度、税务人员的办事效率、税收筹划成本与节税收益等。

（2）纳税人申请减免税，应向主管税务机关提出书面申请，并按规定附送有关资料。

（3）纳税人在享受减免税待遇期间，仍应按规定办理纳税申报，并报送减免税金统计报告。

（4）纳税人必须按照法律、行政法规规定及税务机关的规定使用减免税金。

（5）纳税人享受减免税的条件发生变化时，应及时向税务机关报告。

（6）减免税期满，纳税人应自期满之日起恢复纳税[1]。

龙头企业要把握国家政策的宏观走向，顺应国家的产业导向，对政府政策

[1] 宋靖：“浅议纳税筹划在农业企业中的运用”，《农村经济》，2006年第9期，第73－74页。

作出积极反应，尽量享受国家的优惠政策是纳税筹划的首选。例如，国家为了鼓励某些特定地区、特种行业、特别企业、新特产品和特殊业务的发展，照顾某些特定纳税人的实际困难，制定了大量纳税优惠政策。2011 年年底国务院办公厅下发了《关于加强鲜活农产品流通体系建设的意见》，明确要求免征蔬菜流通环节增值税。中央经济工作会议和中央农村工作会议提出，要完善结构性减税政策，降低部分食用农产品深加工、流通环节的增值税和营业税税率。龙头企业在利用税收优惠政策进行纳税筹划时应尽量挖掘信息源，多渠道获取税收优惠，充分考虑新投资企业的所在地和行业方向，选择最优的税收筹划方案，以充分享受政府区域性政策、行业政策所提供的税收优惠，降低企业的整体税负。

4. 营造良好的税企关系

由于税收政策类型多样，各地具体的税收征管方式不同，税务执法机关拥有较大的自由裁量权。因此，龙头企业要加强对税务机关工作程序的了解，与税务部门保持密切的联系和沟通，及时地了解各种政策的变化，争取在税法的理解上与税务机关取得一致，特别在某些模糊及新生事物的处理上要得到税务机关和征税人的认可。只有纳税筹划方案得到当地主管税务机关的认可，才能避免无效筹划，这是纳税筹划方案得以顺利实施的关键。

5. 做好成本收益分析

任何一项纳税筹划方案的实施，作为纳税人在获取部分税收利益的同时，必然会为实施该方案付出税务筹划成本，所以纳税筹划时既要考虑筹划的直接成本，同时还要将纳税筹划方案选择中所放弃方案的可能收益作为机会成本加以考虑。

纳税筹划的收益包括获得的税后利润增值、赢得的良好信誉、延迟纳税获得的现金流量收益、企业整体管理水平和核算水平的提高而使企业增加的收益等。

纳税筹划的成本主要包括直接发生的费用和因设计失误等带来的风险成本等。只有筹划收益大于为获取筹划收益而支付的各种确定和不确定成本时，纳税筹划才有可取之处。

6. 保持适度的灵活性

由于企业所处的经济环境千差万别，加之税收政策和税务筹划的主、客观条件时刻处于变化之中，这就要求纳税筹划时，要根据龙头企业具体的实际情况制定纳税筹划方案，保持相当的灵活性，以便随着国家税制、税法、相关法规的改变及预期经济活动的变化随时调整项目投资，进行节税的应变调整，保证纳税筹划目标的顺利实现。

7. 合理运用纳税筹划

（1）进行业务拆分，将高纳税义务转化为低纳税义务。当同一经济行为可以采用多种方案实施时，应尽量避开高税负的方案，将需要交纳高税率的业务转化为交纳低税率的业务，以获得税收收益。

（2）归整纳税人账目，实现涉税零风险。龙头企业纳税筹划的重要内容之一是实现涉税零风险，即指纳税人账目清楚，纳税申报正确，缴纳税款及时、足额，不会出现任何关于税收方面的处罚。龙头企业在应对纳税时，应做好以下基础工作：合理设计企业业务流程，形成合理的税收链；选择恰当的会计政策和会计核算办法，提供充分可靠的会计资料，及时编制纳税申报表；在重视内部纳税筹划人才培养的基础上，聘用专业的税务筹划师。

（3）提前扣除，延期纳税。为了保证国家财政收入，《企业所得税税前扣除办法》对若干扣除项目进行了限制，例如，业务招待费、广告费、宣传费、利息等项目均作了具体的规定。固定资产折旧是缴纳所得税前准予扣除的项目，在收入既定的情况下，折旧额越大，应纳税所得额就越少。对没有明确规定折旧或摊销年限的资产可尽量选择较短的年限，以尽快将固定资产折旧计提完毕、将无形资产价值摊销完毕，这样也因为前期增加了抵扣额，把税款推迟到后期缴纳，相当于依法从国家取得了一笔无息贷款。

在利润总额较高的年份，延期纳税可降低企业所得税的边际税率。延期纳税的方法：一是根据税法“在被投资方会计账务上实际作利润分配处理时，投资方应确认投资所得的实现”的规定，可以把实现的利润转入低税负的子公司内不予分配，同样可以降低母公司的应纳税所得额，达到延期纳税的目的。二是在预缴企业所得税时，按税法“纳税人预缴所得税时，应当按纳税期限的实际数预缴。按实际数预缴有困难的，可以按上一年度应纳税所得额的1/2或1/4，或者经当地税务机关认可的其他方法分期预缴所得税。预缴方法一经确定，不得随意改变”的规定，纳税人可事先预测企业的利润实现情况，如果预计今年的效益比上一年好，可选择按上一年度应纳税所得额的一定比例预缴，反之，则按实际数预缴[1]。

---

[1] 王艳艳：“论加强企业纳税筹划”，《会计与审计》，2011年第13期，第63-64页。

（4）企业费用列支时间方法上的纳税筹划。对已发生的费用及时核销入账，如存货的盘亏及毁损应及时查明原因，及时列入费用；对于能够合理预计发生额的费用、损失应采用预提方法计入费用；适当缩短以后年度需要分摊列支的费用、损失的摊销期。例如低值易耗品、待摊费用等的摊销应选择最短年限，增大前几年的费用，递延纳税时间；按照制度规定按月及时提取工会经费及教育经费，以增加列支的费用，减少应纳税所得额❶。

（5）筹资活动的纳税筹划。龙头企业筹资可以选择负债筹资和权益筹资两种方式。利用负债筹资所支付的利息可以在税前列支；利用权益筹资所支付的股息只能在交纳所得税之后分配。因此，利用负债筹资方式能极大地降低企业的实际资金成本。企业发行可转换债券既能在前期享受利息减税的优惠，而且一旦债券转换成功，不需要偿还本金和利息，不失为筹资的一种好方法，尤其是对发展前景较好的企业更应该大胆试用。

（6）投资活动的纳税筹划。税负轻重，将对龙头企业投资决策产生极为重大的影响。在投资决策中的纳税筹划，主要从投资方向、投资地点、投资形式及投资伙伴的选择等方面综合考虑，进行优化选择。既要重视经营过程的纳税筹划更要重视投资项目设立之初的纳税筹划，节税将为龙头企业创造十分显著的经济效益。

二、农业产业化龙头企业税收风险控制

企业税收风险是纳税主体的税收风险，即指企业涉税行为因未能正确有效遵守税收法规而导致企业未来利益的可能损失。具体表现为企业某种涉税行为影响准确纳税的不确定因素，结果使企业多缴或少缴或延迟缴纳税款，受到税务机关的处罚。

企业税收风险的形成原因：从外因来看，（1）税收政策多变性导致的风险。由于我国正处于经济变革时期，为了适应经济发展的需要，税务法规变化过快，税收政策的变化比较频繁、不够稳定，加之信息传输渠道不畅通，难以让纳税人及时准确掌握。如果企业不及时跟进调整自己的涉税业务，就可能使自己的纳税行为由合法转变为不合法，给企业带来税收风险。（2）税收行政执法不规范导致的风险。一方面，由于我国目前税务行政执法主体多元，主要

---

❶ 陈丹红："村办企业税务筹划"，《中国民营科技与经济》，2008 年第 6 期，第 49 – 51 页。

包括海关、财政、国税、地税等多个政府部门，各部门之间在税务行政执法上常常重叠；另一方面，法律、法规中赋予行政机关过多的自由裁量权，纳税人即使具有较为充分的理由，税务机关也可以利用“税法解释权归税务机关”轻易加以否定，从而使纳税人的税收风险大大增加。从内因来看，（1）企业办税人员自身的专业素质不高导致的风险。企业在日常的经营活动中，由于办税人员自身业务素质的限制，对于税法的全面认识与运用以及对有关税收法规的精神把握不准，虽然主观上没有偷税的愿望，但在纳税行为上没有按照有关税收规定去操作，或者在表面上、局部上符合规定，而在实质上、整体上没有按照有关税收规定去操作造成事实上的偷税、逃税，给企业带来税收风险。（2）企业运用税收优惠政策导致的风险。由于每项税收优惠政策都是国家根据一定时期政治、经济和社会发展的总目标，通过税收制度和政策，对某些特定的课税对象、纳税人或地区给予的税收照顾，只有具备一定的条件和资格，在一定的时效内，按照一定的程序申报和批准，才能享受。如果有一项不符合规定而享受了有关税收优惠，就会给企业带来税收风险。（3）企业纳税筹划导致的风险。因纳税筹划活动的失败而付出的代价称为纳税筹划导致的风险。企业往往在纳税筹划项目的确定、方案的选择、组织实施等方面存在不依法纳税的可能，存在对有关税收优惠政策的运用和执行不到位的可能，存在对税收政策的整体性把握不够的可能。（4）企业合理避税导致的风险。合理避税是指经济行为发生后，纳税人利用税法的漏洞而不缴或少缴税款的行为。由于这种行为有悖于税法的立法宗旨，税务机关一旦发现，就会完善法规，弥补漏洞，企业就会遭到税务机关的反避税，从而给企业带来税收风险。

龙头企业控制税收风险，可以从以下四方面做起：

1. 建立重视税收风险的意识

龙头企业如果要规避税收风险，必须首先重视税收风险。上至企业管理层，下至企业当中的每一个员工，都应该高度重视纳税风险的规避，并将这种意识深入到企业的各项活动当中。在现实生活中，人们普遍认为，税务人员登门一定没有好事，这种观念需要转变。对于税务问题，税务机关作为专业部门，可以成为企业的老师，如在遇到不明确的涉税事项时，可以主动向税务机关咨询。

2. 培养高素质的企业涉税人员

涉税人员不仅仅是龙头企业内部主管税务的财务人员，也包括营销人员、采购人员以及审计人员。在企业的日常活动中，不论采取什么措施，税收风险的降低都离不开涉税人员的实际工作，他们是规避税收风险的重要人员，他们素质的高低直接决定了税收风险规避水平的高低。国家法律不断更新和完善，在这种情况下，龙头企业的涉税人员，应通过有关涉税的报刊、杂志、法规汇编、税务代理、上网查询等多种信息渠道主动了解、更新和掌握税务新知识，提高运用税法武器维护企业合法权益以及规避企业税收风险的能力，为降低和防范龙头企业税收风险奠定良好的理论基础。

同时，企业涉税人员应注意同机关税务人员、社会中介机构如税务师事务所、会计师事务的专业人员进行沟通和交流。

3. 构建税收风险的管理机制

如何规避税收风险贯穿于龙头企业经营活动的各个部门，它是一个长期的活动，因此要求龙头企业结合自身经营情况、税收风险特征和已有的内部风险控制体系，建立相应的税收风险管理机制进行长期、有效的管理。而这一机制的关键在于协助各部门责任人来识别、量化并管理税收风险，至少包含以下几方面内容：

（1）评估税收风险。在企业的日常活动中，需要识别必须管理的税收风险以确保企业经营模式的成功，对这些必须进行管理的税收风险进行分析，如为什么会出现、如何出现、来自何处等。评估税收风险的重点是依据企业所要的精度来选择多种分析方法测定税收风险的严重性、可能性以及产生的财务影响。

（2）制定税收风险规避策略。不同的税收风险可以用不同的策略予以规避，例如，有些风险的存在是合乎需要的，合乎需要的税收风险是那种在今后企业经营模式正常运作中所固有的那种税收风险。那么企业在制定风险规避策略时，必须侧重于降低税收风险，而不是使其消失。对于那些不合乎需要的税收风险如无法对承担的相关风险提供有吸引力的回报或企业没有能力控制类似风险，那么采取的规避策略应当是使其消失。

（3）通过处理各种因素，保证税收风险规避策略的实施。这些因素包括：能够支持过程改进的因素，如负责引导、组织与督促企业各级员工不断学习新的税法知识，保证企业税收风险管理手段与政策的不断更新。高级管理人员因素，如行政领导必须保证税收风险管理的优先度，具有很强的应对突发事件的能力与素质。支持机制运转的因素，如保证不同级别的风险管理人员都可以依据相同的步骤、规范与程序开展税收风险控制工作。确定相关人员责任与义务的因素，如建立的对风险控制后果的责任承担制度和风险管理授权制度。

4. 建立健全企业内部涉税管理

把如何规避税收风险纳入到企业的日常管理日程当中，将税收风险作为内部审计的重点内容之一，充分发挥审计的监督职能作用，不隐瞒收入，不报假账，诚信纳税，合理避险。注重企业规避税收风险的事前、事中、事后管理，事前更侧重于筹划，如可进行纳税筹划，协调企业涉税部门，合理安排各种活动；事中侧重于控制，以降低各业务环节的风险，以较低或者为零的税收风险进入企业的财务部门，从而达到税收风险最小化的目标；事后则侧重于总结，企业通过事后审阅可以总结规避税收风险过程中存在的不足，及时发现问题，完善税收风险管理机制。

依法纳税是每个企业应尽的义务，随着税收法律法规的不断健全和完善，企业自身应做到依法诚信纳税，准确计算税费，按时申报，足额缴纳税款，重视在税收过程中出现的各种风险并予以合理规避，提高企业的市场竞争力。

第十章　农业产业化龙头企业与农业科技创新

经济要发展，科技要先行。农业产业化龙头企业相对而言在科研资金、技术人员等方面占有优势。作为农业科技创新中最具活力的主体，如何更好地发挥其在农业科技创新中的作用，显得尤为重要❶。

第一节　龙头企业在推动农业科技进步中的重要作用

根据国家统计局的统计，2013 年我国粮食总产首次突破 6 亿吨大关，达 12 038.7 亿斤，实现连续十年稳定增长，这是世界粮食生产史上的奇迹。我国在 1950～1958 年有过一次“九连增”，1962～1967 年出现过“六连增”；美国 1975～1979 年有过“五连增”，印度在 2003～2008 年出现过“六连增”。我国作为农业大国，实现粮食产量“十连增”意义十分重大。正如习近平总书记所说，粮食安全是我国经济社会发展的“定海神针”，13 亿人中国人的饭碗要牢牢端在自己手中。

在专家们看来，中国政府近年来继续加大支农惠农力度，并明确提出将进一步挖掘科技对粮食的驱动力，深入推进高产创建，大面积开展粮食增产模式攻关等，这些举措都为粮食产量实现“十连增”奠定了坚实的基础。这其中，农业科技进步功不可没，毕竟，农业发展的根本出路在科技进步。加快农业科技进步，提高资源要素利用率是推进现代农业建设、提高农业综合生产能力和国际竞争力的必然选择。2011 年，我国农业科技进步贡献率达到 53.5%，比

---

❶　本章重点参考了农业部副部长陈晓华 2012 年 1 月 8 日在国家重点龙头企业负责人培训班上的讲话《发挥龙头企业主体作用，加快推进农业科技创新》，作者有改动。

2005 年提高了 5.5 个百分点，整体水平已跃升到发展中国家前列。龙头企业充分发挥创新机制灵活、研发针对性较强、成果转化率较高的优势，将产学研、农科教集于一体，已成为农业科技创新最具活力的主体，农业科技推广应用最有效率的平台，农民教育培训最前沿的阵地，在推动我国农业科技进步中发挥了重要的不可或缺的作用。主要表现在以下几个方面：

一、加大科技研发力度，增强了农业科技创新能力

近年来，农业产业化快速发展，龙头企业迅速壮大，涌现出一大批经济实力强、发展潜力大、市场竞争优势明显的行业领军企业。这些成绩的取得，离不开政府支持和市场拉动，但从根本上讲，主要归结于龙头企业注重推进产品和技术创新。

一是加大科研投入。龙头企业高度重视科技创新，不断加大资金投入，为科技进步提供了坚实的物质保障。根据对国家重点龙头企业的调查，“十一五”期间国家重点龙头企业共投入科研经费 772 亿元，年均增长 18.7%，2011 年科研经费投入超过 230 亿元。2009 ~ 2011 年，江苏雨润集团科研经费分别达到 3.6 亿元、4.9 亿元和 6.3 亿元。河北君乐宝乳业公司研发投入连续 5 年超过年销售收入的 5%，接近发达国家企业科研投入的平均水平。

二是建立研发机构。龙头企业根据自身优势建立研发中心，还有些企业与科研院所联合建立研发机构，为科技创新提供了基础条件。目前，90% 以上的国家重点龙头企业建立了研发中心，60% 的企业科研成果获得省级以上科技成果认定或奖励。厦门银祥集团建立的“肉食品质量安全与控制实验室”被科技部认定为国家重点实验室，山东荣成泰祥食品有限公司建立了以中国工程院院士为院长的山东省海洋食品营养研究院，吉林大成集团建立了玉米等植物资源开发研究院、国家创新工程技术研究中心氨基酸专业中心、国家生物化工技术研究开发工程中心。这些都是集成利用优势资源要素、推动技术创新和产业升级的典型代表。

三是开展自主创新。龙头企业根据市场需求和加工要求，自主研发新品种、新技术、新产品，填补了我国的空白，增强了企业自主创新能力和核心竞争力。吉林益盛药业集团开发西洋参二醇皂苷（甘），获得国家中药一类新药发明专利，并纳入国家 863 科研计划。江苏恒顺醋业公司致力于现代新型调味品和食醋延伸产品的研究，开发出醋胶囊、奶醋、醋食品等新产品。江西汪氏

蜜蜂园公司自主开发了蜂蜜、蜂花粉、蜂胶、蜂王浆、蜂化妆品等6大系列150多个新品种。

四是引进消化吸收再创新。随着对外开放深度广度不断拓展，龙头企业大力引进国外先进品种、技术和工艺设备，在消化吸收的基础上进行深入研究和深度开发，不断掌握行业关键技术和核心工艺，改造升级现有技术和装备。河北双鸽食品公司引进了英国的新英系优良原种猪，开展遗传育种和基因选育研究，建立了自己的核心繁育及选育体系，对当地的生猪品种进行改良，丰富了国内生猪品种血缘，避免了国内生猪基因退化。江苏连云港振兴集团对引进的荷兰郁金香种球进行繁育复壮栽培试验，解决了种球退化、繁殖系数低等传统技术难题，成功繁育了8个新优品种，填补了郁金香切花种球在国内繁育的空白。

二、加快科技应用和推广，提高了农业科技成果转化水平

科技创新的成果只有落地生根才能开花结果，转化为现实生产力。龙头企业紧贴农户、对接市场，是农业科技成果转化最积极最活跃富有效率的主体，始终站在农业科技推广应用的最前沿。

一是建设高标准生产基地，示范带动良种良法推广。龙头企业积极引进和应用优良品种，广泛采用先进的种养技术和操作规范，加大试验示范和推广力度，建设高标准的原料生产基地。2010年，国家重点龙头企业投入381.5亿元建设标准化种养基地，其中自建高标准种植基地4 700万亩。宁夏兴唐米业集团积极引进宁粳43号、T39等优质水稻品种，建设1.5万亩绿色有机水稻基地，带动周边农户种植规模化标准化水稻近10万亩。浙江中味公司在引进黄缨椒种子的基础上，杂交分离培育出新一代高产优质黄椒品种，自建高标准原料基地1.5万亩，并示范带动周边农户种植3.5万亩，亩产可提高15%，经济效益增加500元。

二是注重新工艺、新设备应用，提高企业技术装备水平。近年来，龙头企业围绕转型升级，在加工、包装、储藏、运输等环节积极引进新设备采用新工艺，加快设备的更新换代，提高精深加工水平，推进节能减排，促进产业优化升级。宁夏百瑞源公司从德国引进世界一流加工设备，采用萃取新的工艺方法，从枸杞中提取叶黄素和枸杞多糖制成软胶囊，提高了枸杞转化率和功能附加值，使枸杞干果的经济效益增长了7倍。江苏南京桂花鸭公司新建的生产加

工基地，全部采用国内一流的加工工艺与设备，成为全国自动化程度最高的咸水鸭深加工基地，产能提高了50%，加工损耗下降近一半，综合效益提高了30%。

三是积极开展技术指导，提高专业化、社会化服务水平。大多数龙头企业建立了专业化的技术服务机构，围绕产前、产中、产后各环节开展系列化的技术服务，对基地农户统一提供优良品种、适用技术、病虫害防治等，成为农业社会化服务的骨干力量。江苏富安茧丝绸公司针对农村青壮年劳动力大量转移的情况，研发出适合老年人的养蚕技术和蚕茧烘干技术，建立了镇、村、组三级蚕桑技术服务网络，村村都配有专职技术员进行普及推广，既节约用工又减轻劳动强度，还很好地保持了蚕茧品质。陕西春光公司与当地农技推广机构合作，为基地农户提供油菜良种选育、栽培、田间管理、病虫害防治等技术服务，解决农户种植的技术问题，促进了当地优质油菜产业的发展。

三、加强企业科技人才培养，强化了现代农业建设的智力支撑

农业发展靠科技，科技进步靠人才。龙头企业的发展壮大更离不开科技的进步和人才的支撑。龙头企业采取请进来与送出去等多种方式，强化科技人才队伍建设，大力培养科研人才、技术推广人员和农业生产科技带头人，为企业发展和现代农业建设提供了有力的智力支撑。

一是注重培养科研人才。龙头企业通过建立研究院或与科研院所合作培养科技人才，有些企业还把技术骨干送到国外学习深造。伊利集团与瑞典利乐公司联合创办“伊利－利乐专业学院”，重点培养生产、加工、物流等专业技术人才。江苏、辽宁、宁夏等10多个省（区）的龙头企业，积极选派骨干力量到北大、清华、浙大等高等院校参加部门组织的高级研修班。龙头企业还抢抓各类技术人才加速流动的有利时机，通过高薪聘请、建立博士后工作站等方式，多层次多渠道引进高端人才。四川新希望、福建超大、河南双汇等一大批实力较强的国家重点龙头企业，均设立了博士后科研工作站，吸引了一大批企业急需人才开展技术创新和产品研发。目前，全国省级以上龙头企业科研人员达到17万人，占农业科研人才资源总量的63%。

二是注重培养农技推广人员。龙头企业积极接收农业院校大中专毕业生，充实到农技推广第一线。同时还采取集中学习、专家辅导、现场观摩等方式，对现有农技推广人员开展素质提升培训，提高技术服务能力。广东温氏集团逐

渐形成了专家队伍、区域技术服务中心、养户助理员的技术推广服务网络，建立起一支有810多名技术人员和2 100多名养户助理员的技术推广服务队伍，实现了先进养殖技术与基地农户的无缝对接。据调查，目前省级以上龙头企业农技推广人员21.5万人，约占全国农10年技推广人员的27.7%。

三是注重培养农业生产科技带头人。龙头企业充分利用自身技术和人才优势，通过专题讲座、现场指导、网络课堂等形式，对基地农户开展生产技术、操作规程、经营管理等技能培训，培养了一大批有技术、会管理、能帮带发展农业生产的种养能手。"十一五"期间，龙头企业培训农民资金累计达260亿元，年均培训1 300万人次。2011年，山东张裕葡萄酒集团邀请中国农业大学、山东农业大学等院校的专家教授，采取集中培训、现场指导等方式，对基地农户开展葡萄种植、田间管理和采摘贮运等技术培训，投入培训资金810万元，累计培训6 200多人，有效提高了农民的种植技能。

第二节　龙头企业推进农业科技创新面临的机遇和挑战

2012年的中央农村工作会议突出研究农业科技创新问题，中央"一号文件"将加快推进农业科技创新、持续增强农产品供给保障能力作为当年"三农"工作的重点。这是党中央、国务院科学把握现代农业发展规律，立足当前、着眼长远做出的重大决策，是新形势下加快推进"三化同步"、促进现代农业发展的重大部署，标志着我国已到了必须更加依靠科技进步促进现代农业发展的历史新阶段。贯彻落实好中央要求和部署，加快农业科技进步是我们当前的一项重点工作，事关农业农村经济持续发展的长远之计。

一、龙头企业推进农业科技创新面临的新机遇

科技进步与创新是一项永恒的命题，是经济社会发展中最活跃、最具革命性的因素。纵观人类社会的发展史，就是一部科学技术的发展史。从近现代三次工业革命来看，无不以科技创新为动力、以技术进步为标志，促进了经济结构和社会结构的革命性变化，也带来了农业生产力的极大发展。尤其是当代科学技术突飞猛进，正迅速孕育着新的产业革命，推动着世界产业格局的重大调整，催生着农业发展方式的深刻变革。这些都为我国农业科技进步和龙头企业科技创新带来了新的发展机遇。

1. 国家科教兴国、科教兴农战略深入实施，支持农业科技发展的政策体系基本建立

国家始终高度重视农业科技进步和创新工作。从20世纪90年代开始，我国相继实施了科教兴国和科教兴农战略，坚持走依靠科技和教育振兴农业的发展之路；进入新世纪，我国又提出了创新型国家发展战略，确立了用农业科技创新改造传统农业、建设现代农业的科学发展道路。党中央国务院连续出台9个“一号文件”，都强调要加强农业科技对现代农业建设的支撑作用，2006年制定了《国家中长期科学与技术发展规划纲要（2006～2020）》，尤其是2012年的中央“一号文件”专门将推进农业科技创新作为“三农”工作的主题，提出了当前和今后一个时期全面推进农业科技创新的总体思路、目标任务和保障措施。多年来，国家加大了支持科技发展的政策措施，持续增加资金投入，“十一五”期间中央财政共投入6 197亿元，年均增长22.7%。“十二五”期间，中央将进一步加大资金投入，明确要求到“十二五”末研发投入占国内生产总值的比重将由2010年年底的1.75%提高到2.2%。国家将农业科技创新作为一个重点领域，对种质资源发掘创新与新品种培育、畜禽水产健康养殖与疫病防控、多功能农业装备与设施、农业精准作业与信息化、农产品精深加工与现代储运等方面予以重点支持。2007年以来，农业部、财政部安排专项资金，依托具有创新优势的中央和地方科研资源，围绕重点产业建立现代农业产业技术体系，支持开展共性技术和关键技术研究、集成和示范。这些都为龙头企业开展技术创新提供了有力的政策保障。

2. 信息技术、生物技术广泛应用，农业科技创新步伐加快

当前，信息技术、生物技术等新科技迅猛发展，深刻影响着农业科技进步和农业发展方式变革。信息技术和遥感技术等的重大突破，大大加快了精准农业的发展，推动了农产品全程质量控制和物联网建设；生命科学和生物技术重大创新和广泛渗透，促进了生物资源发掘和保护，加速了农产品品种的改良和培育；新材料、新能源技术的普及应用，加快了农产品生产加工设施设备的更新换代，推动食品制造技术和农产品冷链物流体系的优化升级。这些科学技术的发展，为龙头企业开发应用新品种新设备新工艺、增强核心竞争力提供了坚实的基础。

3. 龙头企业实力不断增强，具备了加快科技创新的基础条件

近年来，龙头企业快速成长，经济实力不断增强。到2010年年底，全国

龙头企业近10万家，销售收入突破5万亿元，年销售收入超过30亿元的近100家，超过50亿元的62家，超过100亿元的达到24家。同时，大部分龙头企业建立了科技研发机构，培养形成了一支科研能力较强、结构较合理的人才队伍，目前省级以上农业龙头企业科研人员数量达到38.5万人，约占全国农业科研人员总量的36.8%。这些为龙头企业开展科技研发推广提供了强大的经济基础和人才支撑。

二、龙头企业推进农业科技创新面临的新挑战

当前，世界经济形势依然严峻，国际金融危机深层次影响继续扩散，欧债危机向深层次演变，国际贸易增速回落，国际金融市场剧烈动荡，各类风险明显增多，世界经济复苏的不稳定性、不确定性上升。我国经济发展中不平衡、不协调、不可持续的矛盾和问题仍很突出，经济增长下行压力和物价上涨压力并存。面对复杂多变的国内外经济形势，龙头企业有效应对市场竞争、增强抗风险能力的挑战更加严峻，建设现代农业、保障农产品有效供给的任务更加繁重。

1. 资源约束日益增强，要求龙头企业加快科技创新，不断提高资源利用率

我国农业长期依赖资源要素的投入，经营模式粗放，比较效益低下。随着工业化、城镇化快速推进，水土资源紧缺矛盾将更加凸显。土地占用不可避免、耕地减少难以避免，农业用水有效利用率50%左右，化肥当季利用率和农药利用率仅为30%多，普遍低于发达国家20个百分点。我国农业劳动生产率与其他产业相比明显偏低，仅相当于第二产业的1/8、第三产业的1/4左右，而且劳动力成本大幅提高，最近年份农民工工资年均增速达到18%。在资源要素约束不断增强，要素成本不断提高的形势下，迫切要求龙头企业加快科技创新，由要素驱动向创新驱动转变，集约利用资源要素，提高资源利用率、劳动生产率和农业综合生产能力，保障农业生产稳定和农产品有效供给。

2. 市场竞争日趋激烈，要求龙头企业加快科技创新，不断增强核心竞争力

随着世界经济一体化的深入发展，我国农业与国际市场的联系更加紧密，产业关联度增强，价格传导渠道增多，国际农产品市场和关联资本市场对国内市场的影响越来越大。一方面，农业对外贸易依存度逐步提高，我国大豆对外依存度近80%，食用油超过60%，棉花达到30%，玉米从净出口逐步转变为净进口。另一方面，外资企业和国际资本加快进入国内涉农产业，ADM、邦

吉、嘉吉、路易达孚四大跨国粮商基本控制了国内油脂加工及食用植物油零售市场，30多家外资企业在国内设立种子企业并逐步控制国内种子产业。面对跨国企业的资本实力、先进技术以及信息优势，国内农业企业越来越处于不利的竞争地位。尤其是国际贸易保护主义抬头，贸易摩擦呈现常态化，我国成为贸易保护主义最大受害者。据商务部统计，目前全球约40%的反倾销调查和70%的反补贴调查针对我国出口产品，而且新兴市场国家也开始对我国采取贸易保护措施。龙头企业面临更加激烈的国内外竞争环境，迫切要求加快科技创新，在关键和前沿领域开发具有自主知识产权的核心技术，在激烈的市场竞争中抢占战略制高点，形成独特的竞争优势。

3. 消费结构快速升级，要求龙头企业加快科技创新，不断满足多元化市场需求

随着城乡居民收入不断提高，消费能力不断增强，农产品消费结构正在发生深刻变化。农业进入新阶段以来，我国粮食和主要农产品实现了总量平衡、丰年有余，城乡居民对农产品消费要求明显提高，不仅要吃得饱，更要吃得健康、吃得安全、吃得营养，消费需求呈现安全化、优质化、功能化、健康化、个性化、多元化趋势。要满足多样化的市场需求，作为农产品市场供应的重要主体，龙头企业肩负的责任重大，必须加快科技创新，调整产品结构，提高产品品质，丰富产品种类，依靠创新满足消费需求，依靠创新挖掘消费需求，依靠创新引领消费需求，推进产业结构优化升级，提升农业发展质量和效益。

第三节　龙头企业加快推动农业科技创新的对策措施

作为农业科技创新的重要主体，龙头企业要切实增强科技创新的责任和意识，顺势而为，乘势而上，加快科技创新步伐，进一步推进农业科技进步和现代农业建设。

一、牢固树立科技兴企的理念

科技创新是企业持续发展的动力之源。综观世界上成功的企业，无一不是依靠科技抢得先机，依靠科技取得突破，依靠科技赢得市场，实现企业的长远发展。苹果公司之所以能在强手如林的无线通信市场上异军突起，股票市值一度跃居全球第一，根本在于技术创新、产品创新和营销创新。目前，我国许多

龙头企业主要依靠廉价的资源要素和企业家的辛勤劳动，求得一定的发展，但对科技创新重视不够，缺乏自主创新能力，核心竞争力不强，在市场竞争的浪潮中难以可持续发展。据有关部门调查统计，我国民营企业平均寿命2.9年，对龙头企业是一个严肃的警训。在当前日趋激烈的市场竞争中占据高点，保持基业长青，龙头企业就必须以科技为本，将创新的理念融入到企业文化和制度建设，贯穿于企业经营管理的每一个环节，灌输到企业的每一个员工，切实树立科技创新的理念，制定企业科技发展战略，走科技强企之路。

二、建立科技投入增长机制

科技创新要经历一个艰苦漫长、厚积薄发的过程，投入高，风险高，回报也高。尽管龙头企业已认识到科技创新的重要性，投入了一定的人力物力，但总体的科研投入还比较低，超过一半的国家重点龙头企业研发投入达不到销售收入的1%，总体研发投入强度低于全国企业的平均水平，更远远低于发达国家企业的平均水平。龙头企业要有长远眼光，下大功夫，花大气力，舍得投入。要随着经济实力的增强，立足自身发展的需要，把科研投入纳入企业的投资预算，与企业销售收入同步增长，建立科研投入的稳定增长机制。

三、建立科技人才培养机制

问渠哪得清如许，为有源头活水来。人才正是企业发展的源头活水。近年来，我们许多企业采取多种方式广纳贤才，为企业的发展注入了新的活力。但总体来看，企业从事科技研发和技术推广的人员数量不多，尤其是高层次人才匮乏，远远不能满足企业发展的需要。据对8 300多家省级龙头企业调查，龙头企业科技人员中拥有本科以上学历的不到1/3，高级职称仅有6%，中级职称有19.9%。龙头企业要以宽广的胸怀、包容的心态，不拘一格、广开门路，吸纳各类人才。要实施人才优先发展战略，将人才培养摆在企业发展的突出位置，建立完善人才培养规划，明确人才培养目标和任务。按照不同专业和岗位，为每个员工制定个性化的培养方案，有计划有步骤地开展岗位培训、技能培训和综合素质培训，形成科学合理的科技人才培养机制。

四、建立创新激励机制

激励机制既要激于面、励于行，更要激于心、励于志。企业创新内涵丰富、形式多样，主要包含理念、管理、技术、制度、文化等方面的创新，最核心的是建立科学合理的激励机制，激发员工的创新活力。要完善薪酬激励制度，建立以创新为导向的收入分配机制，可以采取股权激励、成果提成、科技奖励等方式，真正让创新的价值得到充分体现。要完善选拔激励制度，建立以创新为取向的任用选拔机制，将那些具有开拓进取精神和取得创新实绩的员工，安排在重要部门和关键岗位，充分发挥他们的示范作用。要完善考核激励制度，建立以创新为标准的绩效评价机制，对那些创新业绩突出、公认度高、成效显著的员工和团队给予物质和精神奖励。建立高效完善的创新激励机制，根本目标是要打造创新型企业，让一切劳动、知识、技术、管理、资本的活力竞相迸发，形成尊重劳动、敬重人才、崇尚创新的优良环境。

第十一章　农业产业化龙头企业“走出去”发展战略

广义上，农业“走出去”包括农产品出口、农业对外合作、农业对外援助、农业直接投资等内容。狭义上，农业“走出去”是指我国企业在政府的政策引导下，以赢利和合作为目的，在平等互利基础上，采取资本、技术、产品和劳务输出等多种方式，在国外进行直接投资，自主从事合法的农业生产和经营活动❶。

农业产业化龙头企业“走出去”发展战略，即在国家政策引导、支持下，龙头企业以农产品出口、农业直接投资两种主要方式发展农业，以实现农业企业的可持续发展。

第一节　农业产业化龙头企业“走出去”的重要意义

农业“走出去”战略不仅是在全球化背景下企业自身发展的要求，更是我国农业可持续发展的必然需要，因此这一战略走向是持久而长远的。

一、农业产业化龙头企业“走出去”是农业可持续发展战略的必然要求

虽然我国在农业技术、农作物管理、资金上具有一定优势，但土地资源相对不足。农业“走出去”是保障我国农业可持续发展的战略选择，因此农业产业化龙头企业“走出去”就成为实现这一战略的必然要求。

---

❶ 陈前恒，张黎华，王金晶：“农业‘走出去’：现状、问题与对策”，《国际经济合作》，2009年第2期，第9－12页。

1. 我国农业资源“先天不足”

我国农业资源的“先天不足”以及城市化进程的不断加快使得农业可持续发展战略目标的实现受到极大制约。一方面，我国人均耕地资源和耕地质量不断下降，据国土资源部统计，我国耕地面积不断减少，2008 年年底已降至 18.27 亿亩，而联合国粮农组织估计中国 2008 年的耕地面积只有 16.3 亿亩[1]，人均耕地资源已降至1.39 亩。同时，水资源紧缺，一半以上耕地得不到有效灌溉，每年农作物成灾面积达 3 亿亩以上。另一方面，人口快速增长和城市化进程不断加快导致对农产品的需求急剧增加。目前我国已成为全球最大的大豆进口国，国内大豆需求的 2/3 以上依靠进口满足，2009 年国际四大粮商（ADM、邦吉集团、嘉吉集团和路易达孚）控制着中国大豆进口 80% 的货源[2]。

国内土地资源的不足、我国农产品对进口的依赖，促使开拓海外市场成为我国农业企业未来发展方向，在一定程度上可以补充中国土地资源的先天不足，并为我国粮食安全提供一定的保障。

2. 国外资源对国内资源的“补足”

相比于国内，一些亚洲发展中国家和非洲国家的土地资源比较丰富，如柬埔寨、老挝以及非洲一些国家，且土地开发程度不高。以非洲为例，其可开发的耕地面积达 8 亿多公顷，而实际利用只有 1/4，土地开发潜力巨大。然而，我国农业企业对国外的投资还处于较低水平，与发达国家及其跨国企业在非洲、南美、东南亚等地区国家农业资源开发的迅猛势头相差甚远。以巴西为例，世界各地的企业在巴西正以每天 1200 公顷的速度登记购买巴西的土地[3]。在如此严峻的竞争环境中，我国农业产业化龙头企业应该利用已经形成的产业链条加快对国外土地的购买和租种，以达到平衡国内、国际农业资源利用的目的。

二、农业产业化龙头企业“走出去”是保障国家经济安全的必要手段

1. 保证国家粮食安全

中国粮油自给率明显下降表明国家粮食安全受到一定威胁。相关数据

---

[1] 翟雪玲：“我国农业‘走出去’的问题及对策”，《国际经济合作》，2006 年第7 期，第7 – 10 页。
[2] 张泠然：“我国农业‘走出去’战略的思考”，《企业研究》，2010 年第 10 期，第 64 – 67 页。
[3] 张泠然：“我国农业‘走出去’战略的思考”，《企业研究》，2010 年第 10 期，第 64 – 67 页。

显示，入世10年以来，中国大豆和棉花已经形成了高度依赖国际市场的格局，2010年，中国进口的大豆达到5 480万吨，是国内大豆产量的3倍多，价值251亿美元。粮食进口在中国农产品进口中则具有相对较大的份额，进口谷物及其制品达到27亿美元，进口大豆251亿美元，两项合计接近280亿美元，在当年中国农产品进口总额中所占比重接近40%。但中国粮食出口金额不足20亿美元，在全年中国农产品出口总金额中不足5%。中国食用植物油进口的数量更多，2010年直接进口的食用植物油达到687万吨，大约是国内规模以上企业加工的植物食用油产量的1/5。这些都意味着从数量上看中国粮油的自给率已经下降比较明显，一旦国际市场对我国粮食的供给不足，或者进行政治干扰，将直接影响我国粮食安全甚至国家安全。

2. 缩小农产品贸易逆差

作为农产品出口的主要力量，农业产业化龙头企业"走出去"可以有效缩小我国农产品贸易逆差。2004年为我国农产品进出口结构转变的标志年份。2003年以前，中国农产品基本上是出口规模大于进口规模，农产品国际贸易顺差在20亿美元到60亿美元之间❶。而2004年，中国农产品进口金额达到了281.3亿美元，当年农产品贸易逆差达到50.4亿美元，并呈现逐年扩大的趋势，到了2010年，我国农产品贸易逆差达到了230.4亿美元，与2009年相比增加了99.7亿美元，同比增长76.28%。而在主要进口的农产品中，大豆贸易逆差达到249.6亿美元，棉花贸易逆差达到56.5亿美元，食用植物油贸易逆差达到67.1亿美元❷。可以预见，如果我国对棉花、食用植物油及豆油的原料大豆的需求进一步增长，同时出口不增加，农产品贸易逆差也会进一步加大。此时，我国农业产业化龙头企业"走出去"，如加大对必要作物（特别是棉花、大豆）的海外种植就是避免我国农产品贸易逆差继续扩大的有效手段之一。

3. 保证价格话语权

开展农业"走出去"是打破外资企业垄断，维护国家、企业价格话语权的重要保障。通过海外农业投资，可以直接掌握国际资源，稳定国内的农产品

❶ 胡萍，"入世10年我国农业国际贸易格局发生深刻变化"，《金融时报》，2011年12月14日。
❷ 张泠然："我国农业'走出去'战略的思考"，《企业研究》，2010年第10期，第64－67页。

价格。以美国为例，20 世纪以来，美国的大型农业公司成为投资海外农业巨头，控制着拉美地区的热带作物生产和出口❶，掌握着价格话语权。与之形成鲜明对比的是，我国虽然在农产品方面的进口比例逐年增加，尤其是大豆、棉花，但在粮食农作物方面并没有掌握话语权。大型跨国农业公司的垄断（国际四大粮商：ADM、邦吉集团、嘉吉集团和路易达孚），在一定程度上削弱了我国进口粮食的价格谈判能力。在这种情况下，我国农业产业化龙头企业的国际化发展，尤其是国有大型企业，是形成能够与外资相抗衡的中坚力量的必经之路，如此才可保证我国的价格话语权。

4. 构建和平国际关系

构建和平国际关系需要农业产业化龙头企业“走出去”。我国很早对非洲、南美、东南亚等地区进行了农业援助和商业开发项目，农业资源、远洋渔业开发成绩显著❷。中国和非洲、南美、东南亚等地区的国家的农业具有很大的互补性，我国对其农业直接投资不仅为世界粮食增产做出贡献，还促进了双边政治经济关系，对于营造和平的国际环境具有重大意义。

三、农业产业化龙头企业“走出去”是农业企业发展的必然结果

1. 战略定位

农业产业化具有规模效应，为农业企业国际化发展奠定了基础。在全球化的背景下，资金、人力资源的全球分布可以为农业企业发展提供良好的平台与动力。日本在世界各地拥有 1200 万公顷农田，相当于日本国内农田面积的 3 倍左右，这一全球性的战略定位，不仅为日本的政府提供了源源不断的外汇收入，也加强了其大型国有企业在国际市场的竞争力。目前我国农业“走出去”面向的主要市场是发展中国家，如非洲国家安哥拉 2001 年一年粮食缺口就在 57% 以上，对我国农业企业向外发展提供了足够的空间。在国家政策的大力支持下，我国农业产业化龙头企业完全可以利用国际环境中的资源、资金、人力创造新的利润增长点。

---

❶ 张泠然：“我国农业‘走出去’战略的思考”，《企业研究》，2010 年第 10 期，第 64 – 67 页。

❷ 陈前恒，张黎华，王金晶：“农业‘走出去’：现状、问题与对策”，《国际经济合作》，2009 年第 2 期，第 9 – 12 页。

2. 资源选择

资源是经济发展的内生变量，无论对于一个国家还是一个企业都是至关重要的变量。如日本、韩国从工业化中期开始，一方面对本国农业实行保护，另一方面到海外建立农产品生产基地。其在南美国家建立的玉米、大豆等土地密集型农产品生产基地，在中国建立的蔬菜、水果、畜禽水产等劳动密集型农产品生产基地已成为其国内农产品市场的重要供给来源❶。

人口多、耕地少是中国的基本国情，这对于我国农业企业的发展形成了资源制约，相比之下广大发展中国家和地区土地资源丰富，气候条件好，这种农业差异性与互补性为我国农业产业化龙头企业“走出去”提供了空间。中非农业合作历史较长，中国农业专家在非洲享有良好声誉，农牧业和食品又是安哥拉、赞比亚、莫桑比克等众多非洲国家政府强调的外国投资头号优先领域❷，因此，在农业企业“国际化”的战略指导下，对外直接投资是资源整合的有效手段。

第二节　农业产业化龙头企业“走出去”的发展现状

我国农业产业化龙头企业“走出去”的主要形式有农产品出口、农业直接投资。目前，我国已经形成了由 1 247 家国家重点龙头企业、1 万多家省级龙头企业、10 万多家中小型龙头企业组成的龙头企业群体，在开拓国际市场、利用国际资源和参与国际合作与竞争方面发挥了重要作用。

一、农产品出口现状

1. *贸易逆差有所减少*

2004 年我国农产品进出口首次出现逆差，改变了长达 20 年的顺差格局。自 2007 年起我国农产品贸易逆差急剧扩大，2007 年为 43.8 亿美元、2008 年为 181.3 亿美元、2009 年为 129.7 亿美元，虽然较上年下降 28.5%，但仍然

❶ 张泠然：“我国农业‘走出去’战略的思考”，《企业研究》，2010 年第 10 期，第 64－67 页。

❷ 韩琪：“对中国农业对外投资规模状况的分析与思考”，《国际经济合作》，2010 年第 10 期，第 13－17 页。

保持在100亿美元以上的高位水平❶。

另外，我国农产品出口在贸易出口总额中比例有所提升，但仍处于较低水平（见表11－1）。

表11－1　农产品出口变化趋势❷

年份	农产品出口额占出口总额的比重（%）	年份	农产品出口额占出口总额的比重（%）
1985	12.1	1998	7
1986	12	1999	5
1987	14.8	2000	5
1988	16.8	2001	4.9
1989	17.1	2002	4.2
1990	16.1	2003	4.6
1991	13.7	2004	5
1992	12	2005	4.3
1993	8.1	2006	4
1994	10.8	2007	4.3
1995	9.3	2008	5.1
1996	7.1	2009	5.2
1997	7		

2. 农产品出口国相对集中

2009年，我国农产品出口最终目的国排名前十位的分别为日本、美国、中国香港、韩国、德国、俄罗斯联邦、荷兰、印度、英国、巴西。对日本农产品出口总额76.8亿美元，比2008年同期增长0.01%；对美国出口农产品47.1亿美元，比上年下降7.98%；对中国香港出口农产品35.3亿美元，同比上涨2.53%；韩国28.2亿美元，同比下降10.89%；德国14.9亿美元，同比下降9.28%；俄罗斯联邦11.9亿美元，同比下降17.46%；对荷兰出口9.17亿美元，同比下降7.95%；对印度出口4.84亿美元，同比增长17.51%；对英国出口6.56亿美元，同比下降7.96；对巴西出口2.14亿美元，同比下降

❶《中国农业年鉴2010》，北京：中国农业出版社，2011年版，第158页。

❷《中国农业年鉴2010》，北京：中国农业出版社，2011年版，第195页。

19.99%。以上10个国家/地区占我国农产品出口总额的60.4%（见表11-2）。

表11-2 主要农产品出口最终目的国❶ 单位：千美元

出口最终目的国（地）	2009年	2008年	2009年比2008年增长（%）
日本	7 675 754	7 674 744	0.01
美国	4 706 958	5 115 102	-7.98
中国香港	3 529 336	3 442 097	2.53
韩国	2 823 616	3 168 614	-10.89
德国	1 486 084	1 638 079	-9.28
俄罗斯联邦	1 189 977	1 441 760	-17.46
荷兰	917 396	996 581	-7.95
印度	484 066	411 939	17.51
英国	656 212	712 956	-7.96
巴西	213 643	267 032	-19.99
合计	39 190 723	40 186 547	-2.48

3. 农产品出口集中在东南沿海

2009年我国农产品进出口前四位省份均处于东南沿海地区。山东农产品出口97.6亿美元，下降2.06%，出口额占全国首位；广东出口48.5亿美元，上升4.99%，位列全国第二位；福建出口34.2亿美元，增长12.79%；辽宁出口30.7亿美元，下降8.47%；浙江30.1亿美元，下降10.31%。上述5省农产品出口合计占同期我国农产品出口总值的61.5%。此外，江苏与上海分别出口19.7亿美元和12.1亿美元，分列第六、第七位（见表11-3）。

表11-3 各地区农产品出口总值❷ 单位：千美元

地区	2009年	2008年	2009年比2008年增长（%）	地区	2009年	2008年	2009年比2008年增长（%）
全国总计	39 190 723	40 186 547	-2.48	河南	507 117	453 364	11.86
北京	1 064 653	1 317 214	-19.17	湖北	720 282	631 480	14.06

❶《中国农业年鉴2010》，北京：中国农业出版社，2011年3月1日，第357-362页。
❷《中国农业年鉴2010》，北京：中国农业出版社，2011年3月1日，第338页。

续表

地区	2009 年	2008 年	2009 年比 2008 年增长（%）	地区	2009 年	2008 年	2009 年比 2008 年增长（%）
天津	818 945	861 742	-4.97	湖南	415 547	421 716	-1.46
河北	1 024 581	1 000 429	2.41	广东	4 857 792	4 626 783	4.99
山西	57 320	94 887	-39.59	广西	856 529	784 974	9.12
内蒙古	251 258	257 572	-2.45	海南	398 965	447 697	-10.88
辽宁	3 067 620	3 351 434	-8.47	重庆	157 907	177 717	-11.15
吉林	932 739	1 058 932	-11.92	四川	559 969	652 341	-14.16
黑龙江	623 520	874 302	-28.68	贵州	144 810	105 703	37
上海	1 210 637	1 281 508	-5.53	云南	970 338	800 183	21.26
江苏	1 966 969	1 977 855	-0.55	西藏	37 886	32 242	17.5
浙江	3 007 113	3 352 932	-10.31	陕西	521 381	734 014	-28.97
安徽	507 796	512 910	-1	甘肃	233 999	283 044	-17.33
福建	3 422 176	3 034 110	12.79	青海	10 758	6 859	56.84
江西	255 547	234 837	8.82	宁夏	30 747	35 421	-13.2
山东	9 760 662	9 966 353	-2.06	新疆	795 162	815 994	-2.55

4. 水海产品、蔬菜和水果出口位居前列

2009 年我国出口水海产品 68.1 亿美元，比上年增长 31.5%；蔬菜 50 亿美元，增长 17.5%；水果 330.3 万吨，价值 21.6 亿美元，分别增长 15.9% 和 18.8%，其中苹果、橘橙和梨分别为 117.4 万吨、98.6 万吨和 46.3 万吨，分别增长 1.8%、31.7% 和 3.7%，三者合计占同期我国水果出口总量的 79.4%。出口粮食 19.9 亿美元，比上年下降 5.9%，位居第四位。受婴幼儿奶粉事件影响，我国乳制品出口大幅下降，全年共出口 3.7 万吨，价值 6 000 万美元，分别比上年下降 69.5% 和 81.2%。此外，出口大蒜 12.3 亿美元，比上年增长 57.7%，平均每吨 705.7 美元，增长 52.75%[1]。

二、农业对外直接投资特征

我国农业对外直接投资的特征主要表现为：农业对外直接投资相对规模狭

[1] 《中国农业年鉴 2010》，北京：中国农业出版社，2011 年 3 月 1 日，第 158－159 页。

小、项目投资主体多元化、项目区域日趋广泛、项目投资领域多元化、投资形式多样化❶。

我国农业对外直接投资主要分布在非洲、东盟、拉丁美洲和俄罗斯等地区和国家，是在援外的基础上发展起来的，中国已与五大洲30多个国家建立了投资合作关系，与140多个国家和地区建立双边交流关系，领域涵盖农、林、牧、渔。

从总体看，中国农业对外投资规模微乎其微，但发展速度较为乐观。截至2008年，农业（农、牧、林、渔业）对外直接投资存量为14.7亿美元，占全部对外直接投资存量1839.7亿美元的0.8%左右。2008年中国对外直接投资（流量）达到559.1亿美元，而农业对外直接投资为1.7亿美元，仅占0.3%左右。2009年中国对外直接投资流量达到565.2亿美元，增长1.1%，其中农业对外直接投资为3.4亿美元，占比0.6%，较2008年增长幅度为100%❷。

投资主体方面，国营的农垦、种子企业、渔业企业已成为现阶段的主力军，发挥了主体和示范带动作用；民营的农业企业在加大“走出去”的步伐。然而我国走出国门的中小农业企业仍然数量稀少，农业企业单项对外投资规模平均只有几十万美元左右，与发达国家约600万美元的平均规模相距甚远❸。据不完全统计，目前在境外投资、合作、上市的农业产业化龙头企业仅有40多家，主体为国营农企，而我国现存的国家重点农业产业化龙头企业就有582家，体现出我国农业产业化龙头企业在对外直接投资方面的不足、发展空间巨大。

项目投资领域涉及粮食种植、经济作物种植、动植物保护、设施农业、农业机械、农村能源领域、生物能源农业、远洋渔业捕捞等❹。

农业企业“走出去”的形式有租赁土地种植、购买捕捞许可证、建立生产和加工基地、进行农业资源开发、农产品生产加工和贸易等❺。

---

❶ 陈前恒，张黎华，王金晶：“农业‘走出去’：现状、问题与对策”，《国际经济合作》，2009年第2期，第9－12页。

❷ 《中国统计年鉴2009》，中国统计局网站：http：//www. stats. gov. cn/tjsj/ndsj/2009/indexch. htm.

❸ 陈前恒，张黎华，王金晶：“农业‘走出去’：现状、问题与对策”，《国际经济合作》，2009年第2期，第9－12页。

❹ 陈前恒，张黎华，王金晶：“农业‘走出去’：现状、问题与对策”，《国际经济合作》，2009年第2期，第9－12页。

❺ 陈前恒，张黎华，王金晶：“农业‘走出去’：现状、问题与对策”，《国际经济合作》，2009年第2期，第9－12页。

三、农业对外合作与农业对外援助

农业对外合作以及对外援助的主要表现形式为“南南合作”，即从1996年起中国参与的联合国粮农组织（FAO）“粮食安全特别计划”框架下的“南南合作”。截至2011年2月底，中国农业部已向非洲、亚洲、南太平洋、加勒比海等地区的23个发展中国家派遣了806名农业专家和技术员，其中向埃塞俄比亚、加纳、马里、毛里塔尼亚、尼日利亚、塞拉利昂和加蓬7个非洲国家派出的农业专家和技术员数量占中国实施农业“南南合作”派出人员总数的90%以上[1]。其中中尼的“南南合作”项目，被誉为“南南合作”的样板。

2008年9月25日，国务院总理温家宝在联合国千年发展目标高级别会议上，宣布了中国政府为实现联合国千年发展目标的六项承诺，其中包括向联合国粮农组织捐款3 000万美元设立信托基金，重点支持“粮食安全特别计划”框架下的“南南合作”项目，帮助发展中国家提高农业生产能力。

作为世界上最大的发展中国家，中国一直把农业“南南合作”作为向其他发展中国家提供力所能及援助的重要方式，通过派出农业专家和技术员进行农业技术试验、示范、推广等活动，一方面提高了东道国的农业生产水平，取得了明显的经济效益、社会效益及生态效益；另一方面提高我国在国际社会的影响力，为我国农业的出口以及直接投资奠定了良好的基础。

第三节 农业产业化龙头企业“走出去”面临的困境

农业产业化龙头企业“走出去”所面临的挑战是来自诸多方面的，国际政治经济环境、东道国产业政策、本国政府、企业自身均会对其产生影响。农业产业化龙头企业“走出去”面临的困境，主要可以划分为外部环境约束与企业内部条件制约两方面。

---

[1] 白锋哲：“‘南南合作’：农业‘走出去’，援外在行动”，《农民日报》，2011年4月6日，第003版。

一、外部环境约束

1. 政治经济风险

“政治经济风险”是指由于东道主国在经济方面的政策和法律的连续性差，而导致的农业企业在东道国的投资风险。主要表现为：

（1）东道国产业法律政策连续性差

国家政策风险，如税收政策的变动、外汇政策的变动，对外商投资企业中股权政策的变动、国际贸易政策的差异、歧视性的贸易政策等❶。例如斐济等一些发展中国家虽然农业生产条件很好，但是政局不稳，政策连续性差，很多在前任领导任期内签订的协议，到了新一届领导，产业政策有变或者取消，导致企业前期投入无法收回，损失很大。又如，由于粮食危机和能源危机，一些国家宣布禁止在本国生产的粮食和用于生物燃料生产的农产品出口，使得中国的农业企业经营业绩受到严重影响。还有一些国家就业、税收政策及通关手续非常苛刻而且多变，对我国农企对外投资形成了阻碍❷。

国家法律风险。如东道国法制建设滞后，无法可依或有法不依甚至执法不严等给外来投资者造成的损失。

国际债务危机风险。由于债务国所借外债到期而无力偿还，并由此引发了一系列经济指标的恶化❸，该国陷入债务危机，这种倒账行为会使拥有贷款债权的国际投资主体蒙受经济损失❹。

（2）我国政府的法律、政策制定滞后

除了东道国政府政策、国际法律风险会给农企“走出去”制造障碍外，本国法律、政策的制定也会对其形成制约，如在国内开展农业项目的农企所享有的多项优惠政策支持在海外却享受不到，在一定程度上制约了我国农企“走出去”。同时海外农业涉及当地的政策、法律等需要国家层面解决，例如

---

❶ 陈伟，熊启泉：“中国农业‘走出去’面临的国家风险及其防范”，《农村经济》，2010 年第 12 期，第 13 – 16 页。

❷ 韩琪：“对中国农业对外投资规模状况的分析与思考”，《国际经济合作》，2010 年第 10 期，第 13 – 17 页。

❸ 陈伟，熊启泉：“中国农业‘走出去’面临的国家风险及其防范”，《农村经济》，2010 年第 12 期，第 13 – 16 页。

❹ 王志民：“论‘走出去’战略与制度创新”，福州：福建师范大学硕士学位论文，2003 年。

本地用工比例偏高、粮食等农产品进出口受限、返销国内征收高额关税等[1]。

2. 食品安全壁垒

加入 WTO 后，我国农业国际化的过程中正面临新的绿色壁垒挑战。当前，主要表现在。

（1）严格的卫生检疫制度

特别是欧盟卫生检疫标准、日本“家畜传染病预防实施细则”及“植物检疫法实施规则”等，均对我国畜禽产品、大部分蔬菜和瓜果类产品的出口贸易提出严峻挑战。

（2）农产品生产和加工技术标准

当前，发达国家制定和实施的严格的强制性技术标准，在很大程度上限制了我国农产品进入国际市场。例如牛肉难以进入欧盟市场，猪肉和牛肉几乎不能出口美国，苹果、香梨均不能出口美国等。

（3）农药及有毒物质残留量

为保护本国产品免受进口的冲击，日本对进口大米的检测项目从 42 项增加到 102 项，对克球粉残留超过 0. 101mg/kg 的冻鸡拒绝进口，从而使我国一些商品因未达到要求而遭退货，对未来的扩大出口造成新的压力。

（4）绿色包装

一些国家对出口产品包装提出严格要求，这对我国农产品出口产生一定的制约。如 1998 年，我国输美包装木材由于有天牛害虫而受到限制；随后加拿大、英国也迅速对我国包装木材进行限制。

（5）保护动植物物种

如 1995 年，美国 FDA（食品和药物管理局）宣布对中国的虾类制品实行“自动扣留”，其原因为我国的渔船上没有装海龟逃生装置，危害了海龟的生息。这使我国冻龙虾出口额由 1995 年的 120 319 万美元减少到 1997 年的 2 318 万美元，冻鳌虾同期由 2 318 万美元减少到 214 万美元[2]。

3. 农业知识产权

随着我国农业“走出去”步伐的加快，国际贸易过程中最为重要的一环为农业知识产权，然而由于知识产权在本土的发育不良，在短期内对国内农业

[1] 张泠然：“我国农业‘走出去’战略的思考”，《企业研究》，2010 年第 10 期，第 64 – 67 页。

[2] 季明川，宋瑜，邱剑峰等：“WTO 框架下农业国际化与我国可持续发展”，《中国农业科技导报》，2003 年第 5 卷（3），第 33 – 37 页。

产业化龙头企业国际发展的约束力会相对明显。

根据中国农业大学的研究，目前我国专利和植物新品种登记申请和维持的费用比较高，一定程度上影响了相关知识产权的申请数量。另外，授权专利转让率2002年为40%，2001年为29%，而美国和德国的农业专利转让率都高达为60%~70%。对侵权的调查表明，超过50%的科研单位遭受过侵权，内容包括专利技术、新品种、注册商标等。❶ 此外，法律的相关规定也不严谨，如我国《中华人民共和国专利法》第六十条虽然规定了专利侵权的解决办法，但未有强制严厉的惩罚机制，对大量的专利侵权案件未有绝对约束。❷

我国目前的战略旨在从“制造大国”转向“创造大国”，因此知识产权保障机制的建立对于我国国内市场的发展以及在国际市场树立民族品牌都是至关重要的。

4. 农业技术贸易壁垒

科技的发展可谓日新月异，传统的农业产品、新型农业产品（转基因产品与生物农药等）都在不同程度上进行不断的翻新、创造，其中含有高科技成分的部分即带有知识产权。在世界范围的技术贸易领域，发达国家为专利技术的主要生产者，并通过技术转让将专利销售出口。

目前我国农业科技水平仍然落后发达国家许多，农业机械化生产、农业科技的发展是提高产量、巩固农业“走出去”根基的重要一步。然而，以TRIPs（全称《与贸易有关的知识产权协议》）为主要组成部分的国际贸易公约，对农业知识产权保护做了严格的规定，致使发达国家利用我国农业知识产权保护不严的缺陷，建构起对我国农业技术输出的壁垒，这无疑会给我国农业科技的发展制造不小的障碍。在国际竞争的舞台上，科技力量、产品质量将会成为举足轻重的衡量指标，而我国既然要走科技强国之路，就必须为专利的保护铺设良好土壤，以保障技术的成长与发展。

5. 自然灾害风险

农业不同于制造业和服务业，需要热量、光照、水、地形、土壤等自然条

---

❶ 贡锡锋：“我国加入WTO后农业知识产权保护和技术贸易对策研究”，北京：中国农业大学，2004年6月，第56-57页。

❷ 《中华人民共和国专利法》第六十条：未经专利权人许可，实施其专利，即侵犯其专利权，引起纠纷的，由当事人协商解决；不愿协商或者协商不成的，专利权人或者利害关系人可以向人民法院起诉，也可以请求管理专利工作的部门处理。这些对我国农业科技发展以及转让都造成了负面影响。

件，呈现明显的区域性和季节性特点，农业受自然条件影响大，自然灾害对农业生产能力的稳定性具有显著影响。因此需要及时了解当地的地质、洪涝、旱灾等发生的频率，同时也应该搜集当地的土壤、温度、降水量适宜种植植物等信息❶。

二、内部条件制约

1. 战略选择

从战略选择角度，我国农业产业化龙头企业对农业海外发展的需求不够迫切。由于我国一直是一个粮食高自给率的国家，粮食供给略大于需求，当前并不存在紧迫的粮食安全问题，如2009年中国粮食总产量为5.31亿吨，而粮食需求大约在5亿吨。因此，农业产业化龙头企业的对外投资从战略意义上讲，最多只能发挥有限的“补充”作用，可以为国家粮食安全提供一种额外保障，但并非必然需求，由此在战略选择方面，我国大多数的农业企业对此还不够重视。

2. 资源制约

除去战略选择对农业企业发展方向的决定性作用，企业内部资源的整合是决定我国农业产业化龙头企业发展“走出去”战略的前提条件，也就是说，资源制约是我国农企“走出去”困境的最主要因素。

（1）土地资源

人地关系恶化、粗放经营、资源浪费和退化严重，生态环境破坏严重，农业环境遭受污染严重制约我国土地资源的可持续利用。

（2）人力资源

“走出去”投资农业的企业缺乏掌握外语、了解国际规则与国际管理的管理人员；对投资国的有关农业产业政策、农产品市场潜力、农村劳动力素质、风土人情等情况了解甚少，以致一些投资项目陷入困境❷。

（3）融资能力

走出国门缺乏必备的资金和政策支持，中国农业对外投资起步晚，农业企业规模普遍偏小，境外融资难度很大，而国内贷款由于受银行抵押担保条件限

---

❶ 张泠然：“我国农业‘走出去’战略的思考”，《企业研究》，2010年第10期，第64-67页。

❷ 陈前恒，张黎华，王金晶：“农业‘走出去’：现状、问题与对策”，《国际经济合作》，2009年第2期，第9-12页。

制和一些历史性原因也很难获得。如果没有国家的资金支持，一般企业很难有能力去开发国际农业合作市场，而目前在这方面缺乏完整的政策体系和稳定的资金来源❶。

3. 品牌弱势

除去仅有的几家农企，我国大部分农产品在国际市场上并无品牌优势，涉农企业总体竞争力不强，龙头企业整体实力偏弱，科技创新能力不足。农产品质量相对劣势、非绿色制约着我国农产品“走出去”，更无法“走得好”。从当前的情况分析，根据监测资料，全国水体、土壤、大气等环境要素普遍遭受工业“三废”污染和农药化肥等污染，农产品中农药残留量、重金属等其他污染物含量局部地区较高，有的已超出国家食品卫生标准的若干倍❷。污染将严重影响我国农产品的质量和出口贸易。

第四节　农业产业化龙头企业“走出去”的对策分析

农业产业化龙头企业“走出去”是在目前国际市场机遇与国内资源制约的合力下，企业未来发展的必然走向，因此面对现有的风险与制约，农业产业化龙头企业需要做到一方面服从国家战略以获取政策保障、降低风险，另一方面提升企业竞争力，达到可持续发展。

一、提升企业竞争力

农业产业化龙头企业在国内的竞争力毋庸置疑，但想要在国际市场上发展，甚至“走得好”，企业竞争力的提升是核心内容。

1. 产业链条

“产业链”可以在很大程度上解决农业企业的成本制约与效率低下问题，产业化组织可以在加工、储藏、运输等各环节降低交易成本，并且以“订单”的形式确保企业生产的可预期性。

当前，我国农业产业化龙头企业在形成“走出去”的产业链部分还处于

---

❶ 韩琪：“对中国农业对外投资规模状况的分析与思考”，《国际经济合作》，2010 年第 10 期，第 13 - 17 页。

❷ 季明川，宋瑜，邱剑峰等：“WTO 框架下农业国际化与我国可持续发展”，《中国农业科技导报》，2003 年第 5 卷（3），第 33 - 37 页。

初级阶段，在原料和物流渠道控制方面相比外资企业处于劣势。龙头企业可以通过海外农业投资，控制原料和物流渠道，以完善上下游产业链。如中粮在2009年正式提出"打造全产业链粮油食品企业"战略新目标，通过对全产业链的系统管理和关键环节的有效掌控，形成纵向打通、横向协同的整体竞争力，实现产业布局的转型升级。

2. 风险管理

农业企业在产品出口或者投资海外前，必须先开展可行性分析研究以及不确定性分析等。在有效分析国际政治经济等因素的基础上，合理确定目标市场，并对产品出口目的国、投资目的国进行进一步分析，合理预期收益。目前，我国还非常缺乏海外投资风险评估机构，企业难以判断投资的风险。因此，农业产业化龙头企业可以根据自身的资金实力，积极引入国外风险分析机构，培育本土风险分析人才。

在风险管理的同时，农业企业还要认识国际上的市场环境并参与其中，以确保企业的运行与国际环境保持一致，以最低的成本防范风险。

3. 资源整合

资源整合能力对农业产业化龙头企业的发展起到至关重要的作用。

首先，农业产业化龙头企业应建立好企业在国内的基础，积极整合国内的人力、财力发展海外出口与投资。人才招募方面积极吸纳具有国际公司运营、农产品出口以及海外投资经验的人，并在企业内部培训专业人才；融资方面，可以一方面积极向政府寻求支持，另一方面在资本市场上凭借良好的信誉与企业竞争力获得支持。

其次，通过深入参与国际农业合作与竞争，农业产业化龙头企业在国际市场上开展第二轮的资源整合。可以充分借鉴发达国家的标准化建设与盈利模式构建，学习和吸收先进的管理和技术，增强农业企业的核心竞争力，并以此为基础吸引海外人才与资金。

4. 品牌销售

品牌的建立是产品高附加值的保证。一方面，我国农业产业化龙头企业可以根据自身产品的特点附加品牌特征；另一方面，在可控资源的支持下，龙头企业可以结合我国农产品的相对优势，自创品牌。

二、两条路“走出去”

1. 农产品出口

以农产品出口可持续发展为指导，提高产品环境质量、优化产品结构、提高出口产品的档次和竞争力，提高国际市场占有率。

积极培育、发展可持续发展的绿色农业产业，包括有机食品、绿色食品、无公害农产品产业。按国际市场需求，坚持产业化、标准化、科技化和突出特色等原则，建立绿色产品出口基地，扩大高质量的AA级绿色食品或有机食品生产。

建立绿色农业产业研究和开发中心，研究和开发与不同国家接轨的绿色产品技术标准、生产和管理规范。加强技术开发和全程生产管理，保障农产品质量。加强科技创新，冲破绿色壁垒的束缚，扩大农产品出口。按产品成立行业协会，加强行业自律❶。

2. 农业对外直接投资

以对外直接投资为主，以间接投资和其他经济技术合作、农村劳务输出、对外农业工程承包以及农业类经济技术合作等为外延；以发展中国家为重点，以发达国家为补充；以资源开发型投资和出口导向型投资（境外加工贸易）为主线；以市场开拓型和高新技术型投资等为辅助；以不同所有制类型的中国跨国公司为主体，尽快形成能够“走出去”的农业企业群体，提高我国农业的国际竞争力和市场占有率，推进我国农业可持续发展战略的实施。

从投资的国家和地区看，应重点向投资回报高、市场需求大、可缓冲我国资源紧缺矛盾的发展中国家，特别是非洲、拉丁美洲、中东和独联体地区的一些国家进行投资；而欧美等发达和新兴工业化国家，由于采取了许多保护其市场的措施，加上我国技术水平、产品质量、竞争力还不够高等，这些国家不应成为我国农业对外投资的重点。

从农业对外投资重点看，当前应限定在如下方面：一是农业产业范围内的对外投资、对外农业工程承包、劳务合作、对外援助以及其他经济技术合作。二是紧紧围绕着农业经济活动，包括海外种植、养殖、加工以及生产资料、农

---

❶ 季明川，宋瑜，邱剑峰等：“WTO框架下农业国际化与我国可持续发展”，《中国农业科技导报》，2003年第5卷第3期，第33－37页。

业机械生产等，实施农业“走出去”战略[1]。

三、政策保障

农业“走出去”战略的核心在于农业产业化龙头企业不断开拓海外业务、增加海外投资。政府的首要任务是为农业产业化龙头企业“走出去”提供保障平台，在规划、协调、监管、风险保障以及融资、信贷、中介咨询、人才培育等方面设立配套政策、法规，形成保障体系。

1. 宏观政策调控农业“走出去”方向

目前，我国已形成由农业部、商务部、财政部等10个部委组成的农业“走出去”工作部际协调领导小组，一定程度上统一了对农业“走出去”战略的宏观指导。多部门的合作也可以解决长期以来各自为政的问题，为制定出一个更加全面、可行的农业国际化战略方针提供了制度保证。

另外，国内宏观政策的调控也不应僵化，应该适时吸取农业产业化龙头企业在海外的发展实践的经验，反馈到国内新一轮宏观政策的制定，以便更及时、富有成效地贴合农业企业海外发展路径。

2. 具体政策支持农业“走出去”步伐

在“走出去”过程中，农业产业化龙头企业势必会遇到无法预计的问题，这时政府可以通过具体的政策支持农业“走出去”的步伐。首先，农产品外贸管理部门可以为农业企业提供贸易救济。如发生自然灾害时可以为农业企业提供一定的前期赔付以帮助农业企业渡过难关。除此之外，农业部门可以通过健全国内保险系统以达到为农业企业提供保障的目的。其次，农业机构可以通过外交手段，解决双重征税、人员签证期限较短、劳务人员限制、入境生产资料关税过高、产品返销国内征税过高等问题[2]。再次，通过政府设立的研究、咨询机构，农业企业可以利用以上数据库分析外部环境，有根据地进行贸易交涉、投资。此外，政府可以定期举办农业企业海外发展交流会，为企业之间的交流搭建平台。最后，农业部门需要与国际上农业科技发展保持同步，在国际会议中坚持中方立场，以达到促进我国农业国际化可持续发展的目的。

---

[1] 季明川，宋瑜，邱剑峰等：“WTO框架下农业国际化与我国可持续发展”，《中国农业科技导报》，2003年第5卷第3期，第33－37页。

[2] 陈前恒，张黎华，王金晶：“农业‘走出去’：现状、问题与对策”，《国际经济合作》，2009年第2期，第9－12页。

在国家及政府的支持下，农业产业化龙头企业需遵循由商务部、农业部和财政部牵头成立的、由10个部委组成的农业“走出去”工作部际协调领导小组，接受国家统一的宏观指导和规划。学习国家制定的关于境外农业资源开发合作规划，包括重点支持品种、重点投资国别和重点支持内容等。

案例

中粮集团竞购澳大利亚糖业公司 Tully Sugar❶

Tully Sugar是一家非上市公司，发行的股份总数是308.99万股，按照每股43澳元计算，整个公司估值约为1.33亿澳元。Tully Sugar成立于1925年11月，公司的主营业务是蔗糖压榨，该业务贡献的收入占全部收入的89%。Tully Sugar的压榨厂在2005榨季创下了每小时压榨720吨甘蔗的纪录，在澳大利亚拥有铁路配套设施的榨糖厂中，Tully Sugar是产能最大的单体工厂，压榨能力和处理水平超过行业平均水平。Tully Sugar公司还有5个甘蔗种植农场，农场面积为1827公顷，其中1250公顷用来种植甘蔗，现有场地每年可以种植9.5万吨甘蔗。

2011年4月16日，中粮通过旗下澳大利亚子公司Top Glory Australia向Tully Sugar发出非约束性要约，邦吉方面则由Bunge Australia出面，第三家提出竞购的是路易达孚支持的Mackay Sugar。目前三家的出价都是每股43澳元。Tully Sugar的股东面对三家竞购企业的报价，可以自由选择，其中邦吉的收购到2011年6月20日结束，中粮和Mackay Sugar的收购要约截止时间分别是6月21日和6月28日。6月3日，中粮集团宣布将要约收购价每股提高1澳元达到44澳元，从而超过两大竞争对手邦吉和路易达孚支持的Mackay Sugar。7月6日中粮集团发布公告，其击退国际糖业公司邦吉，持有澳大利亚糖业公司Tully Sugar 61.25%的股权，这其中包括竞购公司邦吉出售给中粮的6.91%的股权。至此中粮成功收购Tully Sugar。

中粮集团总裁于旭波表示，澳大利亚是中粮集团实施“走出去”战略的一个重要部分，也是中粮强化供应链环节的关键。作为中国最大的粮油食品贸

❶ 资料来源：http：//www.spjixie.com/news/show.php？itemid=14269，http：//finance.qq.com/a/20110609/000388_1.htm.

易及粮油食品加工企业，中粮集团希望与澳大利亚加强农业领域的合作，寻求更多的投资机会，创造互利共赢的局面。中粮集团参与竞购Tully Sugar的另一个原因在于，近年来中国食糖消费增速明显，国内产量难以提高，食糖缺口进一步扩大，中粮集团本次交易对于缓解中国市场的食糖供应非常有必要。另外，中粮集团全产业链战略的发展需要全球市场的支持，本次交易是推进中粮集团“走出去”战略的进一步实施，整合海外优势资源可以完善中粮全产业链在制糖业的布局，并将全产业链延伸至海外。

第十二章　国外农业产业化经营概况

农业产业化起源于“二战”之后农业振兴时期的美国，而后传入西欧、日本等发达国家，到20世纪70年代末期，已发展成为发达国家农业的主要经营方式。这些国家的实践经验充分显示了农业产业化给农业发展带来的积极促进作用，学习他们的先进经验和成功模式有助于推进我国农业产业化更好发展。

在本章中，我们将以农业产业化程度较高的美国、日本和欧盟等国为例，介绍它们的农业产业化经营组织和农业产业化现状，总结各国在农业产业化方面的特点和发展经验，希望能从中找出一些规律，为我国农业产业化经营的发展提供借鉴或参考。

需要说明的是，虽然各国对农业产业化的称谓不尽相同，如农业一体化、农业共同体等，但这些叫法对应的实质内容都是相同的，对此，下文将不加以区别。

第一节　国外农业产业化经营的组织形式及现状

一、各国农业产业化的组织形式

由于国情差异，各国现阶段农业产业化的实现形式是多样的，总体而言，是工业、农业和商业的产业联合，不断向水平和垂直两个方向发展。水平发展是指产前、产中和产后的经济部门不断扩展，形成许多产业，通过它们彼此间的有机联合形成水平一体化的农业产业链，其组织形式有：供应合作社、生产合作社、销售合作社、信贷合作社、农协等。垂直发展是指通过工业资本或商业资本的介入，将农业产业的众多环节紧密联合形成垂直一体化的大型农业企业，其组织形式有：大型农业公司、公司+农场组、农场主办公司等[1]。

农业产业化的组织形式取决于如下因素：经营内容、生产结构、参与主体的成分、管理技术的发展、专业程度和规模大小[2]。在发达国家，主要有如下三种形式。

1. 合同制

合同制是指企业与农场主签订合同，严格明确双方的经济责任。在此基础上，企业以直接的业务往来方式向农场主提供服务，是发达国家农业产业化最普遍的形式。根据合同订立的完全与否，还可分为紧密完全型和松散不完全型两种。在合作内容上，通常由工商企业负责向农场供应农用物资，提供技术服务，加工与销售农产品；相应地，农场主须依照合同规定向企业按期提供一定数量和质量的农产品。在美国，合同制的农业产业化组织形式居于主导地位，尤其以紧密完全型一体化合同的形式更为普遍。

2. 农业合作社

农业合作社是市场经济条件下，为使自身产销利益最大化，农民个体自发组织起来的联合体，共同进行农业生产资料的生产、供应及农产品的收购、储运、加工、销售等。按合作内容的不同可划分为：农产品营销型、农资供应型、农产品加工型、农业综合服务型等多种类型。合作社的最主要作用在于帮助农民降低生产成本，提高对外谈判地位，避免内部恶意压价，促进农产品销售，扩大出口等。在日本和西欧国家，由于农业经营规模较小，农业合作社的一体化形式占据主导地位。

3. 农工商综合体

农工商综合体主要由大企业或公司直接介入农场，参与农业生产资料供应、农产品生产、农产品加工、农产品销售等多个或全部环节，形成完整的经营体系，是典型的垂直一体化组织形式。组成农工商综合体的方式主要有互相控股型和垂直合同型两种。互相控股型，即工业、商业、金融和农业企业互相投资，控制股份组成联合企业。它是建立在该公司范围内统一财产所有权基础上的完全而紧密的一体化联合组织。由法国国有矿化公司主导组成的联合体就是一例，包括了50多家工矿企业和400多个农业合作社。垂直合同型，即通

---

[1] 李长云，刘畅，赵淑华：“美、日、欧农业产业化经营组织模式比较”，《商业研究》，2009年12月，总第392期，第203页。

[2] 车维汉主编：《发展经济学》，北京：清华大学出版社，2006年版，第241－242页。

过合同把农场和与农业有关的行业单位组织起来形成的综合体。法国有 25%以上的农场与私人公司、国家机构、合作社签订合同形成联合体。与农场签订了合同的企业和机构有权监督及参与农场管理，同时也要根据合同向农场提供各种服务❶。

二、发达国家农业产业化的发展现状

经过半个多世纪的发展，发达国家农业产业化已经进入成熟阶段。其标志为：农业生产高度专业化和集约化，农业服务体系高度社会化，农业生产经营高度一体化和农产品贸易高度国际化。

1. 农业生产高度专业化和集约化

农业生产专业化包括三种类型：农业经营主体专业化、农艺过程专业化和农业生产区域化❷。农业经营主体专业化指各经营主体摆脱小而全的生产结构，调整为向市场专门或主要生产某种农产品。农艺过程专业化意味着，把生产某一种农产品的全部作业过程分解为若干个阶段，分别由不同的具有优势的经营主体来完成。如美国畜牧业生产，育雏、饲养、蛋奶生产等工作都由专门的企业来完成。农业生产区域化是指，农业生产在较大的地区之间实行日益明显的分工，各地重点生产具有优势的农牧产品。如美国因地制宜地进行某种作物的生产，现已形成玉米带、棉花带、畜牧带等 10 个各具特色的农业带。

随着农业技术进步，农业资本投入的强度增大，农业生产规模日益扩大，农业集约化过程必然与农业生产专业化同时进行。生产集约化的重要表现之一，就是伴随农场数目的减少，农场经营规模显现不断扩大的趋势。在美国，农场总数在 1935 年为 680 万，2011 年下降到 220 万❸。小规模的家庭农场逐渐减少，代之而起的是大规模经营的农场。美国农场的年销售额在 50 万美元以上的农场占地规模在 2011 年进一步增加到 305 700 平方千米，年销售额低于 50 万美元的小规模农场占地规模相应进一步减少❹。

2. 农业服务体系社会化

在市场机制作用下，发达国家在农业产业化过程中已形成农业产前、产中

---

❶ 云中雪："法国农业"，http：//www. dljs. net/dlsk/11594_ 2. html.

❷ 张敏，卢向虎，秦富："借鉴发达国家经验，推进农业产业化跨越式发展"，《农业经济问题》，2011 年第 4 期，第 5 页。

❸ 数据采自美国农业部报告《Farms，Land in Farms，and Livestock Operations 2011 Summary》，第 4 页。

❹ 数据采自美国农业部报告《Farms，Land in Farms，and Livestock Operations 2011 Summary》，第 4 页。

和产后社会化和多元化的服务体系，发展了各种类型的农业社会化服务组织，其服务包含农业生产资料、农机、加工、保险、金融等各个方面。其组织类型可分为如下五种：（1）政府部门型。如美国农业推广体系，由农业部科教总局领导，联邦、州、县三级农业推广站共同组成。（2）合作社型。此类农业合作社广泛存在于欧美国家，有农产品和农资购销合作社、信贷保险合作社等多种类型。（3）协会型。如美国的农场主协会和日本的农协。（4）企业型。如农工商综合企业及金融机构。（5）产学研型。以美国为例，每州至少有一所以农科为主的赠地大学，每个赠地大学建立一所农业试验站，由联邦农业部与赠地大学合作，在每州建立一个从事农业推广和普及的机构（州合作推广站）向农民提供各种培训[1]。

3. 农业生产经营一体化

农工商一体化，产供销一条龙，是农业产业化最突出的表现形式。它是指农业企业内部、农业企业之间以及农业企业与非农业企业之间，通过某种利益调节机制，把农业生产过程中的各个环节纳入同一经营体内，形成“风险共担，利益共享”的共同体。以法国小麦生产为例，有的是加工成面包制成品出售，从小麦的生产、加工到食品销售的全过程，均由同一个企业（多为合作制企业）完成；有的加工成面粉等中间产品销售；有的则根据不同用途分别装运出售。如此，既满足了市场的多层次需求，又取得了较高的销售收入[2]。

4. 农产品贸易国际化

农产品贸易高度国际化是发达国家农业产业化发展水平的象征。以美国、荷兰为代表的发达国家，其农业产业化已发展成熟，农产品的商品率很高，在国际市场上具有很强竞争力，农产品市场的国际化水平很高[3]。美国是世界上农产品第一出口大国，其2011 年的农产品出口额达1 374 亿美元[4]。只有1 600多万人口的荷兰，农业经济占经济总量10%，但农业贸易却占整个国家贸易近一半。其农业出口率、人均创汇率、单位面积土地的创汇率均处于世界领先

---

[1] 宋英杰，陈银春主编：《农业产业化经营概述》，北京：中国社会出版社，2006 年版，第116 页。

[2] 高继宏，朱金鹤，崔登峰：“国外农业产业化经营的经验及其机制创新”，《世界农业》，2004 年10 月，总第306 期，第8 页。

[3] 宋英杰，陈银春主编：《农业产业化经营概述》，北京：中国社会出版社，2006 年版，第117 页。

[4] 数据采自新华网：“美国 2011 财年农业出口额创历史新高”，http：//news. xinhuanet. com/world/2011 -11/11/c_ 122263848. htm.

地位。每年农产品净出口值一直保持在130亿美元左右，约占世界农产品市场贸易份额的10%❶。这些国家农产品市场的高度国际化，反映出很高的农业产业化和现代化水平，是其农业现代化水平的典型体现。

第二节　美国农业一体化的做法

美国国土辽阔，资源丰富，是世界上最大的农业生产国和出口国之一。从20世纪20年代到50年代，美国农业经过数10年的发展，已建立起一套相对完善的农业一体化体系❷。首先是集生产、加工、销售为一体的经营组织体系；其次是多年来逐步形成的法律、法规体系；再次是完善的社会化的服务体系。美国农业产业化体系的建立和完善推动了美国农业产业化走在世界前列，领导了农业一体化的方向。

一、美国农业产业化经营的主要组织形式

20世纪50年代以来，美国农业中就出现了农工商一体化经营的趋势，通过产前、产中和产后各部门的有机结合，降低市场风险，减少交易费用。美国农业产业化经营组织形式主要有如下三种。

1. 农工商综合体

农工商综合企业又称农业公司，是工商企业把资金直接投入到农场，把农业生产资料的生产和供应、农业生产本身、农产品的加工和销售乃至科学技术研究等各个环节联结起来，形成的一个农工商综合体。在该模式下，工商企业起主导作用，农场是其中的一个专业化生产单位。凭借工商企业的强大实力，这种综合体往往拥有较高的生产技术水平和较大的经营规模❸。

2. 合同制经济联合体

合同制经济联合体是指，由工商企业与农场主签订合同，明确双方的责任与义务，前者通过直接的业务往来向农场主提供服务，建立一种相对稳定的联系，从而把产供销统一起来。在此模式下，原有的工商企业和农场仍保持各自

---

❶ 刘丽伟："荷兰：创意农业发展迅速，产业链条完整发达"，http：//paper. ce. cn/jjrb/html/2011 -08/14/content_ 163370. htm.

❷ 杨志："美国农业产业化体系及其对我国的启示"，《当代世界》，2005年第9期，第54页。

❸ 宋英杰，陈银春主编：《农业产业化经营概述》，北京：中国社会出版社，2006年版，第119页。

的独立地位不变。这种模式在美国农业中一直占有较大比重，在2005年实现了一体化经营的农产品的产值里占75%。

3. 合作社一体化经营

美国的农业合作社产生于19世纪中期，当时主要有供销合作社和信用合作社两种形式。进入20世纪后，农场专业化水平的提高带动了合作社的发展，越来越多的农民出于自身产销利益考虑，自发组织成立互助合作经济组织，主要有生产、销售、购买供应和服务合作社四种类型。据统计[1]，美国的各类农业合作社到20世纪90年代初已达到4 000多个，通过农业合作社供应的农用物资占47%，农产品销售量占37%，发挥了重要的生产作用。

以上三种不同类型的农业一体化经营组织共同形成了美国农工商、产供销一体化的农业现代化生产体系。

二、美国农业产业化政策体系

美国政府高度重视农业的发展，实施了农民补贴、贷款扶持、市场扩张、调节供应、支持生产、鼓励科技及成果推广等政策措施，对农产品价格和农民收入实施保护，实现稳定农产品价格、扩大财政农业支出、增强自身农业国际竞争力，保障农业持续健康发展的目的[2]。从20世纪30年代开始，美国政府制定了数百个农业法律，确立了稳定的农业投入机制：一方面，加强对农业教育、科研和推广的投入，帮助农场掌握先进的农业生产技术和农场管理方法；另一方面，大力建设道路交通、信息网络和农产品市场体系，以良好的基础设施辅助农场主了解市场、运销农产品。美国国会还通过了《农业安全与农村发展法案》，使美国农业在各产业中的地位上升到法律高度。美国政府对农业一直采取积极支持的态度，逐步形成了高度重视农业的社会氛围，这为美国的农业发展奠定了坚实的基础。具体来说，美国农业支持政策主要有以下内容。

1. 生产经营支持政策

生产经营支持政策。依据产品的差异，美国联邦政府对农产品生产给予不同方式和力度的支持。其一是农业产品补贴。法律中有明确规定享受政府直接生产补贴和价格支持的农产品。对于某些农产品，法律中虽没有补贴规定，但

---

[1] 宋英杰，陈银春主编：《农业产业化经营概述》，北京：中国社会出版社，2006年版，第120页。

[2] 振兴东北办："振兴东北办组织东北企业家赴美国进行农业产业化培训"，http：//chinaneast. xinhuanet. com/2007－12/29/content_ 12082712. htm.

在灾害或其他特殊情况下，政府仍会予以支持。其二是农业信贷优惠。政府预先制定农产品的支持价格，农场主收获后按此价格抵押给农产品信贷公司，获得贷款的利率远低于商业贷款。若市场价格低于支持价格，信贷公司无权索回贷款；若高于支持价格，农场主出售农产品后再还本付息。此即“无追索权贷款”。此政策旨在保证农场主的基本收入水平。其三是目标价格补贴。另一项保证基本收入水平的政策。政府事先确定农产品的目标价格（高于上文中的支持价格），若农场主以低于目标价格出售农产品，则可获得差额补贴，填补市场价格与目标价格之间的差额。其四是储存计划。政府支付农场主一定的储存费用，由其负责储存农产品，并预先制定释放价格和号令价格。当市场价格低于释放价格时，农场主不可随便出手储存产品；当市场价格高于释放价格同时又低于号令价格时，政府不再支付储存费用；当市场价格高于号令价格时，农场主必须出售所储存产品，并归还无追索权贷款。此政策的实施可缓解政府库存压力，调节农产品供求关系。其五为生产控制。通过补贴限额生产及休耕，使国内农产品供给保持一定水平，保持国内农产品的较高价格，保护农业生产者利益❶。

2. 农业金融和保险政策

作为产业发展服务体系的必要组成部分，美国农业的高度发达与农业金融和保险体系的支持密切相关。其一是农业金融体系。由政府主导，农业政策性金融体系、农业合作性金融体系以及农业商业性金融体系形成了三位一体的金融体制，通过相应体系内的政府补贴、农村金融、农业贷款等多种途径，多层次、全方位覆盖了美国农业产业的方方面面，为建设现代化农业提供了资金保障。其二是农业保险体系。美国普遍实行国家对农业保险提供保费补贴的农业保险支持政策。早在1933年，美国国会就通过了联邦作物保险法，农业保险业务由商业保险公司经营和代理，政府对农业保险机构提供经营管理费和保险费补贴，降低农户的投保费用。美国的农业保险以农作物保险为主，发展至今，可保作物种类、保障水平和农户参与率都已有了很大提高。此外，政府还提供如农业产量保险、牲畜疫病保险等保险服务，以分散农业经营风险。上述这些金融和保险政策都对于稳定农业生产，保护农户利益发挥了重要作用。

---

❶ 柯腾，吴华：“美国现代化进程中农业保护政策及其启示”，《学术研究》，2002年第4期，第49页。

3. 对外贸易支持政策

由于美国农产品30%以上都依赖于出口，美国农产品出口自初始便着眼于全球市场。2002年，美国农业法要求农业部制定一项农业外贸长期战略，明确美国农产品出口增长的目标，以确保不同部门的资源、项目和政策能据此相互协调。政府同时实施一系列加强出口的政策如下：出口农产品价格补贴，加强美国农产品在国际市场上的竞争力；实施扩大出口需求计划，采用非价格手段开发国际农产品市场，督促签约国履行相关农业协议，开放其本国农产品市场，以促进农产品贸易的自由化[1]；为出口商提供信贷担保，增加农产品销售机会和扩大出口规模。

4. 其他农业支持政策

在上述政策之外，美国政府还出台了众多其他相关政策支持农业发展。举例来说，实施农业基础投入政策，为保护草场资源、发展畜牧科技和维护农牧场提供财政支持；制定收入支持政策，例如牛奶收入损失合同、牲畜补偿和家畜援助项目等。此外，美国政府还重视规范市场交易行为。美国国会先后通过若干法律，对垄断行为作出了明确规定，同时将非股份制、非营利性合作社从反托拉斯法中豁免出来。如此，一方面为农产品运销加工企业建立了公正合理的市场交易环境，另一方面为入市交易的经营者规定了经营行为标准，从而保证农产品运销加工活动有序进行，避免了农产品价格的大幅度波动[2]。

三、美国农业社会化服务体系

美国政府始终关注并大力支持农业领域所有关键环节，推动了农业及多样化产业体系发展，形成了规模庞大的各种组织。这些组织社会分工明确，涉猎领域广泛，同时专业化地服务于农业的各个环节。美国的农业社会化服务体系专业分工非常细致。在农业生产过程中，从整地、播种、育苗、施肥、治虫，到收获、销售等全过程的每个环节都有专业化组织的身影；这种专业化同时还向农业产业的上下游扩展，从产前的土壤检测、良种培育，到产后的加工、冷

[1] 柯腾，吴华："美国现代化进程中农业保护政策及其启示"，《学术研究》，2002年第4期，第49页。

[2] 国务院振兴东北办赴美农业产业化培训考察报告，http：//wenku.baidu.com/view/844977573c1ec5da50e27041.html.

藏、贸易及物流等。在分工细致的同时，各专业组织都与农业生产者签订规范的服务合同，实行定量化、标准化的服务。在美国加州，从事农业与服务农业人员之比达到了1∶15，由此可见美国农业社会服务的发达水平及其专业化分工的细致程度。

从农业服务提供的主体角度来看，美国的农业社会化服务体系主要由三个部分组成：农业公共服务体系、集体农业服务体系和私人农业服务体系❶。在此体系中，农业所需的服务不是由某一类组织完全包揽，而是由众多不同属性的组织共同承担，其分工各有不同。举例而言，各级政府部门一般会负责投资大、收效慢的基础设施项目，如交通运输、电力供应、仓储设施等物质基础设施以及农业教育、科研和推广。

1. 农业公共服务体系

农业公共服务体系主要由政府部门构成，主要由农业部农业研究局、农业推广局、州合作研究局等联邦农业研究和推广机构、53所州立大学农学院、农业实验站以及县农业推广办公室共同组成。该体系的任务是依托于政府的财政支持，将农业知识和技术免费传递给农民。

2. 集体农业服务体系

集体农业服务体系由两部分构成：其一为各种农场主合作社等非营利机构，为保护农场主的个人利益而建，有生产合作社、销售合作社、购买合作社等多种类型；其二是合作农业信贷体系，包括联邦土地银行、联邦中期信贷银行和合作社银行，主要面向农场主提供廉价的信贷服务。其中，土地银行侧重于提供固定资本贷款，而中期信贷银行则以解决流动资金不足为主。

3. 私人农业服务体系

私人农业服务体系主要由从事农机、化肥、农药、种子等农用物资的生产和供应的企业，以及从事农产品运销加工活动的私营企业组成。其典型形式是本章第一部分中提到过的农工综合体，通过签订供销合同和垂直一体化，把农用物资、农产品运销加工和耕作、防疫、收割等生产中的全部或部分联结在一起。私人农业服务体系下的组织按照市场原则进行经营，其社会化服务活动的直接目的是获得利润。

---

❶ 胡家浩："美、德农业社会化服务提供的启示"，《开放导报》，2008年第5期，第88页。

第三节　欧盟各国农业共同体的类型和模式

1993 年，欧洲诸国在欧洲共同体的基础上建立了欧盟，旨在促进成员国的经济和社会发展。至今，欧盟拥有英国、法国、德国、意大利、荷兰等 27 个成员国。欧洲农业高度发达，农业产业化水平较高。20 世纪 60 年代以来，欧盟各成员国一直推行“共同农业政策”，各国的农业经济制度和发展水平比较接近。其中，德国、法国、荷兰等国是世界上农业产业化程度最高的国家之一，其农业和农业产业化经营具有很多值得我国借鉴的共同点。

一、欧盟农业和农业共同体的特征

1. 家庭农场的经营规模不断扩大

长期以来，欧盟各国的农业一直处于家庭经营方式。进入 20 世纪 60 年代后，农业现代化水平有了很大提高，但家庭经营的方式并没有被取代，只是与前些年相比，经营规模呈现出不断扩大的势头。根据法国农业部的农业普查结果显示，2000 年法国农业经营单位平均占地面积达到 42 公顷，较 1988 年扩大了 1.5 倍[1]。

为顺应国民经济发展的趋势，满足农业现代化发展的要求，各国政府都采取了许多政策性措施促进家庭农场规模的扩大，推动农业产业化经营，促使土地在农场中不断集中。具体政策包括财政补贴、优惠贷款、减免税收等。鼓励小规模的家庭农场向大型农场出售土地，以实现土地的相对集中。

2. 农业合作经济全面发展，弥补家庭农场规模偏小的缺陷

与家庭农场的经营方式相适应，自 20 世纪 50 年代开始，欧盟的农业合作经济得到逐步发展，至今几乎渗透到了农业生产经营的每个角落。具体而言，农业合作经济体主要承担农村流通领域的合作，为家庭农场提供产前、产中和产后的系列化服务。为形成规模优势，已涉及产、供、销、信贷、保险等社会化服务的多个方面。如德国 2000 年已有各类合作社 8 000 余个，比 1950 年增加 67%。各类合作社 2000 年产值 750 亿马克，比 1950 年增加 10 倍，目前共

[1] 宋英杰，陈银春主编：《农业产业化经营概述》，北京：中国社会出版社，2006 年版，第 121 页。

有13.78万名雇员。据统计，德国成年人中，40%的人是农业合作社的社员❶。

与此同时，由于部分欧盟农业合作经济体除了吸纳农户提交的股金，还吸收一部分政府的财政补贴，农业合作经济体与政府的关系比较密切，使其成为连接农民、市场和政府的纽带。基于此，政府对农村合作经济组织提供了多方面的政策扶持，有力地推动了农村合作经济体进一步的创新与发展。

二、欧盟各国农业共同体的组织形式

1. 合同模式

合同模式是指通过签订合同，农场与位于生产环节上下游的企业形成供销一体化经营体制。通常是以一个核心企业为中心，如大型农产品加工企业、流通企业或合作社，通过它的带动作用，吸引大批农场与其建立供销合同关系，以形成一体化经营。生成合同的种类一般有如下三种：（1）农产品销售合同。（2）农用生产资料购买合同。（3）农产品销售与生产资料购买相结合的合同❷。

2. 合作社模式

合作社模式指，若干家庭农场为了发挥规模效益、增强自身竞争力，选择彼此组成农业合作社，作为整体采购农业生产资料，进行农产品加工和销售，将加工增值和经销的利润转为已有，从而提高平均利润率。法国的农业合作社十分发达，农业合作社入社社员达130万人，对农民影响较大。合作社主要负责农村流通领域的合作，为家庭农场提供系列化服务。在法国，合作社承担了85%的农业生产任务，年营业额达600亿美元。由合作社收购的牛奶占全国总量的50%以上，谷物占71%。在食品出口中，通过合作社出口的谷物占总量的46%，鲜果占80%，肉类占35%，家禽占40%。合作社模式已成为法国农业产业化经营的主体模式之一。

3. 参股控股模式

这是农业一体化的一种新形式，即通过农业企业、工商企业之间的参股控股，实现农业资本与非农业资本的相互渗透流通，有助于农业产业的资本集中，进而有益于农业生产技术的进步和经济效益的提高。以法国为例，法国农

---

❶ 申屠步生："关于欧洲农业产业化经营的考察与启示"，《商业经济与管理》，2002年第10期，第26页。

❷ 宋英杰，陈银春主编：《农业产业化经营概述》，北京：中国社会出版社，2006年版，第122页。

业合作总联盟、法国国有矿化公司、银行集团和格尔底聂家族集团互相参股，共同组成一个庞大的联合体。该联合体下属工矿企业、商业运输公司、技术服务公司等50多家公司以及400多家农业合作社。其经营范围不仅包括农产品的生产、加工、采购、储运、出口，还覆盖了矿山、化肥、农药、机械制造和科研服务等其他领域。现已是具有国际影响力的跨国集团，显著体现了这种共同体模式的优势力量[1]。

案例[2]

法国朗格多克－鲁西荣大区的农业合作社

朗格多克－鲁西荣大区（Languedoc Roussillon 由5个省组成：奥德、加尔、埃罗、洛泽尔和东比利牛斯），位于法国南部，濒临地中海，终年阳光明媚，是法国最大的农产品生产区，也是世界上最大的葡萄种植区（共拥有葡萄园280 000公顷[3]）。

农业合作社是该区开展农业经济和各类农业活动的主要形式。该区现有农业合作社及联合会1 040个，共吸收了8万余家会员企业，覆盖了葡萄种植业（360个）、水果和蔬菜业（40个）、畜牧业（10个）、大面积耕作（13个）、油料作物种植业（8个）、白酒工业（17个）以及农业机具联合使用（580个）等多种行业。农业合作社保证了上述行业所需的各种服务，在收购、存贮、包装、加工和销售等各环节的运行中发挥了重要作用。每年，农业合作社可实现高达25.9亿欧元的营业额。

朗格多克－鲁西荣大区农业合作社的成功运作得益于其六方面特征的存在。

1. 特殊的法律地位。在法国，合作社是一种须依照私法进行登记的特殊企业类型。在成立之初，合作社与其他一般私营企业一样，需到当地商事法院进行注册登记，获得法人地位。而农业合作社的申请，同时还需要等到农业部

---

[1] 陈继红："国外农业产业化经营模式与经验借鉴"，《哈尔滨商业大学学报（社会科学版）》，2010年第10期，第72页。

[2] 案例资料采自银丰集团主页："银丰集团组织赴法国考察农业合作"，http://www.yfcotton.com/News_show.asp?Newsid=234.

[3] 数据采自"法国南部"主页，http://www.suddefrance.cn/brand/daqu.aspx.

的核准，手续比较复杂。法国农业部专门设有负责核准农业合作社成立申请的跨行业合作社审计处，通过对申请者的章程及运作机制等材料进行审核，判断其是否符合成立农业合作社的条件。获得核准之后，农业合作社可以享受国家特殊的税收等政策。

2. 完善的治理机制。组织的良好运转均需要有相适应的治理机制作为基础，就当地农业合作社而言，从会员管理、经营管理到交易管理、利润分配，均建立了科学完善的运行机制。其一，会员管理。合作社对会员的进入与退出都严格要求，入社时，会员按照农产品预期交易量缴纳股金；退社时，同样会根据情况受到一定限制。其二，经营管理。合作社实行理事会和经营层分离的治理结构。理事会由会员大会选举产生，主要职责为使会员农场主的利益最大化，在决策时遵循一人一票原则。经营层由理事会负责依照市场化原则聘任，其职责为提高农产品交易率和交易附加值。理事会成员根据参加会议的次数领取补贴，经营层采用市场薪酬制。其三，交易管理。合作社遵循以会员为中心的交易原则，即只与会员进行交易；必要时（合作社经营困难或其他必要情况）方可与非会员交易，但交易额度不可超过合作社经营总额的20%，否则，合作社将不能享受政策优惠并将被吊销执照。其四，利润分配。在每个财政年度末，合作社都进行利润分配，并按照如下思路顺次进行：首先，根据合作社的情况将全部或部分盈余留存，作为合作社的发展基金；其次，余下部分按照会员与合作社的交易额比重进行分红；最后，如果仍有剩余，会员大会可对实收资本股金进行返还，但返还比例不能超过法国经济部门的相关规定。

3. 专业化合作。农业合作社具有专业化的特征，每个合作社只提供单品种农产品或服务。当地所有专业合作社共同构成了多元化的服务网络，广泛覆盖农业生产的全过程，在农产品生产、加工和流通领域形成了科学严密的社会化服务体系。为农民提供产前、产中和产后的各项服务，降低了农民的交易成本，又使其参与、分享了流通领域的利润。

4. 全球化发展。该区农业合作社不仅注重与地中海沿岸南部国家的合作，还重视与欧洲其他国家的合作社合作，结成跨国的大型农业企业。近年来，该区已有合作社与中国建立合作关系，朗格多克－鲁西荣大区农业协会已在上海、成都等地设立办事处，宣传推广其生产的葡萄酒。同时，该协会还依托蒙彼利埃的高等农业合作大学食品加工学院对中国涉农部门及企业的高级人员进行培训，截至2011年7月，已完成培训275人。

5. 与政府关系密切。农业合作社作为农民经济利益和政治利益的代言人，是联结农民与政府、生产与市场的重要桥梁。一方面代表农民利益与政府对话，另一方面帮助政府推行贯彻相关政策。借助国家政府力量和财政、税收或信贷等政策扶持，农业合作社已成为得到国家认可的农业在农村发展的基本制度和主要经济模式。有效降低了合作社未来发展的不确定性，有助于其进一步向规范化、制度化的方向发展。

6. 统一的品牌标识❶。“法国南部”（Sud de France）是朗格多克-鲁西荣大区于2006年创立的综合品牌，旨在法国和国际市场上推广该区的葡萄酒和食品。在法国，乃至欧洲，这是第一次出现以大区名义建立的品牌作为新的市场手段来推广大区产品。“法国南部”整合了整个大区的资源优势，以“法国南部”的名义在全球五大洲的30多个国家与地区集中推广朗格多克-鲁西荣大区的农业产品。迄今为止，“法国南部”品牌旗下已有1 600多家企业，5 000多种产品，涵盖了经济生活的方方面面，其品牌价值已达1 500万美元。

第四节 日本“农协”在农业产业化经营中的作用

日本工业发达，但农业资源比较贫乏。与我国一样，日本农业受到典型的小农制发展模式的制约。“二战”之后，日本农业濒临崩溃，种植业与养殖业都面临产量危机❷。在此背景下，1947年11月，日本颁布了《农业协同组合法》，日本农业协会（以下简称“农协”）据此得以建立、发展和完善，并有力地推动日本农业产业化经营。通过吸引农民加入“农协”组织中，“农协”为农民提供产前、产中和产后全方位服务，使农民能够识别市场需求，优化配置资源、获取农业收益。组织体系分明和服务内容全面是日本“农协”的两大特征，本节将从这两个方面入手，介绍日本“农协”在农业产业化经营中的作用。

一、日本“农协”的组织体系

“农协”的宗旨是开展农民互助合作，维护、提高农民的生产和生活水

❶ 信息采自“法国南部”主页，http：//www. suddefrance. cn/brand/.

❷ 刘健：“日本农协发展对我国农村专业经济协会的启示”，《农村经济》，2005年第7期，第124页。

平。作为独立的经济社团组织，“农协”的组织系统可划分成三个层次（见图12－1❶）：一为基层“农协”，市（町、村）级，以农户为会员；二为县（都、道府）级“农协”，以基层“农协”为会员，组成县级联合会；三为全国“农协”，以县级联合会为会员，组成全国联合会。在日本，只有1个全国“农协”。全国“农协”下属46个县（都、道府）级“农协”，其中36个称为全国“农协”都道府县本部，另外10个称为“农协”经济联❷。

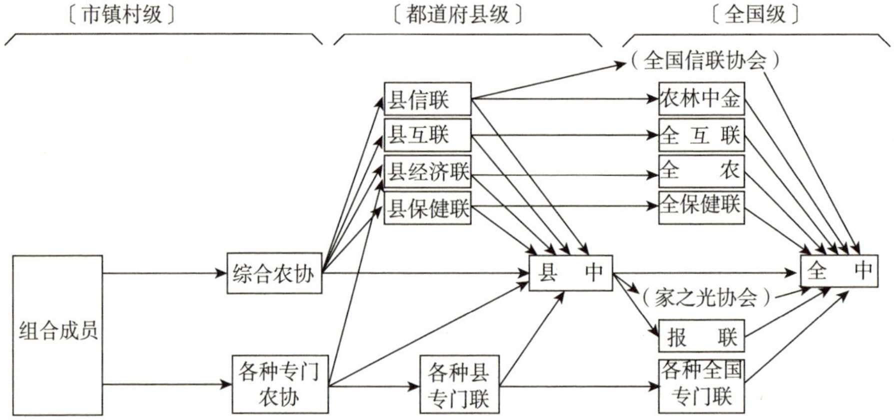

图12－1　日本“农协”组织系统图

注：箭头表示主要的业务联系。图中各团体的正式名称见表12－1。

表12－1　图12－1中各团体名称

简称	正式名称	简称	正式名称
县信联	县信用农业协同组合联合会	农林中金	农林中央金库
县互联	县互助农业协同组织联合会	全互联	全国互助农业协同组合联合会
县经济联	县经济农业协同组合联合会	全农	全国农业协同组合联合会
县保健联	县保健福利农业协同组合联合会	全保健联	全国保健福利农业协同组合联合会
县中	县农业协同组合中央会	全中	全国农业协同组合中央会
		报联	全国报纸信息农业协同组合联合会

基层“农协”有综合农协和专业农协，二者组建对象不同，综合农协的

❶ 严英龙，赵步生：“日本的农协及其对我国农业产业化经营的启示”，《世界经济与政治论坛》，2000年第3期，第52页。

❷ 韩洁：“日本农协营销机制研究与启示”，《农业经济问题》，2008年增刊，第194页。

组建对象为一定区域内的农户，而专业农协则以特定农产品的生产者为对象进行组建。在县级“农协”层面上，由基层“农协”入股建立各类县一级“农协”联合会，全国共有600多个[1]。同时，在全国“农协”和县级“农协”组织中，存在两大系统：其一为主要从事农业经济事业的“农协联合会”系统，是民间系统；其二是主要从事指导业务的“农协中央会”系统，是行政机构，其主要任务是研究“农协”政策，监督、指导、宣传“农协”工作，协调“农协”内部关系，并向政府提出有关政策建议等。

二、日本“农协”的服务职能

1. 指导农业生产

“农协”对农户经营与科技等方面的指导是日本农业社会化服务的重要内容，其主要任务在于加强“农协”所开展的多种业务与农户农业生产、生活的有效结合。各级农协都配备专门的营农指导员，尤其是基层“农协”。这些指导人员是“农协”的正式员工，一般具有农业专门学校毕业及以上的学历，并拥有国家的认定资格。据1987年统计[2]，日本“农协”系统共有营农指导员19 345名，平均每一农协组织4.7人。

指导工作具体可细分为两大方面。（1）农业经营指导。“农协”对组织成员就农业生产经营进行全方位指导，提供系列化服务。同时，依托于“农协”的综合优势，从生产到流通的整个过程中对农民进行引导、援助。（2）生活指导。“农协”还会对组织成员提供生活方面的全面指导，包括消费、健康、文化和娱乐各个方面。此外，营农指导的形式也多种多样，概括来说有三种主要方式：个别指导，组织参观学习和举办培训班。“农协”的营农指导一般都不收取费用，很受农户欢迎。

2. 代办农产品加工、仓储和运销

概括地说，农民将自己的农产品集中于“农协”，由“农协”帮助其调整价格和数量，并批量出售，以大规模地、有计划地出售品种齐全、规格统一的农产品。既可稳定农产品价格，又有使销售更加顺畅的作用。

代办的具体形式有如下四种。（1）无条件委托贩卖，农户无任何附加条

---

[1] 张燕：“日本农业产业化经验及对我国的启示”，《经济纵横》，2007年第10期，第66页。

[2] 宋英杰，陈银春主编：《农业产业化经营概述》，北京：中国社会出版社，2006年版，第126页。

件，随行就市，“农协”按规定收取手续费。(2) 有条件委托贩卖，农户要求“农协”按照既定的价格、时间和手续费用出售。(3) 特约委托贩卖，“农协”为农民提供购买对象人选并负责后续的资金结算，然而是否成交由买卖双方自行决定，“农协”只收取手续费。(4) 委托代办，“农协”受政府之托代购大米、小麦等农产品，向政府收取手续费和保管费❶。

3. 供应农业生产资料

该服务是指“农协”现行购买农民所需生产资料，然后再将其供应给组织成员。通过大批量的采购，可以降低价格，减少流通费用，使农民获得物美价廉的商品。由于这种方式购买生产资料的价格仅为“购入价＋运费”，低于市场价格，同时还有“农协”负责保证所购商品的质量检验，农户所需物资的80%以上都会通过“农协”购买。

具体操作时，一般采取预约订购、送货到户的方法。在年初，农户会收到“农协”统一印发的预订单，将所需物资的信息填好后，在规定时间汇总到各基层“农协”，由“农协”与县经济“农协”联合会签订购物合同。如果实际需要与预订量存在差距，农户还可以用在订购价格3%的浮动范围内价格随时购买或退货❷。

4. 共同利用设施

对某些大型农用机械和专业设备，购置、护养和使用的成本给个体农户带来很大压力。对此，“农协”发展了共同利用设施的政策，以减轻农户负担。比如说，在水稻集中区，设立共同育秧和共同灌溉设备；在畜牧集中区，设立种畜培育共同设施等。

5. 筹集农业资金

这一业务主要由农协信用系统承担，具体包括：基层综合农协信用部，县级的县信用农协联合会和全国级的农林中央金库，各级可层层申请贷款，以实现资金在更大范围内融通。各级信用组织有各自的职责范围，比如，基层综合农协信用部负责直接与农户生成资金存放关系，剩余资金需上交县信用农协联合会，无权向“农协”体系外通融。

“农协”信贷系统主要通过三种途径筹集资金。(1) 吸收农户储蓄存款。

---

❶ 宋英杰，陈银春主编：《农业产业化经营概述》，北京：中国社会出版社，2006年版，第125页。

❷ 宋英杰，陈银春主编：《农业产业化经营概述》，北京：中国社会出版社，2006年版，第123页。

（2）通过农林中央金库发行农林债券，吸收社会资金。（3）利用政府财政补贴。

6. 农业保险

“农协”在各层级都设有农业保险业务，以提高单个农户的抗灾能力。各层级的组织分别为：基层综合农协保险部、县级县农协保险联合会和全国保险联合会。农业保险业务具有如下特点：（1）非营利性，所有赢利均作为分红由“农协”处理。（2）专一性，是只面向“农协”组织成员的保险。（3）综合性，可同时为组织成员本身进行人身保险，也可为其农作物的收成保险。

第五节　发达国家发展农业产业化经营的经验

发达国家农业产业化经营经历了较长时间的发展，积累了丰富的经验。结合中国农业产业化的发展情况，有选择地借鉴发达国家农业产业化经营的经验，有助于中国农业产业化的更好发展。概括来说，在发达国家推行农业产业化经营的过程中，主要有如下几个方面可供我们借鉴：

一、因地制宜，发挥比较优势

一个国家通过何种方式发展实现农业现代化，主要由其自身的国情（土地、劳动力和工业化水平）决定。地广人稀的国家，往往会从改革生产工具入手，通过生产机械化来节约劳动力；而人多地少的国家，通常会通过加大劳动力投入来提高土地单产水平[1]。发达国家在发展农业产业化的过程中，也都是根据自身的资源条件和社会经济发展水平，制定出符合本国国情的发展方案，也因此获得了可观的成果。

以美国为例，由于其人少地多，拥有规模较大的农场经营基础，它就集中发展大豆、玉米、小麦等土地密集型大宗农产品，在国际市场上占据了较大市场份额。相反，荷兰的农业资源相对短缺，它采取在优势领域多出口，在非优势领域以进口弥补国内消费的方案。利用资本和技术优势发展农产品的精深加

[1] John Dunn，“United States’ Public Strategies for Supporting Farmer Cooperatives”，国家农业综合开发办公室“利用世界银行贷款加强灌溉农业三期项目农民合作经营培训及研讨会”会议论文，北京，2007。

工以及花卉、奶制品等高品质、高产出和高附加值的农产品的出口，形成了以能够集约使用土地的园艺业和畜牧业为主体的农业结构。

二、科教兴农，打造教育基础

技术开发的推广和普及是农业现代化过程的重中之重，因此，发达国家不仅十分重视农业科研和技术的投入，同时也加大力度促进农业教育以及技术普及，从而为农业产业化体系的建立奠定了坚实的基础。

还是以荷兰为例，荷兰政府把发展农业教育科研和推广作为重要职责。农业科研由农业试验站、区域研究中心研究所和大学等共同进行，研究成果及时向农民宣传推广，使他们能够跟上农业科技发展的步伐。美国也是如此，在研究内容方面，它更重视高新技术在农业上的应用，侧重可促进农业可持续发展的环保技术的开发和研究。基于这些研究成果，农场可在生产实践中采用优良品种和标准化耕作栽培技术，生产出无公害、标准化的农产品，收到市场的热烈反响。与此同时，美国还重视培养熟悉经营管理的农场主，许多农场主都具有大学学历，经营思路清晰，管理经验丰富，不仅为各自农场创造更好的经营业绩，也满足了农业生产现代化的内在需求。

三、立体服务，发展农民合作组织

无论是日本的拥有覆盖全国的完整组织系统的“农协”，还是西方发达国家的以农业生产服务为核心、组织相对松散的多种合作经济体，在本质上都属于以保护农民的利益为出发点，服务于农业生产、自发自愿组成的农民合作组织。根据本国国情，农民合作组织在不同国家拥有不同的表现及组织形式。

在法国，农民合作组织的主要形式是合作社，农民通过入股成为股东的方式加入合作社，合作社把农民的股金作为自有资金向银行申请贷款兴办农产品加工等农资企业，此外合作社还负责保证农产品收购的价格等。在日本，则以“农协”为主导，依托覆盖全国的各个农业协同组织，在农业生产的各个领域对农民进行指导，并提供信用保健和其他社会服务。在荷兰，农民合作组织还以农民合作银行的形式为农民提供信贷支持和其他金融服务。在各个国家，农民合作组织都得到了本国政府的大力支持，享受着财政、金融等经济支持和税收减免等多种优惠政策，拥有良好的社会发展环境。

四、扶持引导，充分发挥政府作用

在农业产业化发展过程中，发达国家的政府不仅在扶持农民合作组织方面发挥了重要作用，还履行了扶持与政策引导、宏观管理调控等重要职能。

1. 制定和实施相关优惠政策

概括来说，政府通过农业支持性政策，进一步深化农业市场化，增强本国农产品在国际市场上的竞争力；通过农业科技成果产业化政策，推进农业科技产业化，提高农业生产的技术水平和产品附加值；通过信贷支持政策，鼓励工商企业与农场的信贷合作，通过贷款、补贴和预付款，甚至直接控股投资等方式把资本投入到农业生产。

举例来说，美国是最早补贴农业的国家之一，从19世纪30年代的《农业调整法》发展至今，受益于农业补贴政策，不到人口总数2%的美国农民不仅养活了近3亿美国人，还使美国成为全球最大的农产品出口国。据OECD估计，平均每100美元的农业产值中，有20～30美元来自政府补贴。在最新的农业法案中，美国继续加强了国内农业补贴的总量和规模。该法案明确指出在2002年至2011年这10年内，政府农业补贴总量达1 900亿美元，比1995年农业法案提出的补贴总量增加了80%。

2. 对农业进行宏观调控管理与服务

农业产业化的过程需要多个产业和部门的协调行动，而在统筹和协调方面，政府无疑具有宏观管理的最大优势，从发达国家的经验来看，这一点也得到了印证。

以法国为例，法国农业的农业一体化实行政府、合作社、行业组织共同管理的形式，政府起宏观管理与协调的作用。早在1979年，法国设立了农业食品产业国务秘书，专门负责农业食品产业的组织管理，协调各方利益，有效改善了农业、食品工业与食品营销等部门脱节的情况，促进了农业产业化的发展[1]。

总结起来，相较于上述发达国家，我国农业产业化进程更落后一些。我国疆域广袤，区域间自然资源分布差异较大，再加上国际形势和技术创新的影响，我国农业面临着多技术并存、地区农业经济差距短时间难以缩小等现状，

---

[1] 宋英杰，陈银春主编：《农业产业化经营概述》，北京：中国社会出版社，2006年版，第129页。

已有的农业产业化模式中，没有哪一种可以完全符合我国的发展需要，在应用外国经验时一定会出现“水土不服”的情况。因此，只有多方借鉴、细致考察，深入了解别国实践之所以取得成功的来龙去脉和关键因素，才可能吸收适合我国国情的农业产业化经营经验，进而推动我国农业产业化经营沿正确的轨道健康持续地发展。

附录：各章作者

第一章	我国农业产业化政策概述	北京师范大学	王洛忠
第二章	我国农业产业化经营的组织模式	北京林业大学	申津羽
第三章	我国农业产业化利益联结机制的完善	北京师范大学	王洛忠
第四章	农业标准化生产与农产品质量安全	北京师范大学	徐　平
第五章	农业产业化龙头企业与产业集群集聚	北京师范大学	葛明磊
第六章	农产品流通体系建设	清华大学	范　凯
第七章	农业产业化龙头企业资本运营	北京师范大学	武文泰
第八章	农业产业化龙头企业财务管理	北京师范大学	丁　洺
第九章	农业产业化龙头企业纳税筹划	北京师范大学	丁　洺
第十章	农业产业化龙头企业与农业科技创新	北京师范大学	王洛忠
第十一章	农业产业化龙头企业“走出去”发展战略	北京师范大学	刘希雅
第十二章	国外农业产业化经营概况	北京师范大学	沈文伟